Eine der schönsten Musiker-Autobiographien, geschrieben von einem der großen Dirigenten der ersten Hälfte des zwanzigsten Jahrhunderts: Fritz Busch geboren am 13. März 1890 in Siegen, erzählt in diesem in den vierziger Jahren entstandenen Buch, dessen scheinbar simpler Titel wohl nicht zufällig an Eichendorffs »Aus dem Leben eines Taugenichts« anklingt, schlicht und anschaulich, humorvoll und poetisch von seinem Lebensweg bis zu einer Wende: 1933 verläßt er freiwillig das nationalsozialistische Deutschland.

Der Sohn eines Schreiners und Geigenbauers spielt mit Eltern und Geschwistern in westfälischen Dorfschenken zum Tanz auf. Er studiert, eng verbunden mit dem ein Jahr jüngeren Bruder Adolf, überragendem Geiger und Kammermusiker, in Köln, begegnet Reger und anderen Meistern, wird, Urmusikant und Universalmusiker, selber sehr früh ein Meister, mit einundzwanzig Jahren Städtischer Musikdirektor in Aachen, mit achtundzwanzig leitender Kapellmeister der Stuttgarter Oper. 1922–1933 prägt er als Sächsischer Generalmusikdirektor eine denkwürdige Ära der Dresdner Staatsoper. Mit seinem Künstlertum bewährt sich sein Charakter. Im Exil repräsentiert Fritz Busch nobel deutsche Musikkultur; lockende Angebote aus dem »Dritten Reich« lehnt er ab. Als Wanderer sucht er in Konzertinstituten und Opernhäusern Skandinaviens, Süd- und Nordamerikas Bleibendes hinzustellen. Mit Carl Ebert macht er die Festspiele in Glyndebourne zu einem Muster der Opernkunst. Am 14. September 1951 stirbt Fritz Busch in London.

Unsere Adresse im Internet: www.fischer-tb.de

Fritz Busch

Aus dem Leben eines Musikers

Fischer Taschenbuch Verlag

Dieses Buch ist der unveränderte Reprint einer älteren Ausgabe.

Erschienen bei Fischer Digital

Printed in Germany
ISBN 978-3-596-30279-6

Neuausgabe
Veröffentlicht im Fischer Taschenbuch Verlag GmbH,
Frankfurt am Main, August 2001

Mit freundlicher Unterstützung
der Gesellschaft für Stadtmarketing Siegen e. V.
und der Brüder-Busch-Gesellschaft e. V., Hilchenbach-Dahlbruch
Die Erstausgabe erschien bei Rascher & Cie A.-G., Zürich, 1949
Gesamtherstellung: Clausen & Bosse, Leck
Printed in Germany
ISBN 3-596-15329-8

Inhalt

Meiner Frau,
die das Schlimmste verhütet hat.

Erinnerungen scheinen mir nur der Mitteilung wert, wenn sie der Wahrheit entsprechen. Der große tschechische Staatsmann Masaryk war keiner Lüge fähig; er zog in einer ernsten Situation die Gefahr des Todes einer Unwahrheit vor, die ihn hätte retten können.

Wenn ich in heiteren Augenblicken unglaubwürdig klingende Geschichten erzählte, hob meine Frau mahnend den Finger und fragte: »Masaryk?« Nickte ich zustimmend, so war die Wahrheit verbürgt.

Ich habe mich bemüht, im Sinne Masaryks zu erzählen.

I Elternhaus und Kindheit

Zerstoben ist das freundliche Gedränge
GOETHE, »Faust«, Zueignung

Mein Vater wurde im Jahre 1863 in Erndtebrück, einem Bauerndorf im westfälischen Sauerland, geboren. Der Tag seiner Geburt steht nicht genau fest. Seine Mutter erzählte ihm, er sei am 1. Juli zur Welt gekommen, während im Kirchenbuch der evangelischen Gemeinde der 30. Juli angegeben stand. Mein Vater gab sich niemals Mühe, den Widerspruch aufzuklären. Es war ihm durchaus recht, sich zweimal feiern zu lassen.

Die Eltern meines Vaters waren Bauersleute, die einen kleinen Hof bewirtschafteten. Mein Vater hatte jedoch in seinem Wesen und in seiner Erscheinung nichts Bäuerliches. Er hatte dunkle, ich möchte sagen, brennende Augen, ein fein geschnittenes Gesicht, prachtvolles Haar, das frühzeitig weiß wurde; er war von graziler Statur und großer geistiger sowie körperlicher Beweglichkeit. Viel eher als an einen westfälischen Bauern hätte man, was seine Abstammung betraf, an eine andere Beziehung denken können: nämlich an den in der Nähe gelegenen kleinen Flecken Saßmannshausen, in dem vor langer Zeit ein Kurfürst Moritz den vielen in seinem Ländchen herumstreifenden Zigeunern eine Enklave geschaffen hatte, wo sie sich seßhaft machen konnten.

Der Großvater erkrankte eines Tages an Zungenkrebs. Zur Behandlung mußte er öfters in der Woche die Universitätsklinik in dem mehr als vierzig Kilometer entfernten Marburg aufsuchen. Er konnte sich keine Fahrgelegenheit leisten oder sich gar in die Klinik legen. So mußte er den weiten Weg nach und von Marburg jedesmal zu Fuß machen. Die Mühsal war ihm eines Tages zu dumm, so daß er sich in der Scheune aufhängte. Auch mein Großvater mütterlicherseits machte seinem Leben selbst ein Ende; die Gründe sind uns Kindern niemals erzählt worden.

Als Junge hütete mein Vater das Vieh des Dorfes und schnitzte sich zum Zeitvertreib Weidenflöten. Er liebte die

Musik, und da ihm der kleine Ort keine Möglichkeit gab, Musiker zu werden, so lief er in sehr jugendlichem Alter davon. Er erzählte später gern von seinem Schicksal und von dem recht abenteuerlichen Leben, das er mehrere Jahre geführt hatte. Manche Episode ließ er jedoch in einem mysteriösen Dunkel verschwinden, was mir heute noch leid tut. Ich bin sicher, daß unter dem, was er verschwieg, viel Amüsantes, vielleicht auch einiges ernstlich Wissenswerte gewesen ist.

Auf seinen Fahrten wandte sich der Vater zunächst nach Hamburg, wo er anfing, Violine zu studieren. Wie überall, hielt er es auch dort nicht lange aus und wanderte mit seiner Geige gen Süden. Er besaß aus dieser Zeit noch in späteren Jahren eine vorzügliche Technik, mit bloßen Füßen über abgeerntete Stoppelfelder zu laufen. Seinem unruhigen Temperament und seiner Abneigung gegen alles bürgerliche Gesetz entsprechend waren seine Papiere niemals in Ordnung. Im Augenblick, als ihm einmal eine gutmütige Bauersfrau einen Teller heißer Suppe gab, erschien der Gendarm und fragte nach den Ausweisen. Der Vater erklärte bereitwillig, er wolle sie suchen, wenn der Gendarm gütigst den Teller Suppe solange halten wolle. Der Gendarm tat es; mein Vater aber lief so schnell davon, daß der brave Mann ihn nicht mehr einholen konnte, nachdem er sich endlich entschlossen hatte, den heißen Teller wegzustellen und dem Ausreißer nachzustürzen.

Im Laufe seiner Wanderungen kam mein Vater nach Mönchen-Gladbach im Rheinland und lernte dort eine etwa zwanzig Jahre ältere Frau kennen; diese heiratete er, weil sie ihm versprochen hatte, ihm zur weiteren musikalischen Ausbildung den Besuch des Konservatoriums in Lüttich zu ermöglichen. Das Versprechen wurde nicht gehalten. Das ungleiche Paar erwarb statt dessen ein kleines Gasthaus in Venlo, einer holländischen Grenzstadt. Mein Vater hatte inzwischen, Gott weiß wie und wo, so weit Violine spielen gelernt, daß er sich an Sonaten von Mozart und Beethoven wagen zu können glaubte. Es fehlte ihm nur der Partner am Klavier. Er ging auf die Suche und fand in Rotterdam einen Kapellmeister, der Grund gehabt hatte, Deutschland zu verlassen, und nun im Begriffe stand, sich nach Ostindien einzuschiffen. Mein Vater beschwatzte ihn, die abenteuerliche Reise aufzugeben und mit ihm nach Venlo zu kommen, wo dann im Gasthaus jeden Tag fleißig Mozart und Beethoven gespielt wurde. Ob dieses Musizieren die Gäste fernhielt oder ob andere Gründe zum bald erfolgten Ruin der Wirtschaft führten, ist mir unbekannt geblieben. Die Frau starb nach kurzer Ehe, und mein Vater begab sich, etwa dreiundzwanzigjährig, wieder auf die Wanderschaft.

So kam er, dünn bekleidet und ohne viel Gepäck, aber im Besitz einer Geige und eines Paares Lackschuhe, nach Siegen in Westfalen. Hier spielte er eines Tages zu einer Hochzeit auf, bei gutmütigen Leuten, die die Musikanten fleißig zum Essen und Trinken einluden. Mein Vater, der wohl durch seine Blässe und Magerkeit das besondere Mitleid der Feiernden erweckt haben mußte, wurde außerdem aufgefordert, im Hause der Brauteltern auch noch am Nachtessen teilzunehmen. Bei Tisch saß er einem Mädchen gegenüber, das ihm als Fräulein Schmidt genannt wurde und das sein ganzes Wohlgefallen erregte. Er starrte dauernd mit großen brennenden Augen sein zartes Gegenüber an, ohne ein Wort zu sagen. Sie ermunterte ihn, doch zuzugreifen – worauf er träumerisch erwiderte: »Wenn ich Sie ansehe, Fräulein Schmidt, vergeht mir jeder Appetit!« Dies war nicht gerade poetisch ausgedrückt, verfehlte aber durchaus nicht seine Wirkung, und kurze Zeit darauf fand zwischen ihm und Fräulein Schmidt die Hochzeit statt.

Zunächst trat mein Vater, der irgendwann einmal auch das Tischlerhandwerk gelernt hatte, bei einem Schreinermeister ein. Gleichzeitig begann er, meiner armen Mutter unmittelbar nach der Hochzeit Klavierunterricht erteilen zu lassen, damit sie ihm möglichst bald zu seinem Geigenspiel begleiten könne. Wahrscheinlich dachte man auch daran, gemeinsam an den freien Sonntagen durch Tanzmusik die Lebenshaltung zu verbessern.

Ich wurde 1890 als erstes Kind geboren. Man kann sich leicht ein Bild von der Tüchtigkeit und dem Fleiß meiner Mutter machen, wenn man bedenkt, daß sie, die in der Folge insgesamt noch weiteren acht Kindern das Leben gab, in den Anfangsjahren ihrer Ehe von Sonntag nachmittags bis Montag früh Tanzmusik spielte und später, als wir Kinder etwas größer geworden waren und selber mitverdienen konnten, noch ein eigenes Geschäft mit Stickereiwaren führte.

Im August 1891 wurde mein Bruder Adolf geboren. Meine Mutter war im bürgerlichen Sinne erzogen und hielt darauf, daß die Kinder protestantisch getauft werden und aufwachsen sollten. Der Vater, der diesen Dingen gleichgültig gegenüberstand, ließ ihr den Willen. Da er den Kirchenbesuch aber ablehnte, einigte man sich darauf, die Taufe des Zweitgeborenen in der kleinen Wohnung stattfinden zu lassen. Wie oft bei armen Leuten, war der Pfarrer an der Angelegenheit nicht sehr interessiert; er hatte sich nicht einmal die Mühe gegeben, sich über die Familienverhältnisse näher zu orientieren. Im letzten Augenblick kam er eilig im Hause an, um sogleich mit der Taufzeremonie zu beginnen. Er sagte: »Nachdem Gott der Herr diesem tapferen Paare ein reizendes Knäblein geschenkt« – dies war ich –, »hat er nun das Maß seiner Güte voll gemacht und es mit einem lieben Mädchen beglückt.«

Meine Mutter machte dem Pfarrer erschreckte Zeichen, mein Vater lächelte erfreut. Der Pfarrer fuhr unbeirrt in seinem Sermon fort bis zur Stelle: »Und so frage ich euch, ihr lieben Eltern, wie soll nun dieses Mädchen heißen?« Unter Schluchzen und Tränen brachte meine Mutter hervor: »Adolf Georg Wilhelm.« Der Pfarrer erstaunte, brachte aber die heilige Handlung schnell zu gutem Ende, um dann so bald wie möglich zu verschwinden.

Meine Mutter besaß eine ausgesprochene Intelligenz, verbunden mit großer Gutmütigkeit und mit der glücklichen Gabe, auch den bösen Erlebnissen und Erfahrungen, an denen es ihr wahrlich nicht fehlte, immer noch eine gute Seite abzugewinnen. War der Vater hitzig und von heftigem, stürmischem Temperament, so war die Mutter überlegen und geduldig, so daß man, trotz gelegentlicher Reibereien, die Ehe als glücklich bezeichnen konnte.

Daß wir Kinder musikalisch waren, zeigte sich sehr bald. Mein Vater hatte sich neben der Tischlerei und dem Spielen von Tanzmusik dem Geigenbau zugewandt. Ich mag drei oder vier Jahre alt gewesen sein, als ich eine sogenannte halbe Geige, die er gebaut hatte, in die Hände bekam. Ich zog aber bald ein für zwanzig Mark gekauftes Tafelklavier zum Spielen vor, während Adolf auf die Geige zutappte, die das Instrument seines Lebens wurde. Wir lernten sehr schnell Noten lesen und verstehen und konnten jedenfalls viel früher leichte Sachen von Noten spielen, als wir lesen und schreiben konnten.

Eines Tages geschah etwas Erstaunliches. Der Vater ging mit Adolf und mir spazieren, als der Pfiff einer Lokomotive ertönte. Er fragte: »Was ist das für ein Ton?« und erhielt augenblicklich von uns beiden die Antwort: »Fis.« Der Vorgang, daß wir sofort übereinstimmend antworteten, wiederholte sich regelmäßig, wenn der Vater aus Anlaß irgendwelchen Tongeräusches jene Frage stellte. Die Erscheinung des »absoluten Gehörs« war ihm unbekannt. So lief er mehr, als er ging, zu einem Sanitätsrat der Stadt, der ihm als musikalisch bekannt war. Er fürchtete, seine Kinder hätten irgend etwas Unnatürliches an sich, und war erst beruhigt, als ihm der Arzt erklärte, um was es sich handelte. Er erfuhr, daß man in der Gabe des absoluten Gehörs einen Vorzug und keinen Nachteil zu erblicken habe.

Den ersten Geigenunterricht erhielt Adolf auf dem schon oben erwähnten kleinen Instrument vom Vater selbst, als er etwa drei Jahre alt war. Ich zählte vier Jahre, als eine ältere Dame ins Haus kam, um mir Klavierunterricht zu erteilen. Ihr Stundenhonorar betrug fünfundzwanzig Pfennige, von welcher Summe sie einen wesentlichen Teil in Schokolade und Konfekt anlegte, das sie mir am Ende der Stunde gab, weil ich ihr »doch so leid tat«.

Trotzdem wäre es falsch, anzunehmen, daß von seiten der Eltern der geringste Druck ausgeübt worden wäre, uns zu Musikern auszubilden. Der Vater liebte Musik und war hocherfreut, daß auch seine Kinder, jedenfalls die beiden erstgeborenen, ein großes Vergnügen daran zeigten. Es wäre ihm aber nie eingefallen, uns zu etwas zu zwingen, was nicht schon in uns gelegen und sich durchzusetzen versucht hätte. Seine Hauptsorge war, gute Lehrer für uns zu finden und unsere Entwicklung in natürlichen Formen sich vollziehen zu lassen. Mit primitiver Bildung, aber gutem Instinkt empfand er: »Ist die Sache von Gott, so wird sie bestehen; ist sie nicht von Gott, so wird sie untergehen.«

Vorläufig lebten wir wie richtige Gassenjungen. Ein Zug nach Höherem machte sich trotzdem bemerkbar. Über die Chaussee, nahe unserer Wohnung, führte ein Eisenbahngleis. Den Straßenverkehr regelte beim Nahen der Eisenbahn ein alter Beamter, der die Schranken zu schließen oder zu öffnen hatte. Eines Tages banden Adolf und ich uns unbemerkt an diesen Schranken fest, um mit ihnen nun zappelnd in die Höhe gezogen zu werden. Der erschreckte und erboste Wärter holte meinen Vater, und ...

Schon seit längerer Zeit hatte der Vater die Tischlerei aufgegeben und ein Musikinstrumentengeschäft, verbunden mit einer Reparaturwerkstätte für Streichinstrumente, am Marburger Tor in unserer Geburtsstadt Siegen eröffnet. Der Laden enthielt neben einigen neuen und gebrauchten Klavieren verschiedene Holz- und Blechinstrumente, die ich, da sich andere Interessenten kaum einfanden, meinerseits in Gebrauch nahm. So erlernte ich als Kind tatsächlich »spielend« eine größere Reihe Orchesterinstrumente, deren praktische Kenntnis mir später von unschätzbarem Wert geworden ist. Meiner Größe, oder besser gesagt, meiner Kleinheit entsprechend, bemächtigte ich mich zunächst einer Piccoloflöte mit sechs Klappen, auf der ich schnell ziemlich geläufig spielen lernte.

Ich war etwa sechs Jahre alt, als ich Adolf mit dieser Flöte begleitete, wenn er in einen anderen Stadtteil zum Violinunterricht bei einem »konservatorisch geprüften« Lehrer marschierte, einem hageren, lang aufgeschossenen, tuberkulösen Jüngling. Wenn wir durch die Stadt zogen, war nichts natürlicher, als daß wir unsere Instrumente – Adolf seine kleine Geige und ich mein immer mitgeführtes Piccolo – auspackten und musizierend unseren Weg gingen. Am Marktplatz gegenüber dem Rathaus, in dem Peter Paul Rubens geboren ist, machten wir zunächst halt. Eine größere Anzahl von Jungen, denen sich einige erwachsene Nichtstuer beigesellten, forderte uns zum Spielen auf, eine Bitte, der wir gar zu gern nachkamen. Einmal hatte ein vernünftiger Mann, der den Standpunkt vertrat, daß jede Arbeit ihres Lohnes wert sei, nach einem längeren Konzertieren, bei dem wir mehrere Tänze und Märsche gespielt hatten, die Idee, eine Geldsammlung für uns zu veranstalten. Mit dem Hut in der Hand ging er herum, und es fanden sich tatsächlich Leute, die soviel Kleingeld hineinwarfen, daß wir zwei Mark siebzehn Pfennig Konzerthonorar erhielten. Wer die Musikalität unserer Landsleute so kritisch einschätzte, wie wir es taten, mußte von diesem Ergebnis aufs angenehmste überrascht sein. Zwar waren auch einige Knöpfe dabei, aber die Jungen, die sie in den Hut taten, merkten wir uns und haben später mit ihnen abgerechnet. Erfreut brachten wir das Geld nach Hause, in der sicheren Hoffnung, Anerkennung zu finden, weil wir nun auch unsererseits, in so frühem Alter, zur Verbesserung der Lebenshaltung in der immer zahlreicher werdenden Familie beigetragen hatten. Die Eltern jedoch fühlten sich in ihrem bürgerlichen Stolz gekränkt, und es wurde uns bis auf weiteres verboten, das Musizieren »gewerbsmäßig« zu betreiben.

Man kann nicht behaupten, daß sich der väterliche Laden eines blühenden Geschäftsganges erfreute. Insbesondere waren Klaviere schwer zu verkaufen. Hatte mein Vater beim Herumstreichen in den umliegenden Ortschaften einen Interessenten gefunden, so ärgerte es ihn maßlos, wenn der zukünftige Käufer den Lehrer des Dorfes mitbrachte, um die Auswahl zu treffen. Dies bedeutete nicht nur Mißtrauen in die Kaufmannsehre des Vaters, was ihn wenig gekümmert hätte, sondern auch, wenn der Handel endlich zum Abschluß kam, Zahlung einer zehnprozentigen Provision an den Schulmeister. Wir Kinder empfanden die Gepflogenheit als ungerecht, weil die musikalischen Fähigkeiten des »Sachverständigen« meist über einen mit falschen Harmonien gespielten Choral nicht hinausgingen.

Um den bedauerlichen Verlust beim Verkauf nicht noch durch teure Transportkosten zu erhöhen, pflegte der Vater einen Handkarren zu beschaffen, den die männlichen Familienmitglieder zogen, nachdem das Instrument aufgeladen war.

Bald wurde mir die Mühsal zu groß. Ich kletterte auf den Wagen und spielte feurige Märsche, zum Vergnügen der Dorfbewohner und zur Erheiterung der schwer arbeitenden Familie.

Inzwischen war ich sechs Jahre alt geworden und kam in die Volksschule gegenüber der Post. Der Lehrer wurde gleichzeitig beauftragt, mir privaten Klavierunterricht zu geben, und ich entsinne mich, bei ihm mit Mozarts sogenannter »Sonata facile« angefangen zu haben. Da ich aber neben dem Klavier dauernd die verschiedensten Instrumente versuchte, war Adolf, der sich einseitig der Violine widmete, technisch weiter vorgeschritten und galt als der eigentliche »Wunderknabe«.

Ein Gesangverein trat an meinen Vater heran, um die beiden Kinder zur solistischen Mitwirkung in einem Konzert einzuladen, dem sich ein Ball anschließen sollte. Im Saal gab es eine kleine Bühne, auf der Adolf erschien und spielte; auf dem Saalboden selbst stand ein Klavier, an dem ich ihn zu begleiten hatte. Adolfs Bravourstück war der »Karneval von Venedig« mit einer Reihe von Variationen in A-Dur, deren Schwierigkeit sich immer mehr steigerte. Weniger interessant war meine Klavierbegleitung, die sowohl im Thema wie in allen Variationen aus nichts als gebrochenen Dreiklängen in Tonika und Dominante bestand. Damit war kein persönlicher Erfolg zu erzielen. So begann ich bereits in der zweiten Variation, auch meine Künste zu zeigen und zu Adolfs Passagen einige Tonleitern in der Gegenbewegung, hie und da auch einmal ein Glissando oder sonst eine brillante Fioritur einzulegen. Adolf, mit seinem Geigelchen über mir in der Mitte der Bühne stehend, lachte zunächst herzlich. Als ihm aber nun einige Noten danebengingen, weil er der nötigen Konzentration ermangelte, wurde er ärgerlich. Dies reizte mich, meine Improvisationen wurden noch verwegener, bis Adolf wütend rief: »Hör auf!« Als auch dies nichts nützte, unterbrach er das Spiel, sprang auf mich zu, der tief unter ihm am Klavier saß, und schlug mir mit einigen Begleitworten im heimischen Dialekt, die ich nur umschreibenderweise wiedergeben könnte, den Bogen über den Kopf. Instinktiv den Standpunkt vertretend: »Auge um Auge, Zahn um Zahn«, turnte ich meinerseits auf die Bühne, und es begann die schönste Keilerei, der der eilig herbeistürmende Vater, zur größten Erheiterung des Publikums, ein Ende machen mußte. Der Vorhang fiel mildtätig über diese Szene, und wir wurden zu Bett geschickt.

Heute tragen wir unsere Differenzen auf geistigere Weise aus.

Da jedoch besagter »Karneval« nur den Abschluß unseres Programms bilden sollte, hatten wir immerhin so viel von unseren musikalischen Kenntnissen an den Tag legen können, daß am nächsten Tag eine Kritik erschien, die uns beiden eine verheißungsvolle Zukunft in Aussicht stellte. So erfuhr mein Lehrer, Herr Schmidt, daß ich ohne sein Wissen »öffentlich aufgetreten war«. Mein Vater hatte es unterlassen, ihm davon Mitteilung zu machen, und ich bekam seinen ganzen Ärger in deutlichster Form zu spüren, als ich am nächsten Tage zum Unterricht bei ihm antrat. Den Taler, den mir der Vater mitgegeben hatte, um einige Unterrichtsstunden damit zu bezahlen, warf er mir vor die Füße und mich selbst zum Hause hinaus. Ein Unglück kommt eben selten allein. Tieftraurig begab ich mich auf den seiner Wohnung gegenüberliegenden Kirchhof, wo wir oft mit Totenköpfen spielten. Ich weinte herzzerbrechend, vor allem deshalb, weil der Lehrer die Annahme des Honorars verweigert hatte. Dies kam mir äußerst peinlich vor, weniger aber meinem Vater, der den Taler einsteckte mit den Worten: »Wenn er nicht will, dann läßt er's eben bleiben.«

Mehr als dreißig Jahre später erhielt ich von diesem Lehrer einen Brief, in dem er mich um ein Zeugnis bat, das ihm bestätigen sollte, guten Klavierunterricht erteilen zu können. Ich habe meinem Lehrer Schmidt mit Vergnügen die gewünschte Bescheinigung geschickt, ohne die er einem neuen Gesetz zufolge keinen Musikunterricht mehr erteilen durfte.

Die häuslichen Pflichten und die dauernden Schwangerschaften machten es schließlich unserer guten Mutter unmöglich, weiterhin von Sonntag nachmittag bis Montag in der Frühe ihre Begleitakkorde in rauchigen Bauernkneipen zu spielen. Mein Vater fand niemanden, der aushelfen konnte. So ergab es sich, daß ich, siebenjährig, mit ihm eines Sonntags nach Welschenhennest, einem kleinen Dorf im Sauerland, fuhr, um erstmalig gegen Entgelt Tanzmusik zu spielen. Mit einigen Unterbrechungen und verschiedenen Varianten, auf die ich noch zu sprechen kommen werde, geschah diese Art öffentlichen Musizierens zum Gelderwerb bis zu meinem siebzehnten Lebensjahre, also etwa zehn Jahre lang; in diesem Zeitraum habe ich kaum einen Sonntag und die darauffolgende Nacht zu Hause verbracht. Später nahm Adolf, wenn auch seltener, an diesen Unternehmungen teil. Sie waren oft anstrengend, besonders sobald zum Spielen selbst die oft stundenlangen Wanderungen kamen, wenn eine Fahrtverbindung fehlte; aber niemals haben wir mit Unlust oder mit dem Gefühl eines Zwanges mitgetan. Es war eben *Musik*, die wir machten, und das Niveau spielte zunächst keine entscheidende Rolle. Von Musik konnten wir niemals genug bekommen.

Natürlich erwarben wir mit der wachsenden Routine auch die Fähigkeit, der Sache jede Langeweile zu nehmen. Ich verdoppelte zunächst, sobald ich Oktaven zu greifen imstande war, dauernd die Bässe und erlangte so eine ausgezeichnete Wurftechnik der linken Hand. Das Repertoire konnte ich schnell auswendig, weshalb ich ein Buch von Karl May aufs Klavier legte, das ich las, während ich Polkas, Walzer und Rheinländer spielte.

Eines Tages kam Willi, das dritte Kind meiner Eltern, zu uns Sieben- und Achtjährigen, um uns seinen Entschluß mitzuteilen, nun auch Musiker zu werden. Adolf und ich erklärten ihm übereinstimmend, es sei zu spät. Er folgte unserm Rat und wurde später »nur« Schauspieler.

Mit der Zeit wuchsen die künstlerischen Ambitionen, und als angehender Kapellmeister war ich auf größere Massenwirkungen bedacht. Zum Klavier, von mir betreut, kam Adolf mit der Violine und der Vater mit dem Cello, das er autodidaktisch gelernt hatte und primitiv beherrschte. In der rechten Hand hielt ich ein Cornet-à-piston, auf dem ich spielte, während die linke Hand die Klavierbegleitung allein übernahm. Ab und zu wurde auch delikat ein Triangelschlag eingefügt. Dieses Instrument hatte ich am rechten Kerzenhalter befestigt.

Obwohl die Jahre, in denen wir dieses Leben führten, ohne Schädigung für uns abgegangen sind (soweit man dies selbst beurteilen kann) und mir in der Erinnerung nur in heiterem Licht erscheinen, muß ich nachträglich doch sagen, daß sie eine recht harte Zeit bedeuteten. Nach dem Besuch der Volksschule kam ich mit zehn Jahren auf das Realgymnasium meiner Heimatstadt. Den Ruhetag, der sonntags für die anderen Schüler nach manchmal angestrengtem Lernen verblieb, gab es für mich nicht. Meistens hieß es schon in der Morgenfrühe, ohne Rücksicht auf Wind und Wetter, zu Rad, mit der Bahn oder zu Fuß zur Reise in die gebirgige Gegend aufbrechen. Man begann mit dem Musizieren nachmittags um vier Uhr und spielte ziemlich pausenlos bis morgens um drei oder vier, um dann in tiefster Ermüdung den Heimweg anzutreten. Um acht Uhr saß ich wieder auf der Schulbank. Ich weiß, daß meine Kinderhände von der Überanstrengung oft zitterten und daß mir insbesondere der kleine Finger der linken Hand vom Markieren der Bässe recht weh tat.

Es spricht nicht gerade für die Intelligenz meiner Lehrer, daß ihnen, mit verschwindend geringen Ausnahmen, mein Doppelleben und die daraus folgende geistige und körperliche Ermüdung verborgen bleiben konnten. Ich kann mich nicht entsinnen, daß jemals von seiten der Schule Einspruch erhoben oder Beschwerde geäußert worden wäre. Vielleicht fühlte man, daß mir das Ganze Spaß machte und daß ich bereits unrettbar der Musik verfallen war. Außerdem war mir das Lernen im Gymnasium trotz meiner starken musikalischen Interessen leicht. In den Fächern, in denen ich weniger Gutes leistete, lag die Schuld am Unterricht. Dies sage ich ohne Übertreibung. Bei mir hing alles davon ab, ob ein Lehrer Interesse erwecken konnte oder nicht. Ich glaube, daß wirklich begabte Pädagogen so selten sind wie wirklich erstklassige Musiker.

Einmal jährlich kamen böhmische Straßenmusikanten, etwa acht Mann in schäbigen blauen Uniformen, in unsere Stadt, die damals etwa zwanzigtausend Einwohner zählte, um den musikhungrigen Bürgern Märsche und Potpourris sowie andere »Piècen« auf Trompeten, Hörnern, Posaunen und Tuba vorzuspielen. Uns war diese Kapelle eine vertraute Erscheinung. Ihr Haupterfolgsstück war »Die Post im Walde«. Das Gros der Kapelle nahm auf dem schon erwähnten Marktplatze am Kriegerdenkmal Aufstellung, und der erste Trompeter entfernte sich, um sich auf einem anderen Platze, etwa hundert Meter entfernt, zu postieren. Die Kapelle spielte ein sentimentales Stück im Sechsachteltakt, in dem einige Postsignale vorkamen, die der entferntstehende Trompeter, zum größten Erstaunen und zur Glückseligkeit der Zuhörer, als Echo zu wiederholen hatte. Adolf schlug vor, ein zweites Echo herzustellen. Zu diesem Zweck begaben wir uns, von der Kapelle entfernt, heimlich auf Posten dem Echobläser gegenüber. Mit der Musik und der gesamten Situation wohlvertraut, blies ich sofort in seinen letzten Ton hinein ein neues Echo. Teuflisch störte ich jeden Einsatz der braven Musikanten, die, vollkommen führerlos, nicht mehr wußten, welchem Echo sie antworten sollten. Sie brachen schließlich ab und begaben sich wütend auf die Suche nach dem Übeltäter. Während ich, vollkommen vertieft in meine musikalische Aufgabe, die Momente meines Einsatzes abwartete, hatte Adolf gespannt die Wirkung des Doppelechos beobachtet. Plötzlich schrie er: »Fritz, sie kommen!« Wir rannten in den nahegelegenen Wald und verbargen uns dort, bis die Gefahr vorüber war.

Wieder einmal waren wir in eine andere Wohnung gezogen. Den Vater hielt es nicht lange an einer Stelle, und er versuchte immer wieder, seine Werkstatt zu verbessern. Diesmal wurde ein ganzes Haus genommen und dessen Mansarde an zwei Kostgänger vermietet, die recht originelle Käuze waren. Der eine, ein Schuster, war streng katholisch und ein stiller, in sich gekehrter Mensch, während der andere ein Anstreicher oder vielmehr ein »Maler« war, wie er sich selbst nannte. Außerdem erklärte er uns tief erschreckten Jungen, daß er Sozialdemokrat sei. Hätte er gesagt, er pflege zweimal im Jahr kleine Kinder zu verspeisen, so hätte unser Entsetzen nicht größer sein können.

Aus dieser deutlichen Erinnerung schließe ich, daß unser Vater – das politische Orakel der Familie – sich damals ganz als Bürger fühlte, für den der Sozialdemokrat das schwarze Schaf war. Im weiteren Verlauf unserer Jugend entwickelten sich seine Ansichten hierüber etwas widerspruchsvoll.

Unsere beiden Untermieter hatten eine feste Anstellung in der Stadt gefunden. Während nun der Schuster in seinen Freistunden ernste katholische Literatur las, hatte sich der Maler in den Kopf gesetzt, eine Madonna zu malen, der er brandrotes Haar verlieh. Hierüber wurde eifrig diskutiert und gestritten, und die ganze Familie nahm erregt zu diesem Problem Stellung.

Mein Vater hatte eine große Vorliebe für Singvögel. Hauptsächlich waren es Drosseln, Buchfinken und Rotkehlchen, die er in zahlreichen Käfigen in der Werkstatt untergebracht hatte. In einer großen Kiste voll Mehl befanden sich Mehlwürmer, die zu ihrer Fütterung dienten. Die neue Wohnung hatte zu unserer großen Freude einen hölzernen Schacht mit einem Aufzug, mit der Hand an einem Strick zu bedienen, der vom Erdgeschoß bis in die Werkstatt oben unter dem Dach führte. Neben dem Aufzug befand sich ein Sprachrohr. Kaum waren wir eingezogen, als Adolf die Treppen hinauflief, um dieses Sprachrohr auszuprobieren. Ich stand am unteren Ende, als Adolf rief: »Fritz, sing mal laut a!« Ich sang »a-a-ah« und fühlte plötzlich ein starkes Kribbeln im Munde. Ins obere Ende des Sprachrohrs hatte Adolf eine Handvoll Mehlwürmer geworfen ... An diesem Abend ging er mit leichten Verletzungen und Hautabschürfungen zu Bett.

Im Hause lebte, seit wir auf der Welt waren, unsere Großmutter, die mit aller Liebe an uns Kindern hing, unsere Pflege und den Haushalt hauptsächlich versah und deren Leben köstlich gewesen ist, weil es Mühe und Arbeit war. Sie war eine kleine, aber kräftige Frau mit prachtvollen, blauen, durchdringenden Augen. Mein Vater, ihr Schwiegersohn, konnte sie nicht leiden. Wo er ihr einen Schabernack spielen konnte, war man sicher, daß er die Gelegenheit nicht vorübergehen ließ. Sein großer Namensvetter Wilhelm Busch sagt: »Es ist bekannt von alters her, wer Sorgen hat, hat auch Likör.« Nun, Sorgen hatte die gute Großmutter genug, dagegen fehlte es meist an Likör. Mein Vater, nicht sehr ordentlich und sorgfältig, ließ die verschiedenen Flaschen mit Lack, die er für seine

Violinen brauchte, immer in der ganzen Wohnung herumstehen. Von Sorgen geplagt, ergriff die Großmutter eines Tages eine Flasche und nahm, in der Meinung, sie enthalte einen kürzlich zu einer besonderen Festlichkeit angeschafften Likör, einen kräftigen Schluck. Sie schrie fürchterlich und bot einen bedauernswerten Anblick, da ihr der rote Lack nur so aus dem Munde lief. Der Vater eilte herbei und erklärte, daß der Lack giftig sei; die Großmutter sei verloren, wenn er nicht sofort Gegenmaßnahmen ergriffe! Ich sehe noch die alte Frau vor mir, blaß in einem Stuhl sitzend, während der Vater, einen Lappen in der rechten und ihre Zungenspitze in der linken Hand, mit Spiritus an ihrer Zunge herumrieb.

Aber solche Vorfälle störten die allgemeine Harmonie unseres Familienlebens nicht weiter. Sie trugen im Gegenteil nur dazu bei, es farbiger zu gestalten.

Nachdem mein Vater sich in der Technik des Geigenbaues vervollkommnet hatte, ging er, wie fast alle Geigenbauer, die ohne einen leichten »Spleen« nicht denkbar sind, auf die Suche nach dem Geheimnis des Stradivari. Er war wie besessen von seiner Arbeit, über der er Essen und Trinken vergaß, wenn er wieder den Bau eines neuen Instruments in Angriff genommen hatte. Kaum hatte er sich spät zu Bett gelegt, als er auch schon wieder aufsprang, sich einen starken Kaffee braute und in die Werkstatt rannte, um weiterzubasteln. Nachdem verschiedene Möglichkeiten, dem Geheimnis auf die Spur zu kommen, vergeblich ausprobiert worden waren, glaubte er plötzlich, das Problem auf die Weise gelöst zu haben, daß Boden und Decke der Geige im Verhältnis einer reinen Quinte abgestimmt werden müßten. Wir hätten ihn gewähren lassen, und die Sache wäre harmlos gewesen, wenn der Vater nur eben recht gewußt hätte, was denn eigentlich eine reine Quinte war. Selbst dann aber hätte er nicht vermocht, dies Intervall mit Sicherheit aus den Tönen zu bestimmen, die das Anschlagen des Holzes ergab. Kaum waren Decke und Boden fertig, so begann er, oft mitten in der Nacht, das Holz anzuschlagen. Da er jedoch des Ergebnisses nicht gewiß war, weckte er Adolf und mich, die in Nachthemd und Pantoffeln in die Werkstatt kommen mußten, um die reine Quinte festzustellen. Das Holz wurde entsprechend bearbeitet, und er gab sich erst zufrieden, wenn er von uns beiden die gewünschte Bestätigung erhielt. Uns kam die Sache, der wir uns zunächst aus Gutmütigkeit und aus Liebe zum Vater, dem man schwer ernstlich böse sein konnte, unterzogen hatten, auf die Dauer zu dumm und lästig vor. Wir verabredeten deshalb, das nächste Mal gleich zu erklären, das Verhältnis sei d zu a, damit wir wieder ins Bett gehen und zu unserem Schlaf kommen konnten. So lernten wir in früher Kindheit den Begriff der Lebenslüge kennen, ohne die auch in späterem Alter nicht immer auszukommen war.

War nun die Geige fertig, so wurde die Familie versammelt, und der Vater strich mit verklärtem Gesicht die leeren Saiten an, worauf er eine leichte Passage spielte. Eine aufrichtige Kritik wünschte er keinesfalls zu hören. Hätten wir sie ausgeübt, so wäre er sofort wieder in die Werkstatt gerannt, um noch weitere Tage und Nächte ruhelos zu arbeiten; oder er hätte das Instrument in tausend Stücke zerschlagen, sich bitter anklagend, daß er ein unnützes Geschöpf Gottes sei, das es niemals in dieser Welt zu etwas Rechtem bringen würde! Wir lobten also und erklärten die letzte Geige für das Beste, was er je geschaffen habe, in der Arbeit und im Klang von solcher Qualität, daß das Instrument einem alten italienischen in keiner Weise nachstehe. Darauf wurden Kaffee und Kuchen angeschafft und das Ergebnis lebhaft gefeiert. Der Vater eröffnete uns – der Großmutter, der Mutter und den mehr oder weniger erwachsenen Kindern –, daß nunmehr alle unsere materiellen Sorgen für die Zukunft behoben seien; die Geige würde er nicht unter fünftausend Mark verkaufen, selbst wenn er einige Zeit auf eine günstige Gelegenheit warten müßte; das Geld solle in erster Linie für unsere weitere Ausbildung verwandt werden; es würde aber auch noch genug übrigbleiben, um einige persönliche Wünsche der Mutter zu erfüllen. In diesen Augenblicken war er sogar bereit, seiner Schwiegermutter etwas zu versprechen.

Ein paar Wochen herrschte nun verhältnismäßige Ruhe im Hause, und das tägliche Leben, das durch Vaters unruhevolles Treiben gestört gewesen war, nahm seinen friedlichen Fortgang. Wir gingen zur Schule, der Vater saß in seinem Instrumentengeschäft und bemühte sich, das eine oder andere zu verkaufen, oder machte kleine Reparaturen, und die Mutter versorgte ihren Tapisserieladen, der sich übrigens eines weit größeren Zuspruchs erfreute.

Eines Morgens war der Vater ohne weitere Ankündigung in aller Frühe aus dem Hause verschwunden. Er hatte die Geige, die nicht unter fünftausend Mark verkauft werden sollte, mitgenommen, um zu sehen, ob er sie nicht losschlagen könnte, selbst wenn er einen kleinen Nachlaß gewähren würde. Spät abends kam er zurück. Was er mitbrachte, war ein Kanarienvogel, ein Spazierstock mit einer Krücke, von der er behauptete, sie sei aus Elfenbein, etwa zehn Mark und ein leichter Schwips. Er war in den verschiedensten Restaurants und Kaffeehäusern gewesen, in denen Musik gemacht wurde, hatte auch einzelne Musiker aufgesucht und sie zu einem Glas Wein eingeladen und schließlich für den oben erwähnten Erlös das »kostbare« Instrument hergegeben. Der Kanarienvogel erwies sich übrigens als ein Weibchen, das trotz allgemeinen Zuspruchs niemals zum Singen zu bewegen war.

Wenn wir uns leicht enttäuscht zeigten, meinte der Vater, mit dem Instrument sei doch nicht viel los gewesen: Die G-Saite habe nicht recht geklungen, nicht soviel hergegeben wie die anderen Saiten; außerdem habe die Geige einen »Wolf« gehabt. (Dies ist ein bestimmter dumpfer Ton, der auf vielen Instrumenten aus mir unbekannten Gründen vorkommt und sehr schwer, meist gar nicht zu beseitigen ist.) Weitere Gründe, die er gewandt anführte, ließen schließlich unseren Einspruch verstummen. Der Vater begann mit dem Bau einer neuen Geige, und das alte Spiel wiederholte sich. Übrigens waren einige Instrumente wirklich von sehr guter Qualität, und Adolf hat eine Geige unseres Vaters jahrelang in seinen Konzerten gespielt, bis er in den Besitz von Stradivari-Instrumenten kam.

Während wir noch die Volksschule besuchten, rannte Adolf eines Vormittags beim Spiel auf dem Vorplatz des Gebäudes mit einem anderen Jungen derart heftig zusammen, daß er hinfiel und sich vor Schmerzen kaum erheben konnte. Sein rechter Arm baumelte an ihm herunter; die Lehrer ordneten an, ich müßte meinen Bruder sofort nach Hause begleiten. Den Schrecken meiner Eltern kann man sich vorstellen; weniger vielleicht den Stolz, mit dem ich bei der Rückkehr in die Schule meinen Freunden erzählte, mein Bruder habe seinen Arm gebrochen. Als ich Adolf aber später ganz in Gips gepackt im Bett liegen sah, entsetzte mich der Anblick derart, daß ich laut schrie und kaum zu beruhigen war. Ich stellte mir vor, mein Bruder würde niemals mehr gesund werden, niemals mehr Violine spielen können, und war untröstlich.

Ein Arzt brachte die Sache geschickt und ohne weitere Folgen bald wieder in Ordnung. Daß ich so starker Emotionen fähig war, wurde in der Familie mit Erstaunen betrachtet; insgesamt waren wir nicht weichlich, und jede Zurschaustellung eines Gefühls war bei uns nicht beliebt. Man empfand aber, daß ich von echter Sorge gepackt war, und behandelte mich dafür ein paar Tage lang mit Schonung.

Der Vater war beständig auf der Suche nach einem guten Klavierlehrer, bei dem ich wirklich etwas lernen konnte. Was sich fand, war nicht viel wert. Ich entsinne mich eines alten kleinen Männchens, das aus Gott weiß welchem Grunde sich Musikdirektor nannte. Ich hörte zwar niemals von ihm einen Ton Musik noch eine Äußerung zu der meinen, dagegen malte der schweigsame Herr Musikdirektor harmlose Bildchen in Öl, während ich Czerny-Etüden und Chopinsche Mazurken spielte.

Ich erinnere mich nicht, daß dieser »Lehrer« oder die Mehrzahl seiner Nachfolger eine einzige, von mir als richtig empfundene und deshalb haftenbleibende Bemerkung in pädagogischem Sinne gemacht hätte. Eine trostlose Situation für einen lernbegierigen und interessierten Jungen. Alles »Notenfressen«, wie man ein fixes Prima-vista-Spiel manchmal nennt, täuschte nicht darüber hinweg, daß kostbare Zeit unnütz vertan wurde und daß trotz der zweifellosen Leichtigkeit, mit der ich zu lernen imstande war, nichts Sinnvolles bei der Sache herauskam.

Auf wunderliche Weise schien einmal ein Zufall zu Hilfe zu kommen. Die Mutter war eine leidenschaftliche Theaterfreundin. Natürlich gab es damals in Siegen kaum Gelegenheit, ihre Sehnsucht nach guten Schauspielvorstellungen zu befriedigen; jedoch einmal im Jahre kam in unsere Stadt eine wandernde Schauspielertruppe, die sich infolge der Seltenheit ihres Erscheinens größerer Beliebtheit erfreute, als es ihre Leistungen an sich verdient hätten. Die Vorstellungen hatten in ihrem künstlerischen Niveau große Ähnlichkeit mit jenen, durch die der »Theaterdirektor Striese« zur unsterblichen deutschen Lustspielfigur wurde. Um die Anziehungskraft zu erhöhen, sang die Tochter des Direktors, die gleichzeitig jugendliche Liebhaberin war, in den Pausen Opernarien, wie »Einst träumte meiner seligen Base« oder das Loewesche Lied »Ich trage, wo ich gehe, stets eine Uhr bei mir«. Einmal gab man den

»Trompeter von Säckingen« in einer Art melodramatischer Bearbeitung; ein Stück, das nicht völlig ohne Mitwirkung eines Trompeters gegeben werden konnte. Der Trompete blasende Bühnenmusikus war ich, da sich kein anderer fand, der gegen eine Vergütung in Höhe von zwei Freibilletten bereit gewesen wäre, bei den Nachmittags- und Abendvorstellungen in den Kulissen stehend »Behüt Dich Gott, es wär' so schön gewesen...« zu blasen.

Das Orchester bestand aus einem verbrauchten Klavier unter der »Leitung« eines verhungert aussehenden Menschen mit sentimentalen Augen, langen Haaren, die bis über den Kragen fielen, und einer Künstlerkrawatte. So hieß bei uns die sogenannte Lavallière, eine breite Schleife aus weicher Seide mit flatternden Enden. Des weiteren trug der Herr Kapellmeister – als solcher stand er auf dem Programm verzeichnet – eine Samtjacke und stellte somit das Ideal eines Künstlers dar, wie ich ihn erträumt hatte. Meine Begeisterung für ihn wuchs noch, als mein Vater ihn für »nervös« erklärte. Nun stand mein Ziel fest. Ich wollte werden wie er: blaß, mit langen Haaren, einem Künstlerschlips, einer Samtjacke und... nervös.

Mein Vater knüpfte mit ihm Bekanntschaft an und erfuhr, daß er auf dem Leipziger Konservatorium Klavier und Violine studiert hatte. Er glaubte, in Kapellmeister G. den richtigen Mann gefunden zu haben, der unserem Hause fehlte, um unsere musikalische Erziehung in seine vom dauernden Zigarettenrauchen gelben Hände zu nehmen. Man räumte ihm ein Zimmer ein, er bekam etwas Taschengeld nebst freier Verpflegung und gab dafür hie und da eine Unterrichtsstunde. Auf der Geige war sein Lieblingsstück das Adagio des Zweiundzwanzigsten Violinkonzerts von Viotti.

Die Eitelkeit trieb um diese Zeit einmal meinen Vater, an seiner Geburtsstätte in Erndtebrück ein Konzert zu veranstalten. An der Kasse saß die brave Großmutter und forderte die Bauern auf, »Monogramme« zu kaufen. Sie war der griechischen Sprache, wie man sieht, nicht genügend mächtig, so daß die Verwechslung zwischen »Programm« und »Monogramm« – siehe den Tapisserieladen meiner Mutter – verzeihlich war.

Unter den vielseitigen Darbietungen des Konzerts verdient ein Walzer »Gruß an Erndtebrück«, als dessen Komponist mein Vater genannt war, besondere Erwähnung. Beim Probieren einer Geige hatte er auf der G-Saite einige Takte improvisiert, die er als originellen musikalischen Einfall empfand. Damit war aber seine produktive Kraft erschöpft, und wir mußten das Thema, das vier Takte nicht überschritt, zu einer achttaktigen Periode zu Ende »erfinden« und aufschreiben. Einige weitere Teile fügten Adolf und ich schnell hinzu und schrieben ihm eine Cellostimme, die unter ausschließlicher Benutzung der ersten Lage Klangschönheit mit leichter technischer Ausführbarkeit vereinigte. Der »Gruß an Erndtebrück« war aufführungsreif! Der Erfolg des Konzertes war dennoch mäßig, und erst bei dem nachfolgenden Ball füllte sich der Saal soweit, daß unsere Anstrengungen nicht völlig umsonst gewesen waren.

Am nächsten Tage wünschte der Vater, dem Fürsten von Wittgenstein, der im etwa fünfzehn Kilometer entfernten Berleburg ein Schloß bewohnte, seinen Besuch zu machen und ihm unsere Kunst vorzuführen. Es war Sommer, die Chaussee staubig und der Fußmarsch anstrengend. Wie wir gingen und standen, marschierte der hitzige Vater mit uns in den Schloßhof und fragte einen livrierten Diener, ob wir dem Fürsten vorspielen könnten. Er war tief verletzt, als uns der Eintritt verweigert wurde, erklärte den Fürsten und den gesamten deutschen Adel für eitle Ignoranten und schwor, daß er nunmehr fest entschlossen sei, Bebels roter Fahne zu folgen: Tod der Aristokratie!

Auf dem Rückweg nach Siegen war beschlossen worden, unser Konzert mit nachfolgendem Ball in jedem Dorf zu wiederholen, das zwei Kirchen hatte und wo somit Gewähr für genügend musikliebendes Publikum gegeben zu sein schien. Jedoch nahm diese Kunstreise ein unvorhergesehenes Ende dadurch, daß Kapellmeister G. plötzlich streikte. Er erklärte, daß er nicht jahrelang dafür gehungert habe, das Leipziger Konservatorium absolvieren zu können, um nun als Straßenmusikant und Tanzgeiger ausgenutzt zu werden! Er packte, zu Hause angekommen, Künstlerschlips und Samtjacke in eine Pappschachtel, bekam von der Mutter einige Butterbrote und sonstige Wegzehrung und reiste ab. Wenn ich mich nicht irre, fand er bald ein Engagement am Darmstädter Hoftheater und hat sich später einen Namen als tüchtiger Opernkapellmeister gemacht.

In Duisburg-Hochfeld wohnte und wirkte ein Onkel von uns, ein Bruder meiner Mutter, der Stolz der Familie und insbesondere der Großmutter. Durch ehrsamen Lebenswandel und einwandfreie Pflichterfüllung hatte er es vom gewöhnlichen Soldaten bei der Garde in Berlin bis zum Feldwebel gebracht und war nach zwölfjähriger Dienstzeit Polizeikommissar in der erwähnten rheinischen Stadt geworden. Ich glaube, daß er im Grunde ein rechter Spießer war, allzusehr von der Vortrefflichkeit seines Wesens und der Wichtigkeit seiner Stellung überzeugt. Er war Adolfs Patenonkel und ging, stolz auf die Leistungen seines kleinen Neffen, häufig darauf aus, ihn am Orte seines Wirkens den Freunden und Bekannten als Wunderkind vorzuführen. Auf Betreiben des Onkels spielte Adolf eines Tages dem damaligen Konzertmeister des städtischen Orchesters in Duisburg vor, der ein ausgezeichneter Geiger war und den nicht gewöhnlichen Namen Schweinefleisch führte. Da er damit schwerlich eine besondere Karriere machen konnte, ließ er sich umtaufen und nannte sich Anders. Konzertmeister Anders, der später in Köln in gleicher Eigenschaft tätig war, gab Adolf einige Stunden und brachte ihn in Verbindung mit einem Kommerzienrat S. S., dem Besitzer einer Kaffeegroßhandlung, der mehrfacher Millionär und kinderlos war. Beeindruckt von Adolfs Talent, erklärte er, seine weitere Ausbildung übernehmen zu wollen. Mein Vater, dem wir alle »gleich liebe Kinder« waren und dem eine Trennung der beiden Brüder undenkbar schien, verlangte ungeniert, daß sein Sohn Fritz die gleichen Vorteile genießen solle, was jedoch abgelehnt wurde. Ich selbst wehrte mich und wollte keinen Mäzen haben. Auch als zu einem späteren Zeitpunkt Herr S. S. anbot, seine Freundlichkeiten auf mich auszudehnen, drang ich in meine Eltern, mich im Hause zu behalten, was auch geschah.

Adolf selbst kam im Alter von etwa elf Jahren nach Köln am Rhein auf das Konservatorium und wurde dort zunächst Schüler des bedeutenden Geigers und Pädagogen Willi Hess, der lange Jahre Konzertmeister des Bostoner Sinfonie-Orchesters gewesen war. Zur weiteren Erziehung wurde er in der Familie eines Gymnasiallehrers untergebracht, wo er auf Wunsch seines Mäzens, der auch einen gewissen geistigen Einfluß auf die Entwicklung meines Bruders auszuüben verlangte, in privatem Unterricht sprachlich und wissenschaftlich weitergebildet werden sollte. Unser Vater, der Köln von früheren Wanderungen her gut kannte, brachte Adolf selbst dorthin und ließ mich mitkommen.

Immer sprach er uns von der Größe und Schönheit des Kölner Doms; meine Phantasie stellte sich etwas Ungeheures unter diesem Gebäude vor, demgegenüber alles bisher Gesehene sich als unbedeutend und nichtig erweisen müßte. Wir fuhren über die Rheinbrücke und versuchten, einen Blick auf den Wunderbau zu erhaschen, aber der Vater erklärte, dies sei nicht die rechte Art; man müsse ganz plötzlich den Dom in seiner vollen Größe vor sich sehen. Unsere Spannung wuchs um so mehr, als bei der Ankunft im Hauptbahnhof der Vater unsere Augen verband. Er führte uns an den Händen über den Domplatz bis zur gegenüberliegenden Seite, stellte uns feierlich unmittelbar dem Hauptportal gegenüber, löste unsere Augenbinden und wartete erregt auf den Eindruck. Ich sagte: »Ist dies alles?« und bekam die erste und einzige Ohrfeige meines Lebens von ihm. Seine Enttäuschung war zu groß.

Zu groß war aber auch die Entfernung zwischen Siegen und Köln, wenn nun der geliebte Bruder und Sohn einsam in einer fremden, kühlen und – wie sich bald herausstellte – nur auf Erwerb bedachten Familie leben mußte. Eine längere räumliche Trennung schien uns allen undenkbar; wir mußten das Gefühl haben, jederzeit und schnell in persönliche Verbindung kommen zu können. So wurde beschlossen, die Stadt Siegen zu verlassen und in der Nähe Kölns, in Siegburg, eine neue Existenz aufzubauen. Es war im Jahre 1902, als man an die Liquidation des Musikinstrumentengeschäftes meines Vaters und des Tapisserieladens meiner Mutter ging. Der letztere hatte sich in wirtschaftlich guten Zeiten und bei dem Fleiß und der Tüchtigkeit unserer Mutter nicht schlecht entwickelt. Verbunden mit den Einnahmen, die wir durch unser Musizieren erzielten, sollten einige tausend Mark vom Erlös des Ganzen nach der Übergabe oder Auflösung übrigbleiben.

Mit der geschäftlichen Abwicklung wurde ein Winkeladvokat betraut, den man den Eltern als besonders tüchtig empfohlen hatte. Welche Eigenschaften meine Eltern auch immer haben mochten, Mißtrauen lag ihnen vollkommen fern. Beide waren offene Naturen, die auch von anderen immer Anständigkeit und Ehrlichkeit voraussetzten. Einen Tag bevor wir endgültig die Heimatstadt verlassen sollten und der Mann mit dem Gelde erwartet wurde, blieb er aus. Er hatte mit dem gesamten Bargeld, das uns zum Aufbau eines neuen Lebens in Siegburg dienen sollte, das Weite gesucht. Selbstverständlich haben wir niemals mehr etwas von ihm gehört. Das mühsam erarbeitete kleine Kapital war verloren. Täusche ich mich nicht, so erzählte mir meine Mutter einmal später, daß das Leben des Mannes im Irrenhaus geendet habe.

Seine verbrecherische Handlung war ein harter Schlag für uns alle. Beide Eltern hatten gewünscht, daß ich mit dem gewerbsmäßigen Spielen aufhören, in Ruhe das Gymnasium in Siegburg besuchen und mehrmals wöchentlich nach der fünfundzwanzig Kilometer entfernten Großstadt Köln fahren solle, wo sich gute Lehrkräfte für meine musikalische Weiterbildung finden würden. An unserem neuen Wohnort glaubte der Vater keiner Konkurrenz für den Verkauf seiner Musikinstrumente zu begegnen, daher bessere Geschäfte als vorher zu machen, und die Mutter wollte, trotz ihrer nunmehr acht Kinder, wieder ein neues Ladengeschäft eröffnen, das die eigentliche Grundlage unserer neuen Existenz bilden sollte. Statt dessen mußte wegen des Betrugs des »Advokaten« der Unterhalt für die zahlreiche Familie bis auf weiteres vom Vater und seinem ältesten Sohn, diesmal ohne Adolf, durch Musizieren beschafft werden.

Im Jahre 1902 übersiedelten wir nach Siegburg. Das Städtchen hatte damals etwa fünfzehntausend Einwohner und verfügte daher über mehr als zwei Kirchen, so daß die Möglichkeit zur Veranstaltung von Konzerten gegeben war. Seine Hauptbedeutung erhielt der Ort durch eine außerhalb gelegene Munitionsfabrik. Die Stadt war in stärkerem Maße »militärfromm«, als wir es von Siegen her gewohnt waren. Ein weiterer Unterschied bestand darin, daß Siegburg, in der Nähe des Kirchenzentrums Köln gelegen, katholisch und stark vom Klerus beherrscht war.

Ich bezog das Gymnasium, dessen Lehrplan die klassischen Sprachen Latein und Griechisch bevorzugte, während das Realgymnasium in Siegen die Erlernung der modernen Sprachen gefördert hatte. Ohne besondere Schwierigkeiten wurde ich, zwölf Jahre alt, in die Quarta aufgenommen. Der Hauptreiz des Siegburger Gymnasiums lag für mich nicht in seinen pädagogischen und wissenschaftlichen Qualitäten, sondern in einem kleinen Mansardenzimmer dicht unter dem Dach. Jemand, der von meinen musikalischen Interessen wußte, hatte mich wenige Tage nach meinem Eintritt darauf aufmerksam gemacht, daß in diesem Zimmer Engelbert Humperdinck, der Schöpfer von »Hänsel und Gretel«, geboren worden war.

Es dauerte nicht lange, so kletterte ich eines Tages mit einigen Mitschülern unter das Dach, um das Zimmer zu besichtigen. Es erwies sich als eine Rumpelkammer, in der, Gott weiß weshalb und woher, eine größere Anzahl zerbeulter und verschmutzter Blasinstrumente lag. Mit Erlaubnis des Direktors, eines feinen und noblen Mannes, dessen Erscheinung mir noch deutlich vor Augen steht und der zweifellos das wertvollste Element des Lehrkörpers war, nahm ich die Instrumente in Besitz, um sie gemeinsam mit dem Vater und einem von ihm manchmal für solche Spezialitäten beschäftigten Gehilfen wieder gebrauchsfähig zu machen. Aus meinen Mitschülern suchte ich mir ein knappes Dutzend Jungen heraus, die bereit waren, Trompete, Althorn, Posaune und Tuba zu lernen, und für diese Aufgabe etwas Talent und Liebe mitbrachten. Im Verlaufe weniger Wochen konnten wir einige katholische Choräle spielen, bei der Fronleichnamsprozession durch den Vortrag von »Maria zu lieben« und anderen geistlichen Gesängen mitwirken und das Wohlwollen der Geistlichkeit und damit auch das des Lehrkörpers erwerben, der bis dahin unser musikalisches Treiben etwas scheel angesehen hatte.

Es gab jedoch einen Lehrer, Professor W., der mich durchaus nicht leiden mochte. Mir wiederum waren seine trockene Erscheinung und sein sarkastisches Wesen zuwider. Er erteilte Mathematikunterricht und erkannte alsbald, daß ich für sein Fach nicht nur nicht die geringste Begabung besaß, sondern, was ja meist dasselbe ist, auch jeden Interesses und Fleißes dafür ermangelte. Wie ich mich trotzdem in diesem Fach ohne die geringsten Kenntnisse und Anstrengungen bis in die höheren Klassen durchschwindeln konnte, ohne in ernste Schwierigkeiten zu geraten, ist mir ein Rätsel geblieben. Mein Orchester jedoch machte Fortschritte, sein »Repertoire« erweiterte sich; bei allen Schulfesten und Ausflügen waren wir dabei und wurden je nachdem bewundert oder geduldet.

Das Schicksal wollte es, daß eines Tages – ob aus Ärger über mich oder aus anderen Gründen – mein verhaßter Mathematikprofessor plötzlich das Zeitliche segnete. Als wir uns morgens zum Unterricht in der Untersekunda versammelten, wurde uns mitgeteilt, daß Professor W. gestorben sei und daß wir am übernächsten Tag zur soundsovielten Stunde zu seinem Begräbnis anzutreten hätten.

»Ach Gott!« seufzte ich und meinte eigentlich »Gott sei Dank«; denn ein schwerer Stein fiel hörbar von meinem Herzen. Schlimmer konnte es nicht kommen, wer auch immer sein Nachfolger werden sollte.

Mein Hauptinteresse an dem Falle galt dem Studium der Frage, ob nicht aus dem an sich immerhin bedauernswerten Ereignis für mich persönlich etwas Gutes herauszuschlagen wäre. Ich wandte mich daher in der ersten Pause an den gutmütigen und etwas bequemen Ordinarius unserer Klasse, dessen zwei Söhnen ich ohne Honorar Klavierunterricht gab, um ihm in beredten Worten klarzulegen, daß Professor W. unmöglich ohne Musik, das heißt ohne Beteiligung der Schulkapelle, beerdigt werden könnte. Ich bekam sogleich schulfrei bis zum Begräbnis, um einen Trauermarsch zu komponieren und ihn in der geringen noch verbleibenden Zeit meinen Kameraden einzustudieren.

Zu Hause rannte ich in die Arme von Adolf, der wieder einmal, von Heimweh geplagt, aus Köln entwischt war, um Grieg-Sonaten mit mir zu spielen, die uns damals neu und unsere ganze Leidenschaft waren. Zu meinem Unglück erklärte Adolf, sich an der Komposition beteiligen und das »Trio« übernehmen zu wollen.

»Zu meinem Unglück« sage ich, da er nach seiner Gewohnheit die Fähigkeiten seiner musikalischen Mitwelt überschätzte. Er spielte bereits in den großen Sinfoniekonzerten im Gürzenich im Städtischen Orchester in Köln mit, kannte sowohl Wagner wie Richard Strauss und unterließ daher nicht, in sein »Trio« gewagte Harmonien und eine komplizierte Polyphonie hineinzuschreiben, die ich im ersten Teil meines Trauermarsches wohlweislich vermieden hatte. Kompromißlos, wie er ist, war er nicht zu Erleichterungen und Änderungen zu bewegen. Meine Vorstellungen, daß meine Tertianer und Sekundaner unmöglich so »moderne« Musik spielen könnten, machten auf ihn keinen Eindruck. Er war besonders stolz auf eine kühn geführte Nebenstimme, die er dem Tenorhorn anvertraut hatte. Um keinen Preis der Welt wollte er auf sie verzichten! Dagegen willigte er ein, sie selbst zu spielen und zu diesem Zweck bis zum anderen Tage Tenorhorn zu lernen.

Nach allem Ärger, den ich mit ihm hatte, war ich boshaft genug, ihm die klar vorauszusehenden Folgen nicht auszumalen.

»Ganz frisch noch die Schrift, und die Tinte noch naß«, zogen wir am späten Nachmittag mit meinem Cornet-à-piston, Adolfs Tenorhorn und den ausgeschriebenen Stimmen zur Aula des Gymnasiums, wo die erste Probe stattfinden sollte. In Adolfs Part hatte ich über jeder Note die Ventile angegeben, die er zu benützen hatte.

Niemals sind Komponisten stärker enttäuscht worden als wir, nachdem die Interpretation unseres Trauermarsches begonnen hatte. Schön klang er wahrhaftig nicht! Aber nun wurden wir eigensinnig und begannen getrennt, das heißt gruppenweise, das Werk mit meinen »Philharmonikern« zu studieren, in der Hoffnung, doch noch am Ende unsere Bemühungen von Erfolg gekrönt zu sehen.

Spät abends betraten zwei Lehrer – derjenige, der den Gesangunterricht erteilte, und ein musikalischer junger Philologe, von dem später die Rede sein wird – die Aula, um sich im Auftrage des Direktors vom Stand der Dinge zu überzeugen. Unser Erstaunen kannte keine Grenzen, als sich ein Primaner erhob, der älteste und längste von uns, der die Tuba blies und fleißig an den stundenlangen Anstrengungen des Studiums teilgenommen hatte. Er war aus der Umgebung Siegburgs und lebte als Kostgänger in der Familie des verstorbenen Professors. Lakonisch erklärte er, zu den Lehrern gewandt, daß er im Auftrag der Witwe von Professor W. mitzuteilen habe, es sei der letzte Wunsch des Verstorbenen gewesen, daß Busch mit seiner Kapelle ihn *nicht* zu Grabe geleiten sollte!

Wie gesagt, der Verkünder dieser niederschmetternden Nachricht war Primaner, uns anderen wenigstens an Körperkraft überlegen. Außerdem befand sich in seinem Besitz die Tuba, gegen die wir mit unseren kleinen Instrumenten unmöglich ankämpfen konnten.

Adolf und ich schlichen betrübt nach Hause. Unterwegs überlegten wir, ob wir nicht den Primaner umbringen könnten, um wenigstens bei *seinem* Begräbnis unseren Trauermarsch anzubringen.

Am nächsten Sonntag feierte ein Männergesangverein in der Umgegend sein Stiftungsfest und hatte die »Salonkapelle Busch« für zehn Mark pro Mann zur Mitwirkung verpflichtet. Es sollten zehn Musiker sein, und es kam uns nun zugute, daß

Adolf noch nicht abgereist war. Was ich erwartet hatte, als ich mich breitschlagen ließ, ihm das nie gehandhabte Tenorhorn anzuvertrauen, war eingetreten. Am Morgen, nachdem wir unseren Trauermarsch geprobt hatten, waren seine Lippen derart geschwollen, daß er nur mit Mühe sprechen konnte und einem Einwohner der Libyschen Wüste ähnlicher sah als einem Mitglied unserer Künstlerfamilie. Er schimpfte weidlich, soweit ihm der Zustand seiner Sprechwerkzeuge die Möglichkeit hierzu ließ, während ich mich verteidigte und die Schuld an dem Ganzen nur seiner verfluchten, sinnlosen Strauss-Imitation zuschrieb.

Aber wie alles in der Welt, hatte auch dies böse Mundwerk sein Gutes: Adolf nahm es zum Anlaß, acht Tage bei uns zu bleiben, und schloß sich nun natürlich unserem Ausflug an. Unser jüngerer Bruder Willi wollte nicht zurückstehen. Er hatte sich verschiedentlich mit der Violine versucht, ohne daß das Ergebnis danach angetan gewesen wäre, ihn in unser Orchester aufzunehmen. Hier nun handelte es sich, wenn Willi mitbeschäftigt werden konnte, um weitere zehn Mark Einnahme für den Vater – eine Summe, die wir damals besonders gut gebrauchen konnten, da mit jedem Pfennig gerechnet werden mußte. Adolf und ich erklärten uns einverstanden, Willi mitzunehmen, verlangten aber, daß sein Violinbogen mit Seife eingeschmiert werden müßte, damit nichts von seinem schandbaren Treiben hörbar werde.

Willis Begierde, an dem Unternehmen beteiligt zu sein, war größer als sein Stolz. Wir machten uns schließlich am Sonntag vormittag, zehn Mann hoch, auf den vierstündigen Weg.

Am Nachmittag um sechs begann das Konzert. Der Männerchor, aus sangesfreudigen Einwohnern des Dorfes gebildet und, wie üblich, unter Leitung des Lehrers stehend, sang »Teure Heimat, grüß dich wieder« und andere erhebende »Pièçen«. Adolf und ich stellten wie immer mit Befriedigung fest, daß der Chor im Verlauf des Stückes um mehr als einen halben Ton gesunken war.

Jedoch auch von unserer Seite wurden gewisse Konzessionen gemacht, ohne die wir hätten verhungern müssen: der Schwindel mit Willi; dann der Clou des Programms, Adolfs Solonummer »Das Singvögelchen«. Hier hieß es alle künstlerischen Ambitionen vergessen. Es war ein im Polkarhythmus stehendes Stück, das ich mit einer variablen Begleitung – je nach der

Besetzung – versehen hatte und das dem Solisten Gelegenheit gab, im Trio zu dem Volkslied »Alle Vögel sind schon da« mit Flageolettönen und sonstigem Gezirpe Vogelgezwitscher auf seiner Geige zu imitieren. Effektvolle Passagen, die weit schwieriger klangen, als sie auszuführen waren, ergaben einen brillanten Abschluß und riefen einen Beifall der Bauern hervor, den wir mit besserer Musik niemals hätten erreichen können. Dieses »Singvögelchen« war immer unsere letzte Hoffnung, wenn wir fühlten, daß sonstige musikalische Anstrengungen nicht die gebührende Beachtung fanden und ein Wiederengagement fraglich schien.

Adolf stand also im blauen Matrosenanzug mit kurzen Höschen auf dem Podium. Um ihn herum saßen die übrigen Musiker, ich am Klavier, in der rechten Hand mein Piston, während Willi ziemlich versteckt in einer Ecke seine Violine mit dem Seifenbogen strich. Jedoch auch er fühlte sich als Mitglied einer »berühmten« Familie und war deshalb nicht geneigt, sein Licht unter den Scheffel zu stellen. Sein schauspielerisches Talent regte sich bereits damals, und da er die Musik genau kannte, so imitierte er mit größtem Eifer Adolfs heftige Bewegungen.

Zwei wohlbeleibte Pastoren blieben interessiert vor dem Podium stehen, und ich vernahm folgendes Gespräch: »Dieser Junge hat's aber in sich«, sagte der eine und betrachtete Adolf, »der hat die Musik im Leibe!« »Tja«, meinte der andere, indem er auf Willi zeigte, »mir scheint aber, der Kleine da hinten ist doch der Begabtere!«

Auf einer großen Kirmes in der Nähe von Bonn, die drei Tage und Nächte dauerte, wirkte das Trio – Vater, Adolf und ich – allein, um möglichst viel Geld einzunehmen. Da Willi durchaus wieder mit von der Partie sein wollte, wurde ihm das Schlagzeug übertragen. Indessen, seine Leistung an der großen Trommel mit aufgebundenem Becken enttäuschte. In der irrigen Meinung seiner zehn Jahre, daß viel auch gleichzeitig schön sei, belegte er jeden guten Taktteil der Tänze mit schweren Schlägen seines ungefügen Instruments. Wir hatten von einem Mitglied unserer Familie größeres Feingefühl erwartet und machten ihm Vorwürfe. Er brach in bittere Tränen aus und verlor die Hemmungslosigkeit, deren die nachschaffende Kunst in so hohem Maße bedarf. Nun bumste er zwar weniger auf die guten Taktteile, versah jedoch in seiner

Erregung die schlechten mit so schweren Akzenten, daß wir abbrechen mußten.

Aber wir hatten doch nicht so mühselig die Trommel zwanzig Kilometer weit geschleppt, um sie nicht zu benutzen! So band ich an Willis rechten Arm eine Schnur, deren anderes Ende an meinem linken Arm befestigt wurde. Willi wurde auf das ernsteste ermahnt, nur zu bumsen, sobald ich an dieser Schnur zog ...

Als wir bei anderer Gelegenheit in ein uns bisher fremdes Dorf kamen, um bei einer Kirmes zum Tanz aufzuspielen, stellte sich heraus, daß kein Klavier vorhanden war. Das war weiter kein Unglück; ich blies Trompete, und einen Kontrabassisten hatten wir bei uns, so daß im Verein mit zwei Geigen das Klavier einmal entbehrt werden konnte. Schlimmer war, daß wir auf einer Empore unter einem so niedrigen Dache Platz nehmen mußten, daß sich der Kontrabaß nicht senkrecht aufstellen ließ. Hier war guter Rat teuer. Nach einigem Überlegen entschloß sich der Vater, auf das Dach zu klettern, die Ziegel abzuheben und durch das so entstehende Loch den Hals des Kontrabasses zu stecken. Als ich in der Nacht ermüdet, mit Augen, die von dem beizenden Tabaksrauch im Saale schmerzten, auf die Dorfstraße ging, um ein wenig frische Luft zu schöpfen, fand ich, daß gerade Vollmond war. Auf dem besten Wege, in poetische Stimmung zu geraten, während von fern der obstinate Tanzrhythmus weiterklang, sah ich fünf kalkweiße Finger sich über dem Dach eines Hauses bewegen – ein Anblick, der die Phantasie eines E. T. A. Hoffmann hätte anregen können.

Das Spielen bei solchen Gelegenheiten gehörte zum Anstrengendsten, was man sich denken kann. Bei der Kirmes war das Abkommen mit dem veranstaltenden Wirt auf Akkordarbeit abgestellt. Die Musiker bekamen kein festes Honorar, sondern die Hälfte des Geldes, das bei den einzelnen Tänzen eingenommen wurde. Während die Bauern mit ihren Mädchen Aufstellung nahmen, spielte man etwa acht Takte eines Tanzes, um danach abzubrechen; dann ging ein Einsammler mit einem Teller herum, in den jeder Kavalier zehn Pfennige zu werfen hatte, weshalb man diese Art Tanzmusik »Groschentänze« nannte. Am Ende der Unternehmung wurden die eingegangenen Groschen redlich zwischen dem Wirt und dem

Kapellmeister, in diesem Falle meinem Vater, geteilt, der wiederum die erhaltene Summe unter seine Musiker zu verteilen hatte. Wollte man den höchsten klingenden Lohn erzielen, so mußte man natürlich so fleißig wie möglich, das heißt mit denkbar wenig Pausen spielen. Wir waren dazu um so mehr genötigt, als auf mein Betreiben sich die Anzahl der Musiker für diese mir sonst zu uninteressante Tanzmusik immer mehr vergrößerte. Klarinette, Trompete, Posaune, mitunter auch Flöte und Schlagzeug waren hinzugekommen, und ich konnte, da manche der Musiker mehrere Instrumente spielten, auch meinerseits wechseln und auf den verschiedensten Instrumenten üben. Aber es wollte auch ein jeder zu seinem Verdienst kommen, so daß wir unsere Anstrengungen verdoppeln mußten. Im Verlaufe der Nacht wurden nun die Bauern infolge des reichlichen Schnaps- und Biergenusses hitzig, und es kam oft zu Schlägereien. Die ruhigeren Elemente riefen dann nach der Musik, in der Meinung, daß die bekannte, besänftigende Wirkung dieser Kunst die streitbaren Burschen abhalten würde, mit Biergläsern zu werfen oder mit Stöcken aufeinander loszudreschen. Wir hatten jedoch Erfahrung und suchten, sobald der Ruf »Musik« ertönte, das Weite. Schon vorher hatten wir nach und nach, wie in Haydns »Abschiedssinfonie«, Noten und Instrumente eingepackt und die Besetzung unauffällig immer mehr verringert, so daß schließlich nur noch zwei oder drei Musiker als Nachhut übrigblieben und sich als letzte auf die Flucht begaben. Es kam vor, daß wütende Bauern uns nachsetzten und uns manchmal die Sorge nicht erspart blieb, ob wir ohne Bekanntschaft mit ihren Fäusten davonkommen würden. Es ist uns jedoch immer geglückt.

In Siegburg hatte der Vater nach einiger Zeit mit dem durch unser Musizieren erworbenen Gelde wieder ein Musikinstrumentengeschäft eröffnet. Es war ihm gelungen, einen Auftrag zur Lieferung einer größeren Anzahl von Blas- und Streichinstrumenten zu erlangen, die zur Gründung einer Bauernkapelle im Bergischen Lande dienen sollten. Eines Sonntagvormittags kam ein junger Bauer, der sich für den Erwerb eines Kontrabasses interessierte. Es gab ein langes Handeln; der Bauer war bedächtig, schwer von Entschluß und ungern geneigt, seine mühsam erworbenen Taler in ein Unternehmen zu stecken, dessen Wert und Ausgang ihn immer wieder mißtrauisch machten. Alle Überredungskünste meines Vaters waren vergeblich, bis er auf den Einfall kam, dem Bauern die unentgeltliche Erlernung des Kontrabaßspiels zu versprechen, falls er das Instrument kaufen würde.

Im Nebenzimmer fühlte ich mich abwechselnd blaß und rot werden, als der Vater dem Bauern auf dessen Frage, wer denn sein Lehrer sein würde, erklärte, dies sei sein Sohn Fritz. Kontrabaß war nun gerade das Instrument, dem bisher mein geringstes Interesse gegolten hatte. Niemals hatte ich einen Kontrabaß gespielt oder auch nur angestrichen! Aber hier war nichts mehr zu machen. Auf meine Einwände erklärte der Vater einfach: »Du kannst alle Instrumente spielen, wenn du nur willst.« Der Kauf kam zustande, und der Bauer erschien in der nächsten Woche zur ersten Unterrichtsstunde. Eine halbe Stunde vorher lernte ich in der Folge jedesmal aus einer »Schule zum Selbstunterricht«, was ich dem Bauern dreißig Minuten später beibrachte. Manchmal half auch Adolf bei dieser Betätigung.

Zwanzig Jahre später war ich Generalmusikdirektor der Dresdner Staatsoper. Eines Vormittags brachte man mir die Visitenkarte eines Besuchers, der trotz aller getroffenen Maßnahmen gegen unerwünschte Eindringlinge darauf beharrte, mich zu sprechen. Auf der Visitenkarte stand: »Karl Knecht, Kontrabassist und Susaphonist, Schüler von Fritz und Adolf Busch.« Unsere Arbeit hatte sich gelohnt!

Der erste Lehrer, von dem ich wirklich Nutzen hatte, war ein Musikdirektor Inderau, den der Musikverein zu Siegburg als Dirigenten verpflichtete. Er hatte das Kölner Konservatorium besucht und verfügte über eine gute, gründliche musikalische und allgemeine Bildung. Zum Dank dafür, daß ich in seinen Aufführungen im Orchester Bratsche spielte oder in Bachs »Brandenburgischem Konzert« in F-Dur auf einem hohen Piston den Trompetenpart übernahm, gab mir Inderau unentgeltlich wöchentlich eine Klavierstunde, so daß ich mich nunmehr regelrecht auf den Eintritt in das Kölner Konservatorium vorbereiten konnte. Adolfs Mäzen hatte meinem Bruder die Möglichkeit eröffnet, in Webers Musikalienhandlung in Köln nach seinem Belieben Noten zu kaufen, deren Bezahlung Herr S. S. übernahm. Adolf machte von dieser großzügigen Erlaubnis einen vernünftigen Gebrauch und erstand unter anderem die Taschenpartituren der neuesten Werke von Richard Strauss und andere Neuerscheinungen zeitgenössischer

Musik sowie den Tausig-Klavierauszug der »Meistersinger«. Natürlich ließ ich mir nichts davon entgehen.

Von den »Meistersingern« waren wir auf das höchste begeistert; wir bevorzugten aber durchaus die humorvollen und komischen Stellen Beckmessers, während uns Hans Sachsens Resignation damals gleichgültig ließ. Daß alles, was man in der Jugend lernt, dem Gedächtnis viel leichter eingeht, als dies später der Fall ist, fühle ich heute noch jedesmal, wenn ich die »Meistersinger« dirigiere, deutlich. Stellen wie Beckmessers Ständchen oder die Szene zwischen ihm und Hans Sachs im dritten Akt kannte ich schon als Junge vollkommen auswendig, während ich die gesamte übrige Musik später richtig lernen und mir einprägen mußte.

Von Richard Strauss' Werken schien uns – und scheint mir noch heute – »Till Eulenspiegels lustige Streiche« das vollkommenste zu sein. Ich verfertigte mir einen Klavierauszug des Werkes zu zwei Händen, um durch das dauernde Umblättern in der kleinen Partitur nicht immer gestört zu werden, und war bald in der Lage, das Werk geläufig und orchestral zu spielen. Adolf, der sich bei tüchtigen Lehrern des Konservatoriums auch der Komposition widmete, war damals mit der Arbeit an einer »Markus-Passion« beschäftigt, die in der Komposition von Bach leider verlorengegangen ist. Er hoffte, den bedauerlichen Verlust durch sein eigenes Werk wettmachen zu können!

Aber Richard Strauss überschattete doch eine Zeitlang alles andere, und nachdem wir »Don Quixote« und »Till Eulenspiegel« kennengelernt hatten, entschlossen wir uns, gemeinsam eine sinfonische Dichtung nach Wilhelm Buschs »Max und Moritz« zu komponieren. Ich erfand das eintaktige Thema des Max, Adolf das des Moritz, ebenfalls eintaktig. Ein Harfenglissando in C-Dur eröffnete ein »Lebhaft«, bei dem zu der synkopierten Bewegung der leeren Quinte c–g der ersten Violinen beide Themen erschienen und sich »à la Strauss« entwickelten. Wir hatten für diese Komposition verschiedene originelle Ideen im Kopf, die bisher in der Programmusik noch nicht verwertet worden waren. So konnte man im »Ersten Streich«, in dem Max und Moritz zwei Fäden über Kreuz legen, um an deren Enden die Brotstückchen zum bekannten Hühnerfang anzubinden, dieses musikalisch so verwendbare Geschehnis in unserer Partitur auch optisch in Erscheinung treten

Max und Moritz. Symphonische Dichtung. Opus 1
Nach Wilhelm Busch. Komponiert von Fritz und Adolf Busch.
a)
Vivace
f
glissando
Trp.
Espr.
Horn
Trp.
b)
„... Diese binden sie an Faeden,
Übers Kreuz, ein Stück an jeden."

sehen. Auf einer Seite der Partitur begann eine Skala, die von links unten bis rechts oben alle Instrumente bis zum Piccolo durchlief, während gleichzeitig von links oben, beim Piccolo angefangen, bis zu den Kontrabässen rechts unten am anderen Ende der Seite, eine Skala in Gegenbewegung aufgeteilt war.

Wir waren mit der gemeinsamen Komponiererei bis zum »Dritten Streich« gediehen, in dem Meister Lampe im Gottesdienst den Choral spielt, während die Buben Max und Moritz in seinem Hause seine geliebte Tabakspeife mit Pulver stopfen. Dieses Treiben schilderten wir gerade in lebhafter Sechzehntelbewegung zum Cantus firmus des Chorals, als ein Gedanke mich plötzlich einhalten ließ. Ich erklärte meinem Bruder, unsere Arbeit sei mit größter Wahrscheinlichkeit sinnlos. Unsere Idee schien mir so vorzüglich, daß Richard Strauss sie zweifellos schon längst seinerseits gehabt und nach »Don Quixote« und »Till Eulenspiegel« einen »Max und Moritz« ins Auge gefaßt haben mußte.

Adolf stimmte meiner Befürchtung zu. Wir setzten uns, die Arbeit an dem Werk beiseite lassend, hin und schrieben an Herrn Hofkapellmeister Richard Strauss in Berlin einen Brief des Inhalts, daß er von der Komposition einer sinfonischen Dichtung »Max und Moritz«, die er zweifellos beabsichtige, freundlichst absehen möge, da *wir* bereits damit beschäftigt seien. Eine Antwort haben wir nicht erhalten. Mit Belustigung nahm Strauss einige zwanzig Jahre später anläßlich seiner Dresdner Uraufführungen unter meiner Leitung die Erinnerung auf.

Natürlich machte die dauernde Beschäftigung mit der Musik das schwache Interesse, das ich dem Lehrplan des Gymnasiums und den dort übernommenen Pflichten entgegenbrachte, fast völlig zunichte. Konnte ich mich in den Fächern, die mir, sei es der Persönlichkeit des Lehrers, sei es des Stoffes wegen, Spaß machten, infolge einer gewissen Fixigkeit und eines guten Gedächtnisses noch ziemlich gut durchschlagen, so waren doch meine Leistungen in der Mathematik und den naturwissenschaftlichen Fächern so katastrophal, daß das Schlimmste zu befürchten stand. Dieses Schlimmste war die Wiederholung eines Schuljahres, wozu ich keineswegs Neigung verspürte. Ich war damals in der sechsten Klasse – der Untersekunda –, deren erfolgreiche Absolvierung die Berechtigung bedeutete, die spätere Militärdienstpflicht in einem statt in zwei Jahren zu erledigen. Die Erlangung dieses Einjährig-Freiwilligen-Zeugnisses war mein einziges Ziel, um mir Zeitverlust und weitere Behinderung in ungestörter Musikausübung zu ersparen. Das Attest bestätigte dem Schüler, die bescheidene Vorstufe zum Abiturium erreicht zu haben. Daß es einem Inhaber überdies als Bürger eines Staates, dem akademische Bildung in jeder Form mehr als verdient imponierte, ein gewisses gesellschaftliches Ansehen gab, machte mehr Eindruck auf meinen Vater als auf mich selbst: ein erneuter Beweis seiner widerspruchsvollen sozialen Einstellung, die uns heranwachsenden Kindern Anlaß zur Belustigung, je nachdem auch zum Widerspruch gab. Seitdem der Kaffeemagnat sich Adolfs annahm, sympathisierte unser Vater zeitweilig mit dem Kapitalismus und verbot unserer politisch interessierten Schwester Elisabeth einmal kategorisch, im Zuge der sozialdemokratischen Jugend hinter der roten Fahne mitzulaufen, der er sich bei anderen Gelegenheiten selber verschwor.

Ich wußte genau, um was es mir im Gymnasium ging und was ich wollte. Dagegen wußte ich nicht, wie meine Lehrer über die Angelegenheit dachten. Um mir dies Wissen zu verschaffen, tat ich mich mit einem Mitschüler zusammen – einem richtigen Abenteurer von der Art, wie ihm jeder Junge wohl einmal begegnet –, der die Absicht hatte, dem Elternhaus so bald wie möglich zu entwischen, um in die Fremdenlegion einzutreten. (Statt dessen wurde er später Königlich Preußischer Amtsgerichtsrat.)

An einem schläfrigen heißen Frühlingsnachmittag wagten wir einen Einbruch in das Zimmer des Direktors, um im dort verwahrten Klassenbuch unsere Zensuren zu lesen. Als wir gerade in der Aufregung ein falsches Buch aufschlugen, kam der Pedell und nahm uns beim Kragen.

Meine Menschenkenntnis erfuhr einige Bereicherung, als ich die Reaktion der verschiedenen Lehrer auf unsere Tat am nächsten Morgen erlebte. Den stärksten Eindruck machte mir die des Physiklehrers, der zynisch erklärte, niemals werde er begreifen können, weshalb ich mich in ein mit solchem Risiko verbundenes Unternehmen hätte stürzen können. »Denn, mein lieber Sohn«, fuhr er angesichts der grinsenden Klasse fort, »bekanntlich reichen zwei Ungenügend, um eine Versetzung unmöglich zu machen. Dir war bekannt, daß du drei hast, und wahrscheinlich sind sogar noch weitere zu erwarten. Warum also die ganze Aufregung?«

Wieviel stärker wirkte diese zwingende Logik auf mich als die Ohrfeige des schnauzbärtigen Geschichtsprofessors – eines Kerls, dem ich, hätte ich damals gewußt, was etwa dreißig Jahre später geschehen würde, eine glänzende Zukunft als Gauleiter in Aussicht gestellt haben würde.

Ich hatte jedoch Glück im Unglück. Kurze Zeit zuvor war in den Lehrkörper des Gymnasiums ein junger Philologe eingetreten, ein feiner und guter Mensch von wirklicher Bildung und von ungewöhnlichem pädagogischem Talent. Er war der Sohn des Städtischen Musikdirektors in Bonn am Rhein, hieß Otto Grüters und wurde einige Jahre später der Schwager meines Bruders Adolf. Grüters hatte sowohl mein musikalisches Treiben wie meine wissenschaftlichen »Leistungen« am Gymnasium in aller Stille aufmerksam verfolgt. Nachdem der mir wohlgesinnte Direktor der Anstalt meine und meines Mitschuldigen unziemliche Neugier mit ein paar Stunden Karzer bestraft hatte und wieder einigermaßen normale Beziehungen eingetreten waren, bestellte mich Grüters eines Nachmittags in seine Wohnung. Ernsthaft und eindrucksvoll erklärte er mir, daß es doch schade wäre, wenige Monate vor dem Ziel, dessen Wert für meine Zukunft nicht zu verkennen sei, das Rennen aufzugeben. Er halte es für durchaus denkbar, daß ich das Schlußexamen bestehen könne, wenn ich die letzten Monate hindurch guten Willen zeigte. Er war bereit, mir zu helfen.

Schon am nächsten Tag fand ich mich mit meinen Algebraheften und Geometriebüchern bei ihm ein. Er begann mit einer Prüfung, vom Schweren zu Leichterem gehend, um nach einer halben Stunde resigniert einzuhalten. Eine lange Pause trat ein, in der er sinnend zum Fenster hinausschaute. Dann erklärte er mir, er stehe vor einem Phänomen. Dies sei die Frage, wie jemand vier Jahre lang sich mit diesem Nichts an Wissen habe durchschwindeln können.

Ich hätte ihm hierauf einige Winke geben können, die ihm für seine weitere pädagogische Tätigkeit von Nutzen gewesen wären, schwieg aber wohlweislich.

Vertrauend auf mein Gedächtnis, entschloß sich Grüters dafür, eine ihm an sich höchst unsympathische Methode anzuwenden und, anstatt sinngemäß durch gründliche Arbeit die Leere von innen heraus aufzufüllen, mich mnemotechnisch den Examensstoff bewältigen zu lassen. Dies war der letzte Ausweg, und seine Methode erwies sich als ausgezeichnet. Ich lernte, obwohl oberflächlich, doch so schnell und fehlerlos alle Formeln und dergleichen mehr auswendig, daß ich nach wenigen Wochen einer der Ersten in der Klasse war und die Examensarbeit mit einer glänzenden Eins bestanden hätte, wenn mir nicht ein kleiner Fehler unterlaufen wäre: indem ich Analysis und Beweis verwechselte, führte ich den Beweis in der Analysis an, und diese am Schluß als Beweis, brachte also die Koda an den Anfang. Denn alle Schuld rächt sich auf Erden!

Immer darauf bedacht, meine allgemeine Bildung zu fördern, lud mich Otto Grüters an einem schulfreien Tag zu einem Ausflug nach Bonn ein. In dieser Stadt gab es eine kleine Gemäldegalerie, die von privater Seite gestiftet war. Sie enthielt hauptsächlich Bilder niederländischer Meister. Wir verweilten lange vor einem realistischen Gemälde »Judas Ischariot wirft den Pharisäern die dreißig Silberlinge vor die Füße«.

Als wir schweigend und feierlich bewegt hinausgingen, fragte mein Mentor plötzlich: »Fritz, kannst du wahrhaftig sein?«

Nach längerer Pause bekam er die Antwort: »Ich will es versuchen.«

»Nun, dann sage mir ehrlich, was hast du beim Anblick dieses berühmten Gemäldes empfunden?«

»Ich habe nachgezählt, ob der Maler auch genau *dreißig* Silberlinge aufs Bild gebracht hat.«

»Danke. Ich hatte das erwartet.«

Im Konservatorium in Köln hatte ich inzwischen vorgearbeitet, heimlich mehrere Male im Schülerorchester mitgewirkt, mich in die Proben zu den Gürzenich-Konzerten hineingeschwindelt und Freundschaften mit Adolfs Kameraden und Orchestermusikern angeknüpft. Nun wollte ich auch einmal die öffentliche Generalprobe eines Gürzenich-Konzerts hören, zu denen die Konservatoristen unter Vorweisung ihrer Legitimationskarte freien Zutritt auf der Galerie hatten. Ich fühlte mich selber schon halb als Schüler, und die besagte Karte, auf *seinen* Namen lautend, stellte mir Adolf freundlich zur Verfügung. Ich fuhr, adrett angezogen, von Siegburg nach Köln, bekam von Adolf den Ausweis und gelangte ohne weitere Kontrolle auf die Galerie. Im Programm standen Mozarts

»Jupiter-Sinfonie« und die »Achte« von Beethoven. Ich hatte nur Augen und Ohren für das große Orchester, das seine Instrumente einstimmte, und bewunderte Adolf, der, damals vierzehn Jahre alt, an einem der hinteren Pulte der zweiten Geigen saß, als der Inspektor des Konservatoriums auf der Galerie erschien und meine Legitimationskarte zu sehen verlangte. Bei aller Familienähnlichkeit war doch kein Zweifel, daß Fritz nicht Adolf war. Während der Einleitungstakte der »Jupiter-Sinfonie« wurde ich freundlich, aber bestimmt aus dem Saal hinausbefördert, und ich leugne nicht, daß mir die Tränen kamen, da der Kauf einer Karte, mochte sie auch noch so billig sein, für mich ausgeschlossen war. Selbst das Stehen vor einer der Türen wurde mir verweigert, und ich konnte nur in der ersten Pause durch einen Musiker, den ich auf der Straße traf, Adolf von meinem Pech in Kenntnis setzen lassen. Wegen Mißbrauchs seiner Legitimationskarte wurde der gute Bruder am nächsten Tage noch dazu vor das Direktorium zitiert, kam aber mit einer Vermahnung davon.

Kurz vor dem Abschlußexamen bestellte mich der Direktor des Siegburger Gymnasiums zu sich. Er erklärte mir, daß er mit Rücksicht auf meine eindeutige musikalische Begabung und auf meine ihm bekannten schweren Lebensbedingungen oft ein Auge zugedrückt habe und auch jetzt Gnade vor Recht ergehen lassen werde, wenn ich ihm das bestimmte Versprechen gäbe, nach erfolgter Versetzung sofort das Gymnasium zu verlassen. Ich sprang deckenhoch und versicherte ihm, daß ich mich bereits auf dem Konservatorium in Köln angemeldet hätte. So konnte ich zu guter Letzt zur vorgeschriebenen Zeit das Gymnasium mit dem ersehnten Zeugnis verlassen.

Es versteht sich von selbst, daß mir ohne Bewilligung einer Freistelle der Besuch des Konservatoriums unerschwinglich gewesen wäre. Zur Erlangung einer solchen Vergünstigung mußte man sich einer besonderen Prüfung unterziehen. Eines Sommervormittags wartete ich zunächst einmal vier Stunden lang in einem Vorraum des Konservatoriums. Durch die Türen des Saales, in dem die Prüfungen stattfanden, hörte ich ununterbrochen Violinisten spielen. Als mittags einige Professoren den Saal verließen, fragte ich schüchtern die gerade vorbeikommende Sekretärin des Direktors, wann *ich* denn an die Reihe käme, und erfuhr, die weiteren Konkurrenzen um Violinfreistellen fänden morgen vormittag statt. Ich erwiderte, daß ich nicht Violine, sondern Klavier spiele. Zu meinem größten Schrecken hörte ich nun, daß alle Freistellen für dieses Instrument bereits in den Konkurrenzen der beiden vorhergehenden Tage vergeben worden seien. Sie, die Sekretärin, hätte angenommen, ich spielte Violine wie mein Bruder (»Dumme Gans, warum denn?« dachte ich.) Da dies nicht der Fall sei, so möge ich eben in einem Jahr wiederkommen.

Wieder sollte das an der Schule gesparte Jahr mir verlorengehen!

Ich kann mich nicht mehr besinnen, in welcher Form ich auf diese Mitteilung reagierte. Jedenfalls hatte sie den Erfolg, daß die »Schreibmaschine« (diesen Beinamen haben wir der Sekretärin später gegeben) in den Saal zurückging, um das Mißverständnis aufzuklären. Dort scheint sie das verzweifelte Benehmen des »kleinen Busch« hinlänglich geschildert zu haben.

Direktor des Konservatoriums war Fritz Steinbach; seine Vorgänger waren Ferdinand Hiller und Franz Wüllner, der seinerzeit infolge der bekannten Münchner Unstimmigkeiten anstelle Hans Richters die Uraufführungen von »Rheingold« und »Walküre« geleitet hatte. Diese nicht gewöhnlichen Persönlichkeiten hatten dem Kölner Konservatorium den Ruhm eingetragen, neben dem Leipziger die erste höhere Lehranstalt für Musik in Deutschland zu sein. Mit Fritz Steinbach war einige Jahre vorher ein Mann an die Spitze der berühmten Anstalt getreten, der sich hauptsächlich durch seine Reisen mit der Meininger Hofkapelle, als Nachfolger Hans von Bülows, einen hohen Ruf als Dirigent erworben hatte.

Seine Spezialität, wenn man so sagen will, war Brahms. Doch war er ein keineswegs einseitiger Musiker.

An seinem Range als starke Persönlichkeit und wirklich großer Dirigent änderte es nichts, daß Snobs und unmusikalische Kritiker manchmal seine künstlerische Bedeutung verkannten und sein Dirigieren als »militärisch« oder »undifferenziert« bezeichneten. Es mag genügen, daß Brahms oft sagte, er könne sich keinen besseren Interpreten seiner Sinfonien denken, und daß Toscanini mir immer wieder erzählte, niemals habe er Schöneres als gewisse Aufführungen Steinbachs gehört. Als er einmal in Turin die »Haydn-Variationen« dirigierte, die Toscanini kurz vorher mit dem dortigen Orchester einstudiert und aufgeführt hatte, fragte Steinbach die Orchestermusiker, wieso sie den Stil dieses Werkes so vollkommen beherrschten. Toscanini betrachtete dieses Lob als eines der höchsten, die ihm je zuteil geworden sind.

Napoleon kann nicht entschlossener gewesen sein, die Schlacht von Marengo zu gewinnen, als ich beim Betreten des Saales entschlossen war, den Kampf um meine gefährdete Freistelle aufzunehmen. Mein nervöser Eintritt, mein fahriges und hastiges Wesen, der deutlich fühlbare Wunsch, um jeden Preis zum Ziele zu kommen, erweckte die Heiterkeit Steinbachs und der Professoren. Ich spielte Bachs Toccata und Fuge in c-Moll. In der Mitte des Stückes hieß es: »Genug!«, und Steinbach prüfte mein Gehör, während ich mich, mit dem Rücken zum Flügel, in eine Ecke des Saales stellen mußte. Er schlug einige Töne an, die ich mit großer Fixigkeit nannte, worauf ich ärgerlich und selbstbewußt ausrief: »Das ist ja alles viel zu leicht! Legen Sie doch einfach Ihre Arme auf die Tastatur, und ich will Ihnen alle Noten nacheinander nennen!« Steinbach spielte darauf einen Akkord, den ich mit f-h-dis-gis bezeichnete. »Wenn Sie wollen, auch f-ces-es-as«, fügte ich vorlaut hinzu; »übrigens ist es der erste Akkord des ›Tristan-Vorspiels‹.«

Ich muß mich wie ein unausstehlicher Bengel benommen haben. Doch zum Glück nahm man es mir nicht übel. Vielmehr erklärte mir Steinbach, daß zwar alle Freistellen vergeben seien, daß es jedoch noch die Möglichkeit gäbe, meinen Eintritt ohne Zahlung von Schulgeld zuzulassen, wenn ich ein Orchesterinstrument lernen wollte. Er schlug mir zunächst Kontrabaß vor. In Erinnerung an meine Karl Knecht erteilten Unterrichtsstunden und an meine erheblichen Erfahrungen auf diesem Instrument erklärte ich großspurig: »Kann ich schon.« Als er Blasinstrumente vorschlug, bekam er die gleiche Antwort. Daraufhin erhielt ich kurzerhand zunächst eine halbe Freistelle, wofür ich, je nach Bedarf, im Schulorchester zur Verfügung zu stehen hatte.

Für die Weiterbildung im Klavier wurde ich der Klasse von Karl Boettcher, in Harmonie und Kontrapunkt Professor Klauwell, einem tüchtigen, aber trockenen Pädagogen, zugeteilt. Ich kann nicht sagen, daß ich mit diesem Ergebnis zufrieden war. Mir lag daran, in die Meisterklasse von Carl Friedberg zu kommen und so schnell wie möglich ein fertiger Pianist zu werden. Bald wurde wenigstens die halbe Freistelle in eine ganze umgewandelt, nachdem ich kurze Zeit meine Stunden besucht und im Orchester an den verschiedenen Instrumenten mitgewirkt hatte. Schließlich blieb ich bei der Pauke hängen, in deren Behandlung ich mich mit meinem später in München wirkenden Kollegen Knappertsbusch teilte.

Wesen und Erscheinung meines Klavierlehrers Boettcher schildere ich am besten mit den Worten Weingartners, der sich in seinen Lebenserinnerungen ausführlich mit diesem Jugendfreunde beschäftigt: »Kienzl [der Komponist des ›Evangelimann‹] hatte mit so ganz besonderer Wärme von ihm gesprochen, daß ich sehr begierig war, ihn kennenzulernen. Ich wurde nicht enttäuscht... Ein echter Deutscher, hoch gewachsen, mit gerötetem Gesicht und hell strahlenden blauen Augen, gewann er durch sein offenes Wesen sofort meine Neigung... Dann fühlte ich aber auch, diesem Mann... aufrichtig befreundet werden zu können... Boettcher mit seinem blonden Haupt und den strahlenden blauen Augen sah aus wie der Gott Froh im ›Rheingold‹... Boettcher hatte wieder seinen sarkastischen Bogen gespannt und wartete nur darauf, allein und vor anderen seine Pfeile gegen mich abschießen zu können... Für Freund Boettcher war nun wieder ein Anlaß gegeben zu sticheln... Dies führte zu vorübergehenden Entzweiungen... dauernd wurde die Freundschaft aber dadurch nicht getrübt. Jahrelang sahen wir einander im späteren Leben nicht. Trafen wir aber wieder einmal zusammen, zuletzt in Köln, wo Boettcher am Konservatorium als Lehrer wirkte, so waren wir die Alten. Dann setzten wir uns irgendwo in eine Ecke zu einem guten Glas Wein und sprachen über vergangene Jugendzeiten, ihre Torheiten und Herrlichkeiten.«

Neben Weingartner hatte Boettcher während seiner Leipziger Zeit auch Gustav Mahler und Arthur Nikisch gut kennengelernt, und so war er der rechte Mann, um mir auf mein fortgesetztes Drängen aus dem Schatze seiner reichen und interessanten Erinnerungen immer wieder Neues über den Verkehr mit diesen drei großen Dirigenten zu erzählen. Daß ich selber Dirigent werden wollte, stand schon seit mehreren Jahren, lange bevor ich in das Konservatorium eingetreten war, für mich fest.

Nicht dem Klavier, sondern der Vielfalt des Orchesters galt von jeher mein Interesse. Obwohl ich bis zu dem Augenblick, wo Fritz Steinbach in meinen Gesichtskreis trat, keinen bedeutenden Dirigenten gesehen und gehört hatte, fühlte ich mich doch immer instinktiv zu möglichster Vielseitigkeit auf musikalischem Gebiet hingezogen und betrachtete das Klavierstudium nur als Mittel zum Zweck. Der Vater mußte mir einen Taktstock machen, auf einen Tisch wurden Gläser und Flaschen in der Schlachtordnung eines großen Orchesters aufgestellt, auf Adolfs Violinpult die Studienpartitur der »Sinfonia domestica« gelegt, und das Spiel konnte beginnen. Nun erfuhr ich durch Steinbach den Wert einer Dirigentenpersönlichkeit, die bestimmend für meine weitere Entwicklung wurde.

Waren die Fortschritte im Klavierunterricht bei Boettcher, obwohl ich Tag und Nacht Klavier spielte, nicht bedeutend, weil dem Lehrer der Sinn oder die Fähigkeit bewußter Pädagogik fehlte und er sich durch mein Vom-Blatt-Spielen oder »Notenfressen« täuschen ließ, so verdanke ich ihm doch für meine Gesamtentwicklung ungeheuer viel. Boettcher war vor allem Anhänger Wagners, dessen Werke und Schriften er auf das genaueste kannte, während er den von Steinbach bevorzugten Brahms mit Hochachtung, aber auch mit Kühle aufnahm. Er besaß eine aufrichtige Liebe zur Musik und zu allem Schönen, auch war seine Literaturkenntnis umfassend. So erschloß er mir Goethe und andere Klassiker, Hebbel, Ibsen, russische und französische Schriftsteller und stellte mir seine große Bibliothek an schöner Literatur und Klavierauszügen zur Verfügung. In den Jahren von 1906 bis 1909, in denen ich das Kölner Konservatorium besuchte, habe ich bis zur Erschöpfung musiziert und einfach nicht genug Musik in mich aufnehmen können. Daneben aber trug ich doch immer ein gutes Buch bei mir, in dem ich eifrig las.

Nach meiner Aufnahme in das Konservatorium waren die Eltern mit der übrigen Familie ebenfalls nach Köln gezogen, wo der Vater sich durch Geigenbau und Reparaturen von Streichinstrumenten durchzubringen hoffte. Ein Umzug bedeutete für die Familie nicht viel. Bis zu dem Zeitpunkt, an dem ich das Elternhaus verließ, wurden Wohnung oder Wohnsitz fünfzehnmal gewechselt. Es scheint in den Sternen geschrieben zu sein, daß ich auch in meinem späteren Leben niemals zur endgültigen Seßhaftigkeit kommen sollte, sondern bestimmt bin, unruhevoll durch die Welt zu wandern.

Als wir nach Köln übersiedelten, hatte sich die Familie weiter vergrößert: Elisabeth war geboren worden, die später, ebenso wie der Bruder Willi, eine Zeitlang an der Schauspielbühne tätig war und diesen Beruf bis zu ihrer Verheiratung ausübte. Dann folgte Hermann, der sich frühzeitig dem Violoncello zuwandte und heute im Quartett meines Bruders Adolf mitwirkt. Ein jüngerer Bruder, Heinrich, der gleichfalls Musiker geworden war, starb früh; er hat eine Reihe Lieder komponiert, die weniger bedeutend als gefällig waren und in Deutschland viel gesungen wurden. Eine Schwester starb ebenfalls mit achtzehn Jahren, eine dritte Jahre vorher als kleines Kind, so daß von den acht Kindern meiner Eltern die drei letzten jung dahingegangen sind.

Bis zum Abschluß unserer Studienzeit ist es Adolf und mir nicht in den Sinn gekommen, das Spielen zum Gelderwerb für die Familie aufzugeben. Daß die Statuten des Konservatoriums uns gewerbsmäßiges Musizieren verboten, war ebenso selbstverständlich wie die Tatsache, daß wir uns nicht um dieses Verbot kümmerten. Nur das Spielen von Tanzmusik wurde eingestellt, und wir beschränkten unsere Tätigkeit auf das Konzertieren in Restaurants, in denen gewöhnlich neben Adolf und mir ein weiterer Geiger und ein Cellist mitwirkten. Mit einiger Diplomatie und Freundlichkeit war es uns gelungen, unseren Vater davon zu überzeugen, daß er sich etwas mehr Ruhe gönnen und sich ungeteilt seinem Geigenbau widmen solle, damit wir einen jungen, ausgezeichneten Cellisten, der unsere musikalischen Ansprüche besser erfüllte, zur Mitwirkung heranziehen konnten. Wir haben gut und ernsthaft musiziert, und die Kenntnis leichterer Unterhaltungsmusik, die ich auf diese Weise erlangte, war mir von großem Nutzen.

Es erübrigt sich, hier die Frage nach dem Niveau aufzuwerfen. Natürlich liegt eine Welt zwischen Bachs »Matthäus-Passion« und einem Walzer von Johann Strauß. Wenn man die Passion zu interpretieren vermag, schließt dies jedoch keineswegs aus, daß man einen Walzer gut spielen kann. Die Ehrfurcht vor Johann Sebastian sollte den Musiker auch nicht taub dafür machen, daß die Walzer von Johann Strauß Kabinettstücke vollendeter Miniaturkunst sind.

Es gab manche technisch ausgereiften und begabten Mitschüler, die es für unvereinbar mit ihrem Stolz hielten, sich uns beim sogenannten »Ströppen« anzuschließen. Auf die Dauer ist aus kaum einem dieser Mitschüler, die ihre Nase so hoch trugen, etwas Rechtes geworden. Wie viele spielten nicht mit größter Brillanz Klavierkonzerte von Liszt oder Chopins h-Moll-Sonate in den Vorführungsabenden des Konservatoriums, ohne imstande zu sein, ein einfaches Schubertsches Lied gut vom Blatt zu begleiten! Wir gingen einen anderen Weg. Wenn Adolf nicht Geige übte, so war er doch mit Kammermusik beschäftigt oder im Orchester tätig. Daneben komponierte er oder half mir beim Einrichten der Literatur, die wir für unsere Kapelle benötigten und die in guter Bearbeitung nicht zu bekommen war. Zu Hause spielten wir vierhändig Bachs Orgelwerke, ich die Manuale, er die Pedale in Oktaven, und daneben nahm er auch, wenn es not tat, die Bratsche zur Hand. Ich selber wurde ein gesuchter Begleiter in Gesangsstunden und im Unterricht, den die ersten Mitglieder des Städtischen Orchesters für Holz- und Blechinstrumente erteilten. Während ich für mich selbst die Klavierliteratur studierte, lernte ich, da wir im selben Hause lebten und musizierten, gleichzeitig durch die Brüder die Violin- und später die Violoncellomusik aufs gründlichste kennen. Heute bin ich dem Schicksal dafür dankbar, daß ich in den Jahren, in denen der Mensch am aufnahmefähigsten ist, beinahe spielend und immer mit Lust und Freude Gelegenheit hatte, durch vielseitiges Kennenlernen der Musikliteratur einen unzerstörbaren Grund für meinen Lebensberuf zu legen.

II Lehrjahre

Nicht zweimal wird die Jugend uns zuteil.

Die Kölner Jahre 1906 bis 1909 waren eine schöne Zeit. Nach meinen eigenen Erfahrungen glaube ich sagen zu können, daß für den Musikstudierenden der Besuch eines guten Konservatoriums jedem Einzelunterricht vorzuziehen ist. Der Verkehr mit gleichgestimmten jungen Menschen, die Vielfalt der Berührung mit den verschiedenartigsten Persönlichkeiten, die mannigfachen Anforderungen und Anregungen, die der Lehrplan mit sich bringt, erhöhen das Interesse von selbst. Sie begünstigen vor allem das kritische Vermögen.

Am Kölner Konservatorium herrschte sehr viel Leben. Eine große Anzahl Ausländer, die der internationale Ruf dieses Instituts zum Studium angezogen hatte, befand sich unter den Mitschülern, viele Holländer, Engländer und Amerikaner; ja sogar ein baskischer Priester erschien eines Tages, um am Dirigierunterricht bei Steinbach teilzunehmen.

Obwohl ich immer wieder darauf drängte, wurde mir zunächst nicht erlaubt, die Dirigierstunden zu besuchen, da ich mit meinen sechzehn Jahren als zu jung dafür galt. Mit meinem Lehrer Boettcher ging ich beinahe jeden Abend in die Oper oder das Schauspiel; vorher oder nachher nahmen wir in seiner hübschen Junggesellenwohnung ein von ihm selbst bereitetes Mahl ein, das von seinen Verwandten auf dem Lande reichlich mit Naturalien versehen wurde. Boettcher erklärte, er würde für sich allein einen besseren Platz zu den Vorstellungen genommen haben, ziehe aber den billigeren in meiner Gesellschaft vor. Er war stolz auf seinen Schüler.

Um so härter mußte ihn daher ein Vorfall treffen, der nach etwa einjährigem Unterricht eintrat. In der Jahresprüfung spielte ich eine Beethovensche Sonate und erregte dabei das höchste Mißfallen Steinbachs, der an der Spitze des gesamten Lehrkörpers diese Prüfung abhielt. Eine gegenseitige Antipathie bestand zwischen ihm und meinem Lehrer. Boettcher kritisierte in seiner sarkastisch-ironischen Art, die schon an sich dem rauhen und heftigen Temperament des anderen entgegengesetzt war, Steinbachs fühlbare Bevorzugung der Brahmsschen Werke und brachte es nicht über sich, diese Kritik für sich zu behalten. Steinbach wußte nicht nur hiervon, sondern er bemerkte sehr wohl, daß Boettcher zwar über ein reichliches Allgemeinwissen auch in der Musik verfügte, letzten Endes aber kein großer Pädagoge und kein geborener Musiker war. Bei jener Prüfung brachte mich Steinbach, der sehr unangenehm werden konnte, so zur Verzweiflung, daß ich noch schlechter spielte, als ich es sonst getan haben würde. Noch jahrelang bekam ich Lampenfieber, wenn ich allein als Klaviersolist aufzutreten hatte, während ich beim Spielen mit Orchester oder bei Kammermusik nicht die geringsten Hemmungen verspürte.

Wie ich später bemerkte, wurde Steinbachs berechtigte, aber allzu rauhe Kritik von einer Absicht diktiert. Er hatte neben Carl Friedberg, der mit ungewöhnlichem Erfolg jene Meisterklasse leitete, in die ich zu meinem Schmerz bisher nicht gelangt war, einen zweiten Pädagogen verpflichtet: Professor Uzielli, einen Schüler Clara Schumanns, der seine Stellung in Frankfurt am Main unter der Bedingung aufgab, daß ihm in Köln ein möglichst gutes Schülermaterial zugewiesen würde. Steinbach erklärte mir am Tage nach der verunglückten Prüfung, daß es keinen Sinn für mich habe, bei Boettcher weiterzustudieren, und daß ich in Zukunft der Klasse von Professor Uzielli zugeteilt sei. Als ich abends in die Wohnung Boettchers kam, fand ich den Lehrer und Freund in verstörter Stimmung, bereit, irgend etwas Törichtes zu begehen, so groß waren Schmerz und Wut. Die Zeit heilte beides, ohne unsere fortdauernde Freundschaft zu trüben.

Der Unterricht bei Uzielli begann mit wochenlangen Fingerübungen zur Egalisierung der Skalentechnik, wodurch zum erstenmal in meinem Leben – gottlob noch nicht zu spät – ein wirklicher Pädagoge mir den Grund und Boden gab, auf dem ich später selbständig weiterbauen konnte. Bei ihm habe ich gelernt und in den nächsten zwei Jahren bis zu meinem Abgang vom Konservatorium so besessen gearbeitet, daß ich mir ein großes Repertoire aneignete und als guter Pianist gelten konnte.

Nach meinem Übergang zu Uzielli war Steinbach zufrieden und übertrieb durch zuviel Lob bei der nächsten Prüfung nach der anderen Seite. Seine freundliche Laune benutzend, bat ich ihn daraufhin erneut, mich in die Dirigierklasse aufzunehmen, was er nach einem gut verlaufenen Partiturspiel schließlich zusagte.

Wir waren etwa achtzehn Dirigierschüler. Immer spielten zwei von ihnen nach Partituren an zwei Flügeln, während der angehende Kapellmeister als dritter dazu dirigierte. Abgesehen von kurzen Bemerkungen über den Stil, Phrasierung oder Tempo des Werkes, erhielten wir in dirigiertechnischer Beziehung kaum Hinweise oder Ratschläge. Wie die Zukunft ergab, ist, mit Ausnahme von Hans Knappertsbusch, keiner von meinen dirigierenden Kameraden ein über dem Durchschnitt stehender Kapellmeister geworden. Doch war dieses Versagen Mangel an Talent und nicht Schuld des Lehrers.

Dirigieren ist die Kunst, die man am wenigsten erlernen kann, und das Wort vom »geborenen Dirigenten« hat gewiß seine Berechtigung. Zu viele außermusikalische Eigenschaften sind neben dem ursprünglichen Talent, das selbstverständlich die entscheidende Grundlage bildet, erforderlich, um aus einem Musiker einen großen Dirigenten zu machen. Es gibt hervorragende Musiker, die vor dem Orchester vollkommen versagen, und recht mäßige, die als Dirigenten überdurchschnittliche Wirkungen hervorbringen. Es ist deshalb begreiflich, daß Kritik und Publikum sich über den wahren Wert eines Dirigenten viel häufiger täuschen, als es bei der Beurteilung eines Sängers oder Instrumentalisten geschieht. Dieses Thema ist jedoch, wie Fontane sagt, »ein weites Feld«.

Wenn ich nun auch an dem Dirigierunterricht Steinbachs teilnehmen durfte, so erlaubte mir der Allgewaltige, den wir ebensosehr verehrten wie fürchteten, doch nicht, praktisch einmal meine Befähigung vor dem Orchester zu beweisen. Er meinte, mit meinen siebzehn Jahren sei dies immer noch zu früh, und trotz der auffälligen Sympathie, die er mir bei den verschiedensten Gelegenheiten bewies, war gegen diese Entscheidung nicht anzukommen. Die Sympathie für mich rührte daher, daß ich immer zu finden war, wo sich ein Orchester versammelte oder wo sonstwie in interessanter Weise Musik gemacht wurde. Wenn es in den Gürzenich-Konzerten oder im Schülerorchester an der Besetzung eines Instruments fehlte, das ich beherrschte, so war ich als Ersatz zur Stelle. Um Werke in der Oper oder im Konzertsaal kennenzulernen, die mich besonders interessierten, drängte ich mich in das Orchester und ersetzte, heimlich oder mit Zustimmung der betreffenden Kapellmeister, den einen oder anderen vom Dienst ermüdeten oder verhinderten Musiker, der mir gerne seinen Platz überließ.

Die Programme Steinbachs bevorzugten hauptsächlich klassische und romantische Musik. Vor allem wurden, wie schon erwähnt, die Werke von Brahms regelmäßig aufgeführt. Steinbach war aber auch ein hervorragender Beethoven-Dirigent, und ich habe zum Beispiel niemals das Adagio der Neunten Sinfonie so selbstverständlich im Tempo, so warm und klangschön, so richtig phrasiert, mit einem Wort: so überzeugend gehört wie von ihm. Obgleich Steinbach ein ausgesprochener Konzertdirigent war, der über verhältnismäßig geringe Opernerfahrung schon allein in technischer Beziehung verfügte, besaß er doch ein elementares dramatisches Temperament. Selbst Boettcher, der Wagnerianer, der alle damals bedeutenden Operndirigenten kannte und die Vorstellungen in Bayreuth regelmäßig besuchte, gab zu, daß unter anderem die Darstellung des Trauermarsches aus der »Götterdämmerung« durch Steinbach zu seinen größten Erlebnissen gehörte.

Den Abschluß der Gürzenich-Konzerte bildete, wie in vielen Städten Deutschlands, in der Osterzeit Bachs »Matthäus-Passion«, die nur mitunter durch die weniger populäre »Johannes-Passion« oder die h-Moll-Messe ersetzt wurde. Zur Verstärkung des ständigen Orchesters wurden wir Konservatoristen in dieser Zeit ausgiebig herangezogen. Dem durchschnittlichen Orchestermusiker erscheint das viele Pausieren oder das Spielen der sich wiederholenden zahlreichen Choräle in diesen Werken langweilig; er exekutiert lieber die schwierigsten Straussschen Passagen. Während des Spiels flüsterte mir einmal ein Pultnachbar den alten Musikerwitz zu: »Weißt du, Busch, das mag dem heiligen Matthäus seine Passion sein – meine ist es nicht!« Die meine war es und blieb es.

Ich lernte die Sprache des Orchesters und die Psychologie der Musiker von Grund auf kennen. Kein noch so intensives Studium in den vier Wänden, an einer Musikhochschule oder Universität kann diese lebendige Erziehung ersetzen. Sie hat wesentlich dazu beigetragen, aus Hans Richter, Nikisch, Toscanini und anderen die großen Dirigenten zu machen, die vom Orchester selbst, dem wahrhaft sachverständigen Beurteiler, verehrt und geliebt wurden und immer wieder geliebt, mitunter auch gefürchtet werden. Die Leiden und Freuden, die Schwächen und die Vorzüge des Musikers müssen dem Dirigenten vertraut sein. Es ist bedeutungslos, mit welchem Akzent er die Orchestersprache spricht; die Gradlinigkeit Richters, die einschmeichelnde, charmante Art Nikischs, die vor den gewagtesten allgemeinen und persönlichen Aggressivitäten nicht haltmachende Besessenheit Toscaninis führen gleichermaßen zu ungewöhnlichen Leistungen, wenn der Dirigent, wie diese Meister, die *Sprache* des Orchesters spricht.

An der Oper in Köln wirkte Otto Lohse als ein sehr suggestiver Kapellmeister. Er hatte Weingartners Oper »Genesius« (vom Orchester einiger Anklänge wegen »Gewesius« genannt) einstudiert. Die Oper hatte Erfolg, so daß der Komponist zur Leitung einer späteren Aufführung eingeladen wurde. Es war die Zeit, in der Weingartner – ein Dirigent von völlig anderer Einstellung als die vorher erwähnten – mit der Musikergewerkschaft wegen des von ihm dirigierten Münchner Kaim-Orchesters im Streit lag. Die Musiker, einseitig beeinflußt, brachten ihm deshalb keine Sympathien entgegen, als er vor das Pult trat, um ohne Probe sein Werk zu dirigieren. Ich war auf das äußerste gespannt, den international berühmten Mann, dessen Bild seit Jahren in meinem Zimmer hing, von Angesicht zu sehen. So schmuggelte ich mich in den Orchesterraum und auf einen freien Stuhl neben dem Baßklarinettisten. Bevor Weingartner den Auftakt gab, schloß er die Augen, um die Stimmung der feierlichen Eingangstakte auf diese Art vorzubereiten. Mein Baßklarinettist sagte vernehmlich: »Siehst du, Busch, der kocht auch mit Wasser!«

Von dem Werk wie von der Persönlichkeit des Dirigenten konnte ich an jenem Abend keinen Eindruck haben. Erst künftige Begegnungen machten mir klar, daß Weingartner ein ganz ausgezeichneter Musiker und ein Dirigent großen Formats war. Aus seiner besten Zeit, die mit meiner Jugend zusammenfiel, habe ich mir den starken Eindruck bewahrt, den mir die überzeugende Natürlichkeit und Schlichtheit seines Dirigierens machte.

Für uns Konservatoristen war das Erscheinen namhafter Gastdirigenten, nachdem wir die Eigenarten der einheimischen genügend kennengelernt hatten, natürlich immer ein Erlebnis. Abwechslung erfreut, und unser Interesse stieg aufs höchste, als die Stadt Köln Opernfestspiele unter Zuziehung auswärtiger Künstler veranstaltete.

Nikisch kam im Sommer 1909, um die »Meistersinger« zu dirigieren. Ich wirkte beim Schlagzeug mit, die Taschenpartitur vor mir, um mir auch nicht das Geringste entgehen zu lassen. Die gewisse elektrische Spannung, die einem von der Masse erwarteten Ereignis vorausgeht, hatte sich des gesamten Orchesters bemächtigt. Es war zehn Minuten nach Beginn der festgesetzten Probenzeit, als sich meinem Platz gegenüber an der anderen Seite des Orchesterraums die Türe öffnete und ein kleiner, sehr elegant gekleideter Herr eintrat. Den zunächst sitzenden Hornisten machte er eine ruhige Verbeugung, begrüßte sie und die übrigen Bläser mit solchem Charme, daß, als er das Dirigentenpodium betrat, bereits das gesamte Orchester aufgestanden und in begeisterte Akklamationen ausgebrochen war. Nikisch ließ sich Zeit, zog, sich immer freundlich nach allen Seiten verbeugend, seine Glacéhandschuhe aus und erklärte nach eingetretenem Schweigen mit wohlklingender Stimme, es sei der Traum seines Lebens gewesen, einmal dies hochberühmte Orchester zu dirigieren. Dasselbe sagte er aus einer angeborenen Liebenswürdigkeit, wo immer er als Gastdirigent erschien.

Plötzlich unterbrach er sich, streckte seine Arme bewegt einem alten Bratscher entgegen und rief aus: »Schulze, was machen *Sie* denn hier? Ich habe ja gar nicht gewußt, daß Sie in dieser schönen Stadt gelandet sind! Wissen Sie noch, wie wir unter Meister Liszt in Magdeburg die Bergsinfonie gespielt haben?«

Schulze wußte es und beschloß sofort, unter *diesem* Dirigenten die gesamte Länge seines Bogens zu benutzen, im Gegensatz zu seiner Gepflogenheit, unter den ständigen Kapellmeistern nur mit dem halben zu spielen.

Die Musiker schnell bei Namen zu kennen und sich niemals darin zu irren, war auch eine Besonderheit Nikischs. Ich fühlte sofort, daß ihm, bevor er überhaupt zu dirigieren begann, die Herzen des gesamten Orchesters zugeflogen waren und daß mit dem ersten C-Dur-Akkord des Vorspiels etwas Ungewöhnliches zu erwarten stand.

Das paradoxe Wort, daß unter Nikisch, wenn er nur das Podium *betrat*, das Orchester schon besser als bei anderen Dirigenten klang, erwies sich als Tatsache. Er hob seinen langen, mit einem gedrechselten Griff versehenen Stock mit plötzlicher Energie und sagte: »Bitte, meine Herren: in den ersten zwei Takten viel Glanz im Blech, dann zurücktreten und unseren herrlichen Streichern den Vortritt lassen!«

Auftakt und Niederschlag erfolgten, und sofort hörte man die ersten Takte, deren etwas pappige Instrumentation die Achtelnoten im zweiten Takt in den ersten Geigen so oft kaum vernehmen läßt, mit Festlichkeit und Klarheit. Nach wenigen Takten glaubte man, ein völlig neues Stück zu hören. Nikisch sprach nunmehr im Verlauf der Probe sehr wenig, überschlug ganze Teile; doch gab jede Bemerkung, die er machte, dem Werk ein neues, interessantes Gesicht, so daß nach Verlauf der Probe auch unter nüchterneren Musikern die größte Begeisterung herrschte.

Nikisch war bestimmt kein Orchestererzieher; hierzu fehlten ihm Fleiß und Geduld. Er war der geborene Gastdirigent, ein genialer Improvisator, der, wie selten ein anderer, mit anscheinender, selbstverständlich nur durch völlige Beherrschung des Stoffes möglicher Leichtigkeit und auf die angenehmste Weise die größten Wirkungen erzielte. Unbestreitbar ist, daß er eine der größten Dirigentenpersönlichkeiten war, von der wir Jüngeren unendlich viel lernen konnten.

Felix Mottl dirigierte unter anderem »Der Widerspenstigen Zähmung« von Goetz und »Figaros Hochzeit«. Damals, nach der Brillanz und Virtuosität Nikischs, enttäuschte er uns; heute weiß ich seine natürliche Musikalität und sein warmes Empfinden weit besser zu schätzen. In »Don Giovanni«, der unter seiner Leitung den Abschluß der Gastspiele bildete, fehlte plötzlich ein Kontrabassist für die Bühnenmusik im Finale des ersten Aktes. In letzter Minute stürzte der Orchesterinspektor zu mir, der ich natürlich mit der Partitur im Orchesterraum saß, und bat mich, einzuspringen. Ich wurde in eine Garderobe geschleppt, bekam Kostüm und Schminke und rannte auf die Bühne. Man drückte mir einen Kontrabaß in die Hand. Ein Musiker rief mir zu: »Paß auf die Intonation auf, beim Kontrabaß kommt es auf einen Meter an!«

Ich erklärte mich trotzdem einverstanden, »aufzutreten«, wenn ich nur den Part des im Dreiachteltakt spielenden Orchesters zu übernehmen hätte. Hier besteht die Kontrabaßstimme nämlich fast nur aus der leeren G-Saite und der höheren Quinte d. Um diese Note sicher zu treffen, suchte ich mir sorgfältig die Stelle aus, wo das d zu greifen war, und markierte sie mit einem Kreidestrich. Niemals später, und wahrscheinlich auch niemals früher, ist diese Stimme mit größerer Sauberkeit und richtigerer Intonation gespielt worden!

In diese Zeit fällt auch die Kölner Erstaufführung der »Salome« von Richard Strauss. Dies Werk hatte uns nach der Lektüre des Klavierauszugs derartig begeistert, daß wir kaum erwarten konnten, es nun im Orchesterklang zu hören. Aber diesmal wurden wir Schüler nicht zur Verstärkung herangezogen. Der Probenbesuch war strengstens verboten, und der anwesende Komponist, beziehungsweise sein Verleger, sorgten, um das Überraschungsmoment zu erhöhen, ängstlich dafür, daß kein Außenstehender von der neuen Musik vor dem Premierentag etwas vernahm.

So lange konnte ich nicht warten! Als ich mit Adolf und einigen Freunden vor Beginn der Generalprobe am Orchestereingang auf der Richard-Wagner-Straße stand und ein letzter Versuch, am Portier vorbeizukommen, wieder mißglückt war, kletterte ich die Wand des Opernhauses an der Regenrinne in die Höhe bis zum dritten Stock, wo ein offenes Fenster zu den Chorgarderoben führte. Von dort gelangte ich ohne Zwischenfall in den Zuschauerraum. Hier aber fühlte ich mich unter den paar geladenen, eleganten Gästen derart unbehaglich, daß ich nach kurzer Zeit vorzog, mich zu drücken, und auf demselben Wege wieder unten landete, vom Hallo meiner Kameraden begrüßt.

Die Sensation, die uns Strauss bedeutete, wurde bald danach durch das Interesse an einem anderen Komponisten beeinträchtigt, den wir jetzt kennenlernten. Es war Max Reger, dessen »Sinfonietta« bald nach dem Skandal, den sie in München hervorgerufen hatte, ihre Erstaufführung unter Steinbach in den Gürzenich-Konzerten erlebte. Die »Sinfonietta« ist ein so überladenes Werk, daß es schwer ist, das Wesentliche herauszuhören. Eine Stimme erdrückt die andere, dem Ohr ist es kaum möglich, dem dauernden Harmoniewechsel zu folgen. Trotzdem enthält dieses Erstlingswerk Regers soviel herrliche Musik, daß wir uns Tag und Nacht damit beschäftigten, und Adolf lernte später Regers Violinkonzert in kürzester Zeit auswendig, so daß wir es bald dem Meister vorspielen konnten.

Von diesem Zeitpunkt datiert unsere Beziehung zu Max

Reger – zuerst rein künstlerische, höchste Verehrung, aus der mit der Zeit die bis zu seinem frühen Tode dauernde persönliche Freundschaft erwuchs.

Gandhi erzählt in seiner Lebensbeschreibung von dem schlechten Einfluß, den ein älterer Kamerad in seiner Jugend auf ihn ausgeübt hat. Was ihm heilig und verehrenswert erschien, machte der andere lächerlich; er verführte ihn zum Genuß von Fleisch, zum Rauchen und zu anderen Dingen. Ähnlich war es mit der Wirkung bestellt, die ein älterer Mitschüler in der Dirigentenklasse in dieser Zeit auf mich hatte, ein Holländer, der sehr vermögend war und vom eigentlichen Wesen der Musik wenig Ahnung hatte. Er spielte kaum Klavier, miserabel Violine; von den technischen oder theoretischen Grundlagen seines Berufs besaß er nur eine geringe Vorstellung. Ich hätte mich nie mit ihm abgegeben, wenn er nicht das Talent gehabt hätte, die Äußerlichkeiten der zu dieser Zeit berühmten Dirigenten bis ins kleinste zu erkennen und nachzuahmen. »Wie er sich räuspert, und wie er spuckt ...« *das* hatte er allen glücklich abgeguckt!

Mein »Freund« besaß außerdem eine große Anzahl Taktstöcke berühmter Dirigenten, darunter einen von Nikisch liegengelassenen. Mit dem jeweils entsprechenden Stock zeigte er genau, wie Mengelberg im dritten Satz von Tschaikowskis »Pathétique« den Beckenschlag vorbereitete, wie Weingartner den Posauneneinsatz im Gewitter der Pastorale durch Stoßen angab, und vielen Unsinn mehr. Ich stand vor dem Spiegel und verfiel bei meinen »Übungen« mit den verschieden geformten Taktstöcken manchen Äußerlichkeiten, die mir eine Weile lang wesentlicher vorkamen als das Suchen nach dem geistigen Gehalt eines Kunstwerks und dessen Darstellung. Gottlob dauerte diese Verirrung nicht lange.

In Abwesenheit Steinbachs kam endlich die Stunde, da ich vor dem Orchester als Dirigent erscheinen durfte. Sein Vertreter, Professor Waldemar von Bausznern, fragte uns Dirigierschüler, wer Lalos Violinkonzert in F-Dur kenne. Ich war der einzige. Ich begab mich auf das Podium, zog aus dem Ärmel meiner Jacke den Taktstock heraus, den ich wie einen Marschallstab immer mit mir führte (damals Modell Mottl), und begann zu dirigieren.

Eine Woche später, zur nächsten Probe, war Steinbach zurückgekehrt und ärgerlich erstaunt, als ich mich beim Anruf

»Lalo-Konzert« als Dirigent meldete. Er schrie mich an: »Sie sollen doch noch nicht dirigieren! Unterlassen Sie Ihre Frechheiten!«

Mein verdutztes, enttäuschtes Gesicht stimmte ihn jedoch um, so daß er sich herbeiließ, die Erlaubnis zu geben. Ich schob das Pult beiseite und dirigierte den ersten Satz auswendig. Danach geschah etwas Unerwartetes. Steinbach kam auf mich zu und umarmte mich, wobei er laut rief: »Das ist der Dirigent der Zukunft!« In der Freude seines Herzens wußte er sich nicht anders zu helfen, als daß er mir zehn Mark – ein Goldstück – gab und mir sagte, ich solle »mir einen guten Tag machen«.

Ich wurde von allen Seiten beglückwünscht und ging selig nach Hause, wo Adolf als Konzertmeister »meines« Orchesters den Erfolg schon berichtet hatte. Wir wohnten damals im Zentrum Kölns in einer kleinen Seitenstraße, durch die frühmorgens die großen Gemüsewagen zum Markte fuhren, so daß in diesen Stunden ein lebhafter Verkehr herrschte. Als ich am nächsten Tag nach unruhigem Schlaf sehr früh aufstand, war eine beträchtliche Menschenmenge vor unserem Hause versammelt. Marktfrauen, Bauernweiber, Straßenarbeiter bestaunten ein riesiges Plakat, das während der Nacht an den Parterrefenstern des Hauses befestigt worden war. Mit großen Buchstaben war darauf zu lesen: »In diesem Haus wohnt der Dirigent der Zukunft!«

Freunde aus dem Orchester hatten sich diesen Spaß erlaubt. Aber dies alles tat meiner Freude keinen Abbruch, um so weniger, als mich Steinbach am anderen Tage bestimmte, als selbständiges Orchesterwerk im nächsten Prüfungskonzert die Serenade in D-Dur von Brahms zu dirigieren.

Der Abend kam. Meine Bewegungen waren auf Knappheit und Eleganz berechnet; bewußt und unbewußt imitierte ich Weingartner. Ich betrat das Podium und winkte herablassend dem Orchesterdiener, der vor den Augen des vollbesetzten Saales das Dirigentenpult entfernen mußte. Somit war deutlich gemacht, daß ich die Serenade auswendig zu dirigieren beabsichtigte – eine Gepflogenheit, die damals weit seltener als heute geübt wurde und das Aufsehen erregte, mit dem ich gerechnet hatte. Adolf, der Konzertmeister, zischte vernehmlich: »Dummer Affe!«, was mich weiter nicht störte.

Steinbach war diesmal weit zurückhaltender als das erste Mal; meine Eitelkeit, mein törichtes Gehaben mußten ihm unsympathisch sein. Er hatte aber Erfahrung genug, um solche vorübergehende Schwächen mit Stillschweigen zu übergehen, während sowohl mein alter Freund Boettcher als auch Adolf sich auf dem Heimweg an ironischen Bemerkungen nicht genugtun konnten. Ich habe mich bald besonnen und sehr schnell erkannt, daß ich zum Fatzken doch zu gut war.

Für das letzte öffentliche Abschiedskonzert des Konservatoriums im großen Gürzenich-Saal waren Adolf und ich allein angesetzt worden. Adolf hatte das Violinkonzert von Brahms vorbereitet, dessen Orchesterbegleitung ich dirigieren sollte. Außerdem hatte er ein kleines Orchesterwerk geschrieben, das, von mir dirigiert, zur Uraufführung kommen würde. Schließlich sollte ich das Klavierkonzert in d-Moll von Brahms unter der Leitung von Steinbach selbst spielen.

Es kam aber alles anders. In einer der letzten Proben gab es einen schweren Zusammenstoß mit Steinbach, der plötzlich verlangte, ich solle eine andere, und zwar seine eigene Dirigiertechnik anwenden. Er war von mittelgroßer, kräftiger Statur, gedrungen und recht korpulent; ich groß und ungewöhnlich schlank, so daß ich die breit ausladenden Bewegungen Steinbachs, das Drehen des rechten Handgelenks beim Schlagen des Dreivierteltaktes, das eine Verschiebung der Taktstockspitze mit sich bringt, für mich nicht annehmen konnte. Erst bescheiden, dann energisch wehrte ich mich, Steinbachs Anweisungen zu folgen, worauf er mir wegen Insubordination das Dirigieren des Konzertes verbot. Ich wurde nur als Pianist zum Vortrag des ersten Brahms-Satzes zugelassen. Das Konzert ging auf diese Weise vorüber. Viele, die mich nur als Begleiter, Korrepetitor, Kammermusikspieler gekannt hatten, waren erstaunt, mich nun als Solisten mit respektabler Technik kennenzulernen. Aber mir blieb, wenn ich sie mir auch nicht anmerken ließ, die bittere Enttäuschung, mich nicht in meinem eigentlichen Fache als Dirigent vom Konservatorium verabschiedet zu haben.

Ich war »böse« mit Steinbach. So schnell wie möglich versuchte ich jede Verbindung mit dem mir plötzlich verleideten Konservatorium abzubrechen. Unter den Besuchern der Festspiele befand sich Kapellmeister H.H.W., im Begriff, am Deutschen Theater in Riga eine Stellung als erster Kapellmeister anzutreten. Ich kam mit ihm in Verbindung und unterschrieb einen einjährigen Vertrag an das gleiche Theater für die

Winterspielzeit mit einem Monatsgehalt von fünfundsiebzig russischen Rubeln, damals etwa einhundertfünfzig Mark. Dies war zu wenig zum Leben, zu viel zum Sterben, zumal meine Eltern mit meiner weiteren Unterstützung rechneten. Gelesen hatte ich den Vertrag, den meiner Minderjährigkeit wegen mein Vater mitunterschreiben mußte, keineswegs. Die Worte allein: »Das Deutsche Theater verpflichtet Herrn Kapellmeister Fritz Busch« usw. hatten ausgereicht, mich zur Annahme zu bestimmen.

Es war Juni 1909 und mein Eintreffen in Riga für Ende August vorgesehen. Meine Garderobe war mehr als bescheiden, und Ersparnisse, um sie aufzubessern, waren nicht vorhanden. Dies Problem erkannte der erste Kontrabassist des Städtischen Orchesters, ein älterer, feiner und guter Mensch. Er bot mir die horrende Summe von fünfhundert Mark leihweise an, damit ich auch äußerlich den Anforderungen gerecht werden konnte, die füglich an den Kapellmeister eines Theaters zu stellen waren, an dem vorher Bruno Walter und früher einmal Richard Wagner gewirkt hatten.

Ich hatte gerade den Vertrag mit Riga abgeschlossen, als in Bad Pyrmont die Sommerstellung des Kurkapellmeisters frei wurde. Maßgebend für die Besetzung des Postens war der neue Kurdirektor, ein Herr von Beckerath aus der bekannten rheinischen Familie und Sohn eines alten Freundes von Johannes Brahms. Eine Verbindung zu ihm mußte in diesem Namen leicht herzustellen sein – wenn mir Steinbach half, mit dem ich ja aber »böse« war!

Er wußte noch nichts von meinem Vorhaben, nach Rußland zu gehen, und da ich von ihm Abschied zu nehmen hatte, überwand ich mich, ihm meine Bitte vorzutragen. Es gab eine bewegende Szene; sein warmherziges Wesen, seine Liebe zu mir offenbarten sich sofort, aller Ärger der letzten Wochen war vergessen, und bald war ein Handschreiben abgefaßt, das er mir offen übergab. Ich las, wie der Meister über den jungen Schüler im Herzen dachte und hier in Worte faßte, die ich mir fürs Leben bewahrt habe.

Sofort reiste ich nun nach Bad Pyrmont ab, trotz der Hitze im Schmucke eines neuen, übermäßig langen Gehrocks mit bunter Weste, einer grün und rot schillernden Krawatte, die den Knopf des hohen Stehkragens frei ließ, eines Strohhuts und – gelber Schuhe! Um die Erfordernisse der Mode hatte ich mich bis dahin nicht gekümmert. Herr Kurdirektor von Beckerath, ein sehr gepflegter und förmlicher älterer Herr, warf einen flüchtigen Blick auf meine Erscheinung, um mir darauf zu erklären, daß er keine Möglichkeiten für mich sehe. Ich bat ihn, mich doch wenigstens *ein* Konzert dirigieren zu lassen, und schlug ihm einen Beethoven-Brahms-Abend vor.

»Um ein solches Programm mit Anstand durchzuführen«, meinte er sachkundig, »brauchen Sie ein Orchester von sechzig Musikern. Die Kurkapelle zählt dreiunddreißig, und Geld zu ihrer Verstärkung ist in meinem Etat nicht vorhanden. Ich danke Ihnen bestens für Ihren Besuch.«

Ich stand auf der Straße und mußte mir sagen, daß unsere Unterredung kurz, aber auch erfolglos gewesen war. Eine Weile ging ich auf und ab, um weitere Schritte zu überlegen und die einmal gegebene Möglichkeit nicht ohne weiteres aus den Händen zu lassen. Rasch stand ich wieder vor dem Manne, dem ich mein Schicksal anvertrauen wollte. Ich wiederholte ihm meinen Vorschlag eines Beethoven-Brahms-Abends, mit dem Zusatz, daß ich für die Orchesterverstärkung selbst Sorge tragen und ihm – gleichfalls unentgeltlich – meinen Bruder als Solisten für das Beethovensche Violinkonzert zur Verfügung stellen würde. Falls das Konzert einen großen finanziellen Erfolg haben würde, bleibe es ihm überlassen, zu den Reise- und Aufenthaltskosten der von auswärts kommenden Musiker einen Beitrag zu leisten. Überraschenderweise kam der Handel zustande.

Mit dem nächsten Zug fuhr ich nach Köln zurück, versammelte im Konservatorium etwa fünfundzwanzig bis dreißig unserer Freunde und Kollegen und setzte ihnen auseinander, daß ich von ihrem Anstandsgefühl Hilfe für den Beginn meiner Karriere, das heißt, zunächst völlig kostenlose Mitwirkung in meinem Sinfoniekonzert »auf Anstellung« in Pyrmont erwartete. Sogar die Reise vierter Klasse müßten sie vorläufig selbst bezahlen, während ich an Ort und Stelle für freien Aufenthalt und Verpflegung Sorge tragen, kurz: bemüht sein würde, das Unternehmen zu einem angenehmen Sommerausflug zu gestalten. Hätte ich Erfolg, woran ja keiner der Anwesenden zweifeln könne, so würde ich ihren Freundschaftsdienst später zu vergelten wissen. Alle sagten zu.

Schon anderen Tages war ich wieder in Pyrmont. Boettcher betrachtete mit einer Mischung von Freude und Skepsis gespannt die Entwicklung des Unternehmens. Einstweilen verschaffte er mir Unterkunft in dem behaglichen Hause seiner in Pyrmont ansässigen, wohlhabenden Schwester. Am Tage nach meiner Ankunft galt mein erster Besuch dem Besitzer und zugleich Redakteur des »Pyrmonter Kur- und Fremdenblattes«. Die Gunst dieses Mannes erwarb ich mir sehr bald, und bedingungslos stellte er mir die Spalten seiner Blätter zur Verfügung. Ich glaube, er war sogar froh, für die nächsten vierzehn Tage unentgeltlich journalistischen Stoff zu erhalten. Täglich mußten nun die erstaunten Badegäste in einer erbarmungslosen Folge von Kritiken, Analysen, biographischen Skizzen und dergleichen gewahr werden, daß ein ungewöhnliches künstlerisches Ereignis in dem stillen Badeorte zu erwarten stünde.

Die Plakate, die ich hatte herstellen lassen, trugen in kleinen Buchstaben die Namen der Komponisten, während der des Dirigenten grell in großen Lettern in die Augen sprang. In der Nacht zog ich mit einem Leimtopf und Pinsel durch die Straßen, um eigenhändig Plakate anzukleben, wo es mir daran noch zu mangeln schien; eine Methode, die später von der Propaganda politischer Parteien übernommen wurde. Am Tage erschien ich mindestens zweimal in den Geschäften, die den Vorverkauf übernommen hatten, um die Fortschritte der Kasse zu kontrollieren. Nach wenigen Tagen konnte ich bereits den Erfolg buchen, daß ein volles Haus mit Sicherheit zu erwarten war. Der fürstliche Hof hatte sein Erscheinen allergnädigst zugesagt.

Der nun hocherfreute, sehr amüsierte und angeregte Kurdirektor stellte mir, nachdem der Abend ausverkauft war, eine genügende Summe Geldes zur Verfügung, so daß ich mir keine Sorgen mehr um die Entlohnung meiner Kölner Freunde zu machen brauchte. Sie trafen pünktlich zur Generalprobe ein; der Kontakt mit der Kurkapelle, die sich aus Musikern kleinerer Hof- und Stadttheater zusammensetzte, war sofort hergestellt. Das Konzert fand statt und stand in D-Dur. Joachims Forderung, bei der Zusammenstellung eines Programms möglichst auf verschiedene, unter sich in Beziehung stehende Tonalitäten Rücksicht zu nehmen, war mir damals noch unbekannt.

Das meine bestand aus Webers »Oberon«-Ouvertüre, Beethovens Violinkonzert und der Zweiten Sinfonie von Brahms.

An diesem bedeutungsvollen Abend benutzte ich den von Nikisch hinterlassenen Taktstock. Noch keineswegs frei von Mätzchen, hatte ich mir für den Eintritt der Koda in der Ouvertüre ein plötzliches Emporwerfen beider Arme als Auftakt zum ritterlichen Schlußthema zurechtgelegt. Wie zur Strafe verfing sich der Stock in dem über mir hängenden Kristallkronleuchter und brach ab, ebenso einige Prismen. Ein Hagel von Scherben ging auf mich nieder, und der Erfolg war gesichert! Das Violinkonzert und die auswendig dirigierte Brahms-Sinfonie – vor deren Beginn das Dirigentenpult diesmal bescheiden in der Pause entfernt worden war – boten danach keine Probleme mehr.

Fürst und Fürstin saßen in großen, rotbezogenen Sesseln mit vergoldeten Armlehnen in der ersten Reihe des außerordentlich schönen, leider sehr bald nachher einem Brande zum Opfer gefallenen »Weißen Saales«. Der Fürst war vollkommen unmusikalisch, die Fürstin schwerhörig. Sie liebte Musik von Herzen und war eine reizende Frau. In der Pause begrüßten mich die höchsten Herrschaften huldvoll, das gesamte Publikum hörte in respektvollem Abstand, jedoch ohne Schwierigkeit meiner Konversation mit der schwerhörigen Fürstin zu, und ich bekam den Vertrag. Auf die Dauer von drei Jahren wurde ich für die Sommermonate mit einer Garantie von monatlich fünfhundert Mark angestellt – einer Summe, die für die damaligen Verhältnisse ungewöhnlich hoch war. Außerdem standen dem »Fürstlichen Kapellmeister« die vollen Einnahmen eines Benefizkonzertes zu, das später während der Zeit meiner Pyrmonter Tätigkeit von der Kurdirektion durch ein Fixum in Höhe von zwölfhundert Mark abgelöst wurde.

Ich war damals neunzehn Jahre alt und hatte noch Zeit gefunden, mich neben allen Sorgen und Kämpfen gründlich zu verlieben und heimlich zu verloben. Wie in einem Erlebnis Mark Twains – oder in dem Taminos, der aber vor der Verlobung noch das Flötenspiel lernen mußte – hatte der Anblick einer Fotografie, die Karl Boettcher mir zeigte, genügt, mich zu begeistern. Es war das Bildnis seiner Nichte, der einzigen Tochter seines Bruders Dr. Friedrich Boettcher, der sich nach langjähriger Tätigkeit als damals sehr bekannter Schriftsteller und Reichstagsabgeordneter für Waldeck und Pyrmont kürzlich von Berlin nach seinem Geburtsort Mengeringhausen zurückgezogen hatte. In diesem kleinen idyllischen

Landstädtchen mit seinen mittelalterlichen Fachwerkhäusern und dem windschiefen gotischen Kirchturm sollte ich, als ich Karl Boettcher dort in den Osterferien mit einem plötzlichen Besuch überfiel, meine künftige Frau kennenlernen.

Die über unser Vorhaben begreiflicherweise zunächst entsetzten, widerstrebenden Eltern Boettcher einer künftigen Verbindung geneigter zu machen, war ein weiterer Zweck meines Pyrmonter Konzertes und eines nachfolgenden zweiten, durch das wir mit dem schweren Geschütz eines aus lauter Lieblingsstücken meines künftigen Schwiegervaters zusammengestellten Programms unserem Ziele bereits etwas näher kamen. Eltern und Tochter waren zu den Konzerten nach Pyrmont gekommen; sie waren alle musikalisch, meine Braut hatte jahrelang auf der Berliner Hochschule für Musik Violine studiert und war als Schülerin von Joachim angenommen worden, der jedoch zu ihrem nie verschmerzten Kummer bald darauf starb.

Mit dem Pyrmonter Vertrag in der Tasche fuhr ich im August 1909 über die Ostsee nach Riga. Ein neuer Lebensabschnitt konnte beginnen.

III Riga

Misery acquaints a man with strange bedfellows.
SHAKESPEARE

Die Stadt gehörte 1909 noch zum alten Rußland, doch war das deutsche Element in kultureller Hinsicht vorherrschend. Über das »Deutsche Theater«, an das ich engagiert war, kann man in Richard Wagners »Mein Leben« nachlesen. Trotz seiner Klagen müssen die künstlerischen Leistungen dieses Instituts im Jahre 1838 besser als im Jahre 1909 gewesen sein.

Direktor dieses »Deutschen Theaters« war ein Dr. D. aus Prag, ein ausgesprochener Psychopath, der sich nur wohl fühlte, wenn es ihm gelungen war, durch Intrigen eine derartige Verwirrung an seiner Bühne anzurichten, daß niemand mehr aus noch ein wußte.

Um Kassenerfolge zu erzielen, wurde besonders die Operette gepflegt, und »Die lustige Witwe«, »Die geschiedene Frau«, »Der fidele Bauer« und anderes mehr gehörten zum ständigen Repertoire der Spielzeit 1909/10. Außer dem ersten Kapellmeister H.H.W. war noch ein zweiter Kapellmeister K. vorhanden, ein durch Trunk vollkommen ruinierter, jeder Ideale barer Mann. Aber selbst dieser Kollege hatte die Lust verloren, ständig nichts als Operetten zu dirigieren, deren Aufführungsniveau noch dazu derartig verschlampt war, daß keine Seele auch nur an einen Versuch zur Besserung zu denken wagte. So übergab man mir die Leitung dieser Operetten, ohne mir die geringsten Probemöglichkeiten zu verschaffen. Das Resultat war denn auch danach, kümmerte aber weiter niemand.

Mit meinem Gehalt von hundertfünfzig Mark im Monat war ich zu größter Sparsamkeit gezwungen, zumal ich versprochen hatte, meiner Familie regelmäßig Geld zu schicken. So bezog ich in der Pension einer Witwe, Frau Pastor Grün, ein billiges, nach dem Hofe gelegenes Zimmer in der Albertska-Ulica, das mehr als bescheiden möbliert war. Immerhin enthielt es einen großen Tisch, auf den ich ein Riesentintenfaß gestellt hatte, da ich fleißig und ausführlich an meine – damals noch heimliche – Braut schrieb. Ein weiterer Schmuck dieses Zimmers war ein neuer Flügel, den mir die seinerzeit im Rheinland besonders bekannte Firma Ibach durch ihren russischen Vertreter umsonst zur Verfügung gestellt hatte. Der harte Theaterdienst erlaubte leider nur in geringem Maße den Gebrauch des Flügels; am meisten benutzte ich das Tintenfaß.

Ich war schon Monate von Hause fort, als mir die Eltern zu meiner größten Überraschung plötzlich den bevorstehenden Besuch Adolfs meldeten, ein für den Familien- wie für den wirtschaftlichen Leichtsinn der Buschs bezeichnendes Unternehmen. Ich holte Adolf vom Bahnhof ab und war entsetzt über sein Aussehen, als ich ihn zur Begrüßung umarmte. Beim Abschied war er ein schlanker großer Junge von etwa achtzehn Jahren gewesen; was ich jetzt in meinen Armen hielt, war ein unmäßig dicker Mensch, von dessen Anblick ich meine erschreckten Augen gar nicht abwenden konnte. Adolf flüsterte mir zu: »Sei still, ich sage dir alles später!«

Wir nahmen eine Kutsche, und sobald wir aus dem Bereich der russischen Zollbeamten waren, erklärte er mir, was es mit seiner Beleibtheit für ein Bewenden hatte. Unter seinem Wintermantel trug er noch einen Pelz, den die gute Mutter ihm für mich mitgegeben hatte, damit mir der kalte russische Winter nicht allzu beschwerlich falle.

In meinem höfischen Zimmer angelangt, in das ein Sofa als zweite Schlafstätte hineingestellt worden war, befreite sich Adolf von Mantel und Pelz, welch letzterer mit den russischen nicht konkurrieren konnte. Sein Fell war kein edler Zobel, kein Nerz oder Astrachan, sondern stammte vom gemeinen deutschen Schaf. Er war eine nach Athen getragene Eule. Aber seine Zwecke hat der Pelz zu Mutters und meiner Zufriedenheit redlich erfüllt.

Adolf war sogleich auf das äußerste gespannt zu erfahren, welche Oper er nun zunächst unter meiner Leitung hören könnte. Ich antwortete: »Der Jongleur«. Sein verwundertes Gesicht veranlaßte mich, hinzuzufügen, daß dies eine »Posse mit Gesang« sei, über deren Inhalt ich ihm nichts erzählen könne, da ich das Werk erst kurz vor der Aufführung kennenlernen würde.

Man erspare mir eine Beschreibung des Abends, über den besser der Schleier des Vergessens fällt. Ich weiß nur noch, daß nach der Ouvertüre und dem Aufgehen des Vorhangs der Chor aufgeregt auf die Szene stürzte, um zu singen: »Nein, wir warten länger nicht, gehen gleich aufs Stadtgericht!« In meiner »Partitur« – ein zu euphemistischer Ausdruck für das Bündel geschriebener Noten, das auf meinem Pulte lag – stand ein Allegro im Zweivierteltakt geschrieben. Der Chor sang in Robert Schumannschem Tempo: »So schnell wie möglich« – »noch schneller«. Der anschließende Dialog war bereits in schönstem Fluß, als ich mit meinem Orchester erst beim Nachspiel angekommen war. Und so weiter.

Wir Brüder gingen betrübt nach Hause, und selbst Adolf hielt eine Kritik meiner Dirigierleistung für unangebracht, nachdem er die Situation erfaßt hatte. Kein Musiker der Welt hätte sie bessern können. Wir legten uns zu Bett, und da wir uns vorher kaum gesprochen hatten, begann Adolf zu erzählen.

Es war schon späte Nacht, als er bei den letzten, mir noch unbekannten Kammermusikwerken Regers angekommen war. Um die anderen Pensionäre nicht durch Klavierspiel zu wekken, verlangte Adolf, daß ich die tollsten Harmoniefolgen mit meinem müden Kopfe aufnehmen sollte, indem er sie mir etwa in der Art angab, wie der blinde, sterbende Johann Sebastian Bach den Choral »Wenn wir in höchsten Nöten sein« seinem Schüler Altnikol in die Gänsefeder diktiert hatte. Zu dieser geistigen Anstrengung war ich nach der Fronarbeit des vergangenen Tages und den Aufregungen der Vorstellung »Der Jongleur«, an der letzten Endes der Dirigent als jonglierender Protagonist beteiligt gewesen war, nicht mehr imstande. Ich bat Adolf, so piano wie möglich die betreffenden Takte auf dem Ibach-Flügel zu spielen.

Elektrisches Licht war nicht vorhanden, so daß eine Kerze als Beleuchtung dienen mußte. Bei ihrem dürftigen Schein stieg Adolf aus dem Bett, um sich im Nachthemd und mit bloßen Füßen an den Flügel zu setzen. In dem schlecht beleuchteten fremden Zimmer stolperte er, Stuhl und Tisch flogen um, und zu unserem unbeschreiblichen Entsetzen bemerkten wir, daß das Faß mit violetter Tinte sich im Fallen über die Tasten des mir so großzügig zur Verfügung gestellten Ibach-Flügels ergossen hatte.

Meine gesamte Zukunft schien vernichtet. Niemals, so dachte ich, würde ich so viel Geld aufbringen, um den angerichteten Schaden ersetzen zu können. Wir konnten nichts tun, als schweigend und in trübseliger Stimmung wieder in unsere Betten zu kriechen.

Kaum war das Licht erloschen, als Adolf schüchtern fragte: »Du, ist dein Bett auch so naß wie meines?«

Mit einem Satz war ich auf den Beinen, und nun entdeckten wir, daß wir mit unseren bloßen Füßen in den Tintenstrom auf dem Boden hineingewatet waren. Die Bettlaken der Witwe Grün wiesen in wüstester violetter Farbe unsere Fußabdrücke auf.

Wieder einmal zeigte sich die Firma Ibach großzügig, während die Witwe Grün auf Ersatz der Bettlaken bestand. Adolf konnte als Geiger zur Verstärkung in einem Sinfoniekonzert unter H.H.W. mitwirken und auf diese Weise einige Rubel verdienen, mit denen die Witwe entschädigt wurde.

Das Programm dieses Konzerts war Brahms gewidmet und enthielt außer der »Akademischen Festouvertüre« und der Vierten Sinfonie das Klavierkonzert in B-Dur, für dessen Solopart Artur Schnabel verpflichtet worden war. In der Generalprobe fehlte plötzlich der dritte Hornist. Ein Ersatz konnte nicht gefunden werden. So wurde ich, der schon mehrmals im Orchester in letzter Minute an verschiedenen Instrumenten mitgewirkt hatte, aufgefordert, diesmal den Part des dritten Horns zu übernehmen, da ich mich laut Vertrag verpflichtet hatte, »dem Theater jederzeit nach Maßgabe meiner musikalischen Kräfte zur Verfügung zu stehen«.

Ich nahm das Horn und setzte mich ins Orchester. Ich blies gar nicht schlecht; Adolf hatte Grund, wieder stolz auf seinen Bruder zu sein. Leider dachte ich jedoch, es könne noch besser sein, und wenn ich schon Horn spielen müsse, sollte es auch so gut wie möglich geschehen. Deshalb nahm ich das Instrument mit nach Hause und begann Töne auszuhalten, Skalen zu üben und heikle Stellen meiner Stimme auszuprobieren, bis meine Lippen, dieser Tätigkeit seit langem ungewohnt, anschwollen und keinen Ton mehr herausbrachten. Ich hätte mich an Adolfs Mitwirkung in meinem Schulorchester erinnern sollen.

Ein solcher Zustand dauerte Tage, in denen jede Berührung mit dem Mundstück vermieden werden muß. Man zwang mich jedoch mit Drohungen etwaiger Paßentziehung zum Spielen, obwohl ich jede Verantwortung ablehnte.

Die Ouvertüre verlief noch ohne besonderen Unfall. Im Klavierkonzert aber entquollen meinem Horn so fürchterliche

Laute, daß Schnabel am Flügel sichtbar schauderte, Adolf schamvoll seinen Kopf versteckte und der Dirigent verzweifelte Abwehrbewegungen machte. Ihm geschah recht!

Etwa zwanzig Jahre später spielte Artur Schnabel als Solist unter meiner Leitung in einem Dresdner Opernhauskonzert. Bei einem gemütlichen Zusammensein fragte ich ihn, den Vielgereisten und Erfahrenen, nach dem schlimmsten musikalischen Erlebnis, das er jemals gehabt habe. Nach kurzem Besinnen antwortete er: »Dies ist wohl in Riga gewesen, wo einmal ein junger Hornist so grauenvoll blies, daß mir noch heute der Atem stockt, wenn ich mich an diesen Abend erinnere.«

Allmählich bedurften meine Einnahmen dringend der Aufbesserung. Neben Hans Schmidt, dem Musikkritiker der in deutscher Sprache erscheinenden Zeitung »Rigasche Rundschau«, der als Dichter der von Brahms komponierten »Sapphischen Ode« bekannt ist, erhielt ich die Stelle des zweiten Kritikers, die ich nun nebenher mit meinem anstrengenden Theaterdienst zu vereinigen suchte.

Unter normalen Verhältnissen und bei gegenseitigem guten Willen hätte sich diese Doppeltätigkeit durchaus ermöglichen lassen. Mein reizbarer Direktor boykottierte aber gerade die »Rigasche Rundschau«, deren Rezensenten er die Freibillette entzogen hatte, nachdem seine Inszenierung eines Strindbergschen Stückes, meines Erachtens mit Recht, als »die Arbeit eines Tapezierers« bezeichnet worden war. Mein Kritikeramt mußte ich also heimlich ausüben, da die Entdeckung zur sofortigen Entlassung geführt hätte.

Selbst der immer streitbare Adolf riet mir, am Theater durchzuhalten, wenigstens bis zu dem Augenblick, wo es mir als Dirigent einmal glücken würde, im »Jongleur« gleichzeitig mit dem Chor anzufangen und aufzuhören; aufgrund welchen Erfolges ich ja dann nach höheren Zielen greifen könnte!

Eine Zeitlang ging alles gut, bis ein Mißgeschick zur Entdeckung meiner journalistischen Tätigkeit führte. Ich wurde vor die Wahl zwischen dem Beruf des Kritikers oder des Musikers gestellt, über die es keinen Zweifel gab, sosehr mich das Versiegen der dringend nötigen Erwerbsquelle erboste. Am Theater erlangte ich wenigstens schnell die notwendige, wenn auch schandbare Opernroutine, verschlampte Aufführungen ohne Proben zu dirigieren und gegen Überraschungen, ob sie nun von der Bühne oder vom Orchester kamen, gefeit zu sein. Als man aber verlangte, daß ich in einer Vorstellung von Gounods »Faust« im Orchester anstelle des ausgebliebenen Harfenisten dessen Instrument übernehmen sollte, das ich ohnehin nicht leiden kann, streikte ich endgültig und haute auf dem Klavier, das statt der Harfe in den Orchesterraum transportiert worden war, die zarte Skala im Vorspiel, statt sie piano zu säuseln, fortissimo in Oktaven herunter, die hinter denjenigen d'Alberts in seiner Sturm-und-Drang-Periode gewiß nicht an Kraft zurückstanden.

Eine heftige Szene zwischen dem Direktor, dem Kapellmeister und mir folgte und führte zu einem unerwarteten Ergebnis. Dr. D. wäre nicht der Narr gewesen, der einige Jahre später in einer Anstalt interniert werden mußte, wenn er nicht seine Stellung mir gegenüber plötzlich vollkommen ins Gegenteil verwandelt hätte. Er bot mir den Posten des Ersten Kapellmeisters für das folgende Jahr an und übertrug mir bereits für die kommenden Wochen die Leitung einer Oper, die ich mir aus mehreren zur Wahl stehenden aussuchen konnte. Ich entschloß mich für den »Wildschütz« von Lortzing und konnte so viele Proben durchsetzen, daß eine gute Aufführung herauskam.

Die Bindung für das nächste Jahr ließ ich wohlweislich in der Schwebe. Ich packte meine Sachen und fuhr nach Deutschland zurück, um viele, wenn auch nicht immer erfreuliche Erfahrungen reicher geworden.

IV Bad Pyrmont

Ein kluger Maler in Athen . . .
Ließ einen Kenner einst den Mars im Bilde sehn
Und bat sich seine Meinung aus.
Der Kenner sagt' ihm frei heraus,
Daß ihm das Bild nicht ganz gefallen wollte . . .
Gleich trat ein junger Geck herein
und nahm das Bild in Augenschein.
»Oh«, rief er bei dem ersten Blicke,
»Ihr Götter, welch ein Meisterstücke! . . .«
Der Maler ward beschämt gerühret
Und sah den Kenner kläglich an.
»Nun«, sprach er, »ich bin überführet!
Ihr habt mir nicht zu viel getan.«
Der junge Geck war kaum heraus,
Da strich er seinen Kriegsgott aus.

CH.F GELLERT

Pyrmont war schon zu Goethes Zeit ein vielbesuchter Badeort, und Goethe selbst hat dort einmal – im Sommer 1801 – Erholung nach schwerer Krankheit gesucht. Trotz der besonderen landschaftlichen Schönheit Pyrmonts, das von den herrlichsten Buchenwäldern umgeben ist, konnte er sich eines Stoßseufzers an Schiller nicht enthalten: »Die Weile will alle Tage länger werden!«

Von dieser Langeweile verspürte ich nichts, als ich im Frühling 1910 als ein blutjunger, neugieriger und tatendurstiger Musiker in Pyrmont eintraf. In diesem Badeort, der kaum von Schwerkranken besucht wurde, stellten erholungsbedürftige junge und nicht mehr ganz junge Damen das Hauptkontingent der Kurgäste dar. Der Musik fiel ein großer Anteil am Heilungsprozeß zu, mitunter auch – da sie neben den Schauspielern des reizenden Theaterchens das männliche Geschlecht im Kurort überwiegend vertraten – den Musikern selbst. Mein Vorgänger, ein Kapellmeister H., der sich in hohem Alter von der Arbeit zurückgezogen hatte, mußte mit dem roten Riesenbackenbart, der sein gutmütiges Gesicht umrahmte, und mit seinem schwarzen Gehrock samt Hosen und Krawatte in derselben Farbe, den er niemals abzulegen schien, in dieser Hinsicht als ungeeignet angesehen werden. In dem Beschwerdebuch, das, von der Kurdirektion eingeführt, den sich langweilenden Gästen reichlich ausgenutzte Gelegenheit bot, Wünsche und Kritik anzubringen, kam mein Vorgänger schlecht weg. Die tadelnden Bemerkungen gipfelten in dem Satze: »Dieser Kapellmeister H. trägt einen großen Flicken auf dem Boden seiner Hose, der beim Dirigieren von Richard Wagners ›Walküre‹ am deutlichsten sichtbar war.«

Ganz offenkundig war der Kurdirektion daran gelegen, durch Verpflichtung eines jungen Dirigenten – zumal er sich den Strohhut und die gelben Schuhe zum Gehrock bereits abgewöhnt hatte – die Anziehungskraft der Konzerte auf das weibliche Geschlecht zu steigern, und Herr von Beckerath konnte ein kleines Stirnrunzeln darüber nicht verbergen, daß ihr durch meine junge Brautschaft Einbuße geschah. Nun war er auf meine musikalischen Leistungen allein angewiesen.

Meinem Vorgänger war nicht an der Wiege gesungen worden, daß er einmal Dirigent werden würde. Sein dicker Knüppel von Taktstock sah aus, als entstamme er den Pyrmonter Wäldern und sei von dem alten Manne selbst für seine musikalischen Zwecke zurechtgeschnitzt worden. H. war in irgendeinem Orchester Flötist gewesen und hatte es aufgrund allgemeiner Zuverlässigkeit bis zum Kurkapellmeister gebracht. Die Fähigkeit, eine Partitur zu lesen, besaß mein Kollege nicht. Das gesamte, wohlgeordnete Repertoire enthielt anstelle der Partituren eine zusätzliche erste Violinstimme, aus der H. dirigiert hatte. Beethovens Dritte Leonoren-Ouvertüre machte eine Ausnahme; aber diese Partitur konnte nun ich nicht benutzen. Verwirrt durch die vielen Notensysteme und in dem Bestreben, die Kontrolle nicht zu verlieren, war nämlich mein musikalisch kaum tiefer gebildeter Vorgänger beim Dirigieren dieses Werkes mit dem Zeigefinger der linken Hand den ersten Violinen mit solcher Vehemenz gefolgt, daß im Laufe der Jahre unterhalb dieses Systems große Risse und Flecken entstanden waren, die mir den Gebrauch der einzigen vorhandenen Partitur unmöglich machten.

Meine erste Sorge war also, so viele Partituren wie möglich, sei es auch im Taschenformat, anzuschaffen. Hierzu wurde mir auf ungeahnte Weise Rat, als mir der zufällig anwesende Hauptgeschäftsführer des Simrock-Verlages in Berlin, ein begeisterter Zuhörer, die gesamten Orchesterwerke von Dvořák in Partitur und Stimmen schenkte. Nun hatte ich, was ich brauchte: eine Menge herrlicher, erfindungsreicher Musik in tadellosem Material. Ohne vorhergehende Proben, zu denen keine Zeit blieb, wurden nunmehr alsbald in jedem der täglichen Nachmittags- und Abendkonzerte Dvořáksche Kompositionen prima vista gespielt. Natürlich ging dies trotz Routine von Kapellmeister und Orchester nicht ohne Unfälle ab. Ich kam daher auf einen Kniff: Sobald ein Schmiß drohte, schlug ich ab und stoppte den Verlauf des musikalischen Geschehens; gleichzeitig setzte der Pauker auf der kleinen Trommel mit einem Wirbel im Fortissimo ein, der schnell in ein Diminuendo überging und mir erlaubte, leise, aber deutlich dem Orchester die Stelle anzusagen, an der wir unser verwegenes Spiel wieder aufnehmen konnten.

Der Behauptung einiger neidischer Kollegen, daß man damals in meinen Konzerten in Pyrmont fast *nur* Trommelwirbel gehört hätte, möchte ich hier, als der Wahrheit nicht entsprechend, entgegentreten!

Auch einem anderen Verhängnis wurde mit Erfolg begegnet. Als das Publikum seine gewohnte musikalische Kurkost nicht länger entbehren wollte und das erwähnte Beschwerdebuch mit Klagen zu füllen begann, ging mir eine Ermahnung der Kurdirektion zu, den Namen Dvořák von den Programmen verschwinden zu lassen und ihn »in erster Linie durch gefällige Musik«, vor allem solche von – Paul Lincke zu ersetzen.

Dieser fruchtbare Verfertiger von Operetten- und Revuemusik, der in Berlin den größten Publikumserfolg und die entsprechenden Tantiemen einheimste, war mir und Adolf ganz besonders verhaßt. Nach kurzem Besinnen fand Adolf, der in den ersten Wochen als Konzertmeister des von mir zusammengestellten Orchesters fungierte, eine geniale Lösung. In der richtigen Voraussetzung, daß unser Publikum großes musikalisches Unterscheidungsvermögen nicht besitze, verkehrten wir Schopenhauers berühmten Satz: »Es kommt nicht darauf an, was einer vorstellt, sondern darauf, was einer ist« in sein Gegenteil. Wir setzten den Namen Paul Linckes aufs Programm als »Vorstellung« und spielten unseren Dvořák weiter als das, »was ist«.

Die Katastrophe brach schließlich herein, als mir eines Nachmittags während der Konzertpause der Orchesterdiener eine Visitenkarte brachte: »Paul Lincke, Komponist und Eigentümer des Apollo-Verlags, Berlin«. Hilfesuchend wandte ich mich an Adolf. Jedoch er kniff in einem Augenblick, wo ich seiner brüderlichen Unterstützung mehr als sonst bedurfte. Ich mußte die Folgen unseres Tuns allein tragen und begab mich tapfer auf die Kurterrasse, wo mich Paul Lincke, ein stark verlebter Herr von übertriebener Eleganz, bereits erwartete. Er lud mich zunächst ganz freundlich zu einer Tasse Kaffee ein, die ich auch nicht ablehnte. Danach aber erklärte er mir mit Entschiedenheit, daß der Schwindel aufhören müsse, den ich mit seinem Namen nun schon seit Wochen getrieben hätte.

»Vierzehn Tage«, so sagte er, »bin ich nun als Kurgast in Pyrmont. In jedem Ihrer Programme finde ich eine Komposition von mir verzeichnet. Gehört habe ich jedoch noch keine, sondern immer nur Werke von Dvořák. Ich darf Sie wohl um Aufklärung bitten.«

Der Unterton seiner Stimme konnte schon nicht mehr mit »freundlich« bezeichnet werden. Zu guter Letzt gab er sich damit zufrieden, daß ich ihm in Aussicht stellte, den seiner Komponistenehre zugefügten Schaden durch mehrere Paul-Lincke-Abende mit roter Parkbeleuchtung wieder gutzumachen, bei denen dann tatsächlich einmal *seine* Musik zu Gehör kommen sollte.

Pfiffig überredete ich zudem den großen Mann, auch die musikalische Leitung seiner Kompositionsabende persönlich zu übernehmen. Adolf und ich zogen uns währenddessen in unsere Pension zurück und spielten Bach- und Beethoven-Sonaten. Jedermann war zufrieden.

Nach der Abreise des populären Komponisten sorgte ich dafür, daß einzelne seiner Werke in den nicht unter meiner Leitung stehenden Frühkonzerten erschienen, und dirigierte weiter die Kompositionen von Dvořák, die heute wenige Kapellmeister so gut kennen dürften wie ich. Nur wurde Dvořáks Name vorsorglicherweise fortan durch solche von Komponisten ersetzt, die bereits im Grabe lagen, so daß ihr überraschendes Erscheinen in Pyrmont nicht ohne weiteres zu erwarten stand.

Trotz der Dvořák-Hausse, die ich damals in Pyrmont hervorrief, suchte ich musikalische Einseitigkeit selbstverständlich zu vermeiden. Der hervorragenden Wiedergabe Nikischs verdankte ich die erste Anregung, mich eingehend mit den Sinfonien von Schumann zu beschäftigen, die Steinbach offenbar nicht besonders schätzte. Ich veranstaltete in Pyrmont ein Schumann-Fest, das außer der Vierten Sinfonie die selten gespielte »Fantasie für Violine mit Orchester«, mit Adolf als Solist, und das Melodrama »Manfred« brachte. Hierfür wurde Ludwig Wüllner eingeladen. Die Chöre zu »Manfred« wurden von Kurgästen gesungen, die sich auf meine Bekanntmachung hin, begeistert über die Unterbrechung der ärztlich vorgeschriebenen Langeweile, in großer Zahl gemeldet hatten und ihre Begeisterung blindlings auf den Dirigenten übertrugen. Der Chor wurde durch den – wie überall – ansässigen Männergesangverein verstärkt.

Wüllner traf mit seiner Schwester Anna ein, die die Partie der »Astarte« übernommen hatte. Schon die Geschwister nebeneinander auf dem Podium zu sehen, war ungewöhnlich: beide waren von ausnehmend hohem Wuchs, einander im Gesichtsschnitt sehr ähnlich, alle Züge etwas überlebensgroß, aber höchst eindrucksvoll geformt. Wüllners Augen waren von besonders packender Eindringlichkeit. In Nordamerika als »Sänger ohne Stimme« angezeigt, ließ er durch die Lebendigkeit seines Ausdrucks, die prachtvolle Diktion, mit der er den Text behandelte, und durch seine große Gestaltungskraft schnell die Sprödigkeit seines Materials vergessen. Er war ein ausgezeichneter Musiker und ein großer Schauspieler von bester Tradition. Auf sein Urteil mußte ich Wert legen. Ich war deshalb enttäuscht, daß sich nach dem Vortrag der »Manfred«-Ouvertüre in der Orchesterprobe keinerlei Anerkennung in seinem ausdrucksvollen Gesicht zeigte. Mit Ausnahme eines zustimmenden Lächelns beim »Chor der Berggeister«, den meine Kurgäste mit temperamentvollem Schwung sangen, verharrte er auch während der übrigen Probe ohne Beifallsäußerung.

Etwas verschüchtert fragte ich ihn auf dem Heimwege geradezu, wie ihm mein Dirigieren gefallen habe, und bekam zur Antwort: »Junger Mann, Sie haben zweifellos Talent, aber nicht die geringste Ahnung, was hinter den Noten dieser herrlichen Komposition steckt. Der Geist, die wahre Schönheit dieser Musik, ist Ihnen vollkommen fremd, und ich fürchte, Sie werden sie auch nie erfassen, weil Sie schon viel zu eingebildet sind.«

Nach einer peinvollen Pause, in der mich kurz und schmerzhaft die Erinnerung an die Vergötterung durch meinen Damenchor durchzuckte, fragte ich Wüllner mit rotem Kopf, ob er mir seine Kritik nicht näher begründen wolle.

Er meinte, ein solches Unternehmen betrachte er als hoffnungslos. Seine Erklärung über den Stil des »Manfred« allein würde Stunden in Anspruch nehmen, und zu einer solchen Bemühung würde zwar er, kaum aber wohl ich Zeit und Kraft aufbringen.

Am gleichen Nachmittag trafen wir uns auf meinem Zimmer, wo ich durch Wüllner am Klavier einen Begriff vom Geiste der Schumannschen Musik erhielt. Es ging mir auf, daß die romantische Musik, und besonders die Schumanns, einer gewissen Freiheit des Ausdrucks nicht entbehren kann. Später gelangte ich aufgrund dieser Einsicht auch zu der Überzeugung, daß Schumanns Instrumentalwerke ein ganz besonderes Klanggefühl des Dirigenten verlangen und daß er daher, um sie dem Hörer in ihrer ganzen Schönheit nahezubringen, vor eingreifenden Retuschen nicht zurückschrecken darf, wie es auch Mahler und Weingartner getan haben.

Diese Stunden mit Wüllner befestigten mich in der Erkenntnis, die, obschon mir nicht neu, bisher doch hinter einer naiven, jugendlichen Freude am Können zurückgestanden hatte: daß alle technische Vollkommenheit nur die Basis sein kann – die Kunst jedoch erst mit dem beginnt, was einer »hinter den Noten« zu entdecken und auszudrücken vermag.

Ich habe Wüllner niemals vergessen, was ich ihm als Musiker schuldete. Mit großer Freude wiederholte ich Aufführungen des »Manfred« mit ihm in den einzelnen Etappen meines beruflichen Lebens: Aachen, Stuttgart, Dresden. Dort, zweiundzwanzig Jahre nach der ersten Begegnung mit Wüllner, stand ich in reifen Jahren, und er war sehr alt geworden. Wieder brachte er seine Schwester als »Astarte« mit. Beide waren schlohweiß, ohne daß die Ausdruckskraft der Gesichter durch die Jahre gelitten hätte. Nach der Aufführung, die Wüllner als eine der schönsten seines Lebens bezeichnete, durfte ich ihm erwidern: »Also ist es doch nicht vergeblich gewesen, was Sie mir damals in Pyrmont gesagt haben!«

Er hatte vollkommen vergessen, daß er einmal einen jungen Kapellmeister durch aufrichtige, wenn auch schonungslose Kritik auf den rechten Weg gebracht hatte, und er fühlte sich geniert, als ihm nach der letzten gemeinsamen »Manfred«-

Aufführung der Dresdner Generalmusikdirektor herzlich dafür dankte.

In meiner Eigenschaft als Fürstlicher Kapellmeister oblag es mir, außer der sommerlichen Tätigkeit im Laufe des Winters zwei Hofkonzerte im Schloß der Residenz Arolsen unter meiner pianistischen Mitwirkung vorzubereiten. Dies kam mir sehr gelegen, weil Arolsen nur eine halbe Stunde von Mengeringhausen entfernt liegt. In demselben ländlichen Gasthof, den ich dort bezog, hatte genau dreißig Jahre vorher auch Weingartner aus ganz ähnlichen Gründen, nämlich eines hübschen Mädchens wegen, gehaust.

Kopfschmerzen machten mir die Hofkonzerte. Die fürstlichen Herrschaften wünschten hierfür die namhaftesten Künstler, die es in Deutschland gab. Bedingungen: Reise zweiter Klasse hin und zurück und freier Aufenthalt im ersten Hotel der Residenz. (Es gab zwei.) Honorar?

Der feudal aussehende Hofmarschall verstand nicht. »Honorar? Es ist doch eine Ehre für die Künstler, vor den höchsten Herrschaften musizieren zu dürfen. Natürlich zahlt man hierfür kein Honorar.«

»So«, sagte ich. »Wie ist es mit einem Orden?«

»Orden? Ich verstehe Sie nicht. Wenn die Künstler gefallen«, sagte Freiherr von H. wörtlich, »so wird man sie im kommenden Jahr *vielleicht* ein zweites Mal auffordern. Gefallen sie dann wieder, so wird man sie *vielleicht* dann mit einem Orden auszeichnen.«

Ich hatte nicht viel Hoffnung, auf dieser Basis etwas Gescheites zustande zu bringen, und muß mich nachträglich wundern, wieviel erste Künstler trotzdem Einladungen auch des letzten kleinen deutschen Hofes annahmen, in der Hoffnung, »vielleicht« einmal einen Orden zu erhalten.

Max Reger, den ich im Jahre darauf auch einmal einlud, unter anderem, um mit mir an zwei Klavieren seine Beethoven-Variationen zu spielen, machte eine Ausnahme: Zwar lehnte er nicht etwa ab, aber er verlangte seine Auszeichnung unverzüglich. Er wollte wissen, ob es die Medaille für Kunst und Wissenschaft aus Gold sei? Ob es die *große* goldene Medaille sei? Ob es die große goldene Medaille, am roten Bande um den Hals zu tragen, sei?

Ich hatte nicht mit seiner Kenntnis des deutschen Ordenssystems gerechnet, die keineswegs hinter seiner meisterlichen

Beherrschung der verzwicktesten kontrapunktischen Künste zurückstand. Brief folgte auf Brief, bis ich ihm alles Verlangte bestätigen konnte.

An einem kalten Januartag traf er frühmorgens, verschlafen seinem Abteil entsteigend, auf dem kleinen Bahnhof ein, der etwas außerhalb des Städtchens Arolsen liegt. Er war ein außerordentlich hochgewachsener Mann mit ganz kleinen Füßen und einem häßlichen Kindergesicht, über dem im Winter eine Biberpelzmütze thronte. Wir gingen ins Schloß zur Probe, bei der alsbald die Fürstin erschien, eine noch junge, liebenswerte Frau von wirklichem Musikverständnis. Vielleicht war es ihr aus ihrer böhmischen Heimat angeboren, an die auch ihr dunkles, etwas herbes Gesicht erinnern konnte. Jedenfalls stand sie mit ihrer Musikliebe neben dem jovialen, kräftigen Genüssen zugeneigten Fürsten etwas vereinsamt da, war auch durch ihre Schwerhörigkeit, die sie mit Anmut zu beherrschen suchte, verschüchtert und in ihrer natürlichen, temperamentvollen Herzlichkeit etwas gehemmt.

Ich hatte Reger darauf aufmerksam gemacht, daß er recht laut mit ihr sprechen müsse. Als sie ihn nun in einer Pause, nachdem ich Reger vorgestellt hatte, im Laufe der Unterhaltung fragte: »Warum, Herr Professor, spielen Sie eigentlich Ibach-Flügel und nicht Steinway?« – brüllte Reger durch den Saal: »Wissen S', Hoheit, die zahlen vüll mehr!« Die Fürstin Bathildis bewies für diesen Standpunkt volles Verständnis.

Weniger Verständnis brachte ich Regers Schwäche für Auszeichnungen entgegen. Ich war aufgebracht und wurde es noch mehr, als er mich zu plagen begann, er müsse seinen Orden sofort haben, mit der etwas fadenscheinigen Begründung, der Fürst nähme es übel, wenn er ihn nicht schon während des Hofkonzertes tragen würde!

Wieder mußte ich zum Hofmarschall rennen, der mir schließlich den Orden aushändigte. Doch damit war der Farce kein Ende gemacht: Reger erklärte mit vollem Ernst, daß das Stubenmädchen nicht imstande sein würde, das Ordensband, an dem die Medaille um den Hals getragen wird, korrekt zusammenzunähen, und verlangte, daß meine Braut kommen sollte, um diese Prozedur vorzunehmen. Ich telefonierte, sie kam und nähte zu Regers vollster Zufriedenheit.

Unseligerweise erblickten nun den Meister im frischen Schmucke seiner goldenen Medaille die beim Konzert mitwirkenden Künstlerinnen, eine Geigerin und eine mit Regers Schaffen besonders vertraute Sängerin. Es muß gesagt werden, daß er nichts tat, ihnen den Anblick zu ersparen, vielmehr im Gegenteil sich wie ein Pfau vor ihnen damit brüstete. Um nichts in der Welt hätte er sich den Spaß entgehen lassen, die Eitelkeit und Eifersucht der beiden Damen herauszufordern, und war von Herzen befriedigt, als sie darauf hereinfielen. Ihr Geschrei: »Und ich?...« – »Aber ich?...« versetzte ihn in die beste Laune.

Natürlich habe ich es nicht unterlassen, Reger zu fragen, warum er auf Orden und Titel so versessen sei; doch wir konnten uns über diesen Punkt nicht einigen. Reger, der im Umgang mit hochgestellten Persönlichkeiten selbst von einer erfrischenden Unbefangenheit war, von der er während seiner Meininger Jahre reichlich Gebrauch machte, konnte die Hofschranzen nicht leiden. Hierin hatte er in der Regel recht: je freier und natürlicher sich mitunter Fürsten gaben, desto steifer und anmaßender tat es häufig die Umgebung; und je kleiner der Hof, desto umständlicher war alsdann das Zeremoniell. Reger ärgerte sich, wenn – wie er sich bajuwarisch ausdrückte – »großkopfete« Adlige seiner einfachen Herkunft halber auf ihn herunterschauten. Es freute ihn, wenn er sie durch Auszeichnungen übertrumpfen konnte. Bis heute, wo man mir Jugend und Lebensunkenntnis nicht mehr vorwerfen kann, wie es Reger damals tat, habe ich für dies Vergnügen kein Verständnis aufzubringen gelernt.

Nachdem für die Spielzeit 1911 auf meinen Vorschlag das ausgezeichnete Berliner Blüthner-Orchester nach Pyrmont verpflichtet worden war, lud ich alsbald Max Reger ein, dort bei einem mehrtägigen Musikfest eigene Werke zu dirigieren.

Meine leidenschaftliche Anteilnahme an Regers Schaffen hatte niemals nachgelassen, seitdem ich Adolf am Kölner Konservatorium beim Vortrag des Violinkonzerts am Klavier begleitet hatte. Die Hiller-Variationen op. 100 waren bereits geschrieben; ein Werk, das mehr echte Musik und Meisterschaft enthält als alles, was nach Brahms bis heute an »Aufzeichnungen auf Notenpapier«, wie es Bülow einmal ausdrückte, geschrieben worden ist. Reger dirigierte es damals in Pyrmont.

Ich eröffnete meiner Braut, die mit ihren Eltern zu diesem Musikfest gekommen war, alsbald nach ihrer Ankunft mit größtem Ernst, daß sie mir nach der Generalprobe aufrichtig sagen müsse, ob ihr diese Musik gefalle oder nicht. Im letzteren Falle könne an eine Heirat nicht gedacht werden!

Wie ich schon früher erzählte, hatte meine Braut Musik studiert, viel Kammermusik gespielt und besaß genügende Kenntnis der Orchesterliteratur, um ein musikalisch fundiertes Urteil abzugeben. Aufrichtig war sie auch; mehr, als mir manchmal lieb war.

Nach der Generalprobe der Hiller-Variationen kamen wir überein, daß es bei der Hochzeit bleiben könne. Die Trauung fand im August 1911 an Goethes Geburtstag in der alten Mengeringhäuser Kirche statt, und es ist nicht ganz ausgeschlossen, daß wir es noch bis zur Goldenen bringen.

Stets mißtrauisch, wenn es sich um mir unbekannte musikalische Leistungen handelte, probierte ich die ehrwürdige Kirchenorgel ein paar Tage vorher aus. Daß sie mehr als einen Ton zu tief stand, störte mich weniger, da nicht ich, sondern der Lehrer Zick darauf zu spielen hatte. Sie besaß aber ein Register, auf dem in verwaschenen Buchstaben »Posaunen-Baß« stand, und das, wenn man den Pfropfen herauszog, derartig knirschte, krachte und schnarrte, daß man das Lachen nicht verbeißen konnte. Ich ersuchte Lehrer Zick, dieses Register auf keinen Fall zu benutzen, was er mir versprach.

Der feierliche Augenblick des Ringwechsels kam; die zahlreich versammelte Gemeinde sang nach kurzem Präludium der Orgel den Choral »Nun danket alle Gott«. Da ertönte ein furchtbares Knurren. Ich konnte ob des Geräusches nicht ernst bleiben, biß mir aber angesichts der Situation auf die Lippen und flüsterte nur ärgerlich meiner Braut zu: »Nun hat der Zick *doch* den Posaunen-Baß gezogen!«

»Pst!« sagte sie, »das ist doch Sanitätsrat Ohlendorf, der singt.«

Um heiraten zu können, wofür meine zwei winterlichen Hofkonzerte neben der sommerlichen Saisontätigkeit in Pyrmont nicht die genügende Grundlage boten, hatte ich mich für die Wintermonate um die freigewordene Stellung als Leiter des Musikvereins in Gotha beworben. Unter den fast zweihundert Kandidaten wählte man mich, wie ich später erfuhr, zunächst aufgrund meiner ... Handschrift; nach demselben

Prinzip, wonach ich meine Orchestermusiker auszusuchen pflegte. Jedoch wollte man mich vor endgültiger Anstellung noch persönlich sehen. Ich bekam kurzen Urlaub von Pyrmont und trat vor die Honoratioren der Stadt Gotha, die in einem sommerlichen Wirtshausgarten um einen großen Biertisch versammelt waren, um sich den Bewerber anzuschauen.

Bei meinem Erscheinen trat lähmendes Schweigen ein, und ich fühlte deutlich, daß man von der Person des neuen Mannes mehr erwartet hatte. Mit meinen einundzwanzig Jahren, mager und lang aufgeschossen, sah ich wohl noch so jungenhaft aus, daß eine Ablehnung begreiflich gewesen wäre. Aber ich bekam trotzdem die Stellung, die mir zu einer Frau und zu einem recht guten gemischten Chor verhalf. Während des Winters 1911/12 brachte ich die »Schöpfung« von Haydn und andere Chorwerke zur Aufführung, zum Teil unter Mitwirkung der Meininger Hofkapelle, die mir Reger dafür überließ. Er war kurz zuvor der Nachfolger Wilhelm Bergers in dem nicht weit von Gotha liegenden Meiningen geworden und machte mir durch Betätigung seiner unersättlichen Musizierfreude mitunter das Leben schwer; zum Beispiel, wenn der Herr Hofkapellmeister keinen Anstand nahm, einen Kammermusikabend in Hildburghausen an- und mir damit ein Honorar von fünfzig Mark wegzunehmen, die der mageren Kasse meiner jungen Ehe recht willkommen gewesen wären.

Zum Ersatz fuhr ich nach Kassel und begleitete dort einen bekannten belgischen Sänger in einem Liederabend, der mir zwar das Doppelte jenes Regerschen Honorars, aber auch den Spott meines unter den Zuhörern befindlichen Schwiegervaters eintrug. Oft hatte ich mich schaudernd geweigert, dem alten Herrn italienische Reißer zu begleiten, in denen er mit seiner hübschen Tenorstimme gelegentlich schwelgte. Seine Freude war begreiflich, da der Belgier als Zugaben nun einen nach dem anderen derselben »Schmarren« wählte, die ich jetzt wütend, aber wehrlos begleiten mußte.

Mehr Freude als an diesem Abend hatte ich bei der Begleitung mancher guter Solisten, die nach Gotha verpflichtet wurden, vor allem an meiner ersten Begegnung mit Julia Culp, der ausgezeichneten Liedersängerin. In unserer späteren langjährigen Freundschaft haben wir oft darüber gelacht, daß Julia, die mit einem merkwürdig anspruchslosen Programm in Gotha eintraf, beim Probieren plötzlich mitten im Singen einhielt und erstaunt rief: »Aber Sie spielen ja *gut*! Warum habe ich denn das nicht gewußt? Da hätte ich doch ein ganz anderes Programm machen können!«

Bei den beschränkten Mitteln des Gothaer Musikvereins waren regelmäßige Orchesterkonzerte undurchführbar. Ich hielt nach größeren Möglichkeiten Ausschau, bekam Angebote und hatte eigentlich bereits einen Vertrag abgeschlossen, als unerwartet in Aachen die Stellung des Städtischen Musikdirektors frei wurde. Das altberühmte Aachen, erfüllt von einer musikalischen Atmosphäre wie der Kölner, in der ich aufgewachsen war, gehörte mit Köln und Düsseldorf, zu dem Dreibund rheinischer Städte, in denen seit Beginn des 19. Jahrhunderts die alljährlichen Niederrheinischen Musikfeste stattfanden. Sie waren jahrzehntelang eine Einrichtung von größter musikalischer Bedeutung und büßten bis zum Krieg von 1914 kaum etwas von ihrem alten Glanze ein. Hervorragende Musiker des 19. Jahrhunderts, Mendelssohn, die Schumanns, Brahms, Joachim und viele andere, freuten sich jahraus, jahrein auf die Wiederkehr des Niederrheinischen Musikfestes.

Mein Beschluß, Aachen um jeden Preis zu erobern, stand im Augenblick fest. Größter Skepsis diesem Unterfangen gegenüber begegnete ich bei meiner Schwiegermutter, die dort ihre Kinderjahre verlebt hatte. Sie war eine leidenschaftliche Musikliebhaberin, spielte gut Klavier und war in Aachen Schülerin des Städtischen Musikdirektors gewesen; in ihrer Vorstellung war dieser Mann nur als gewichtige Persönlichkeit von Jahren denkbar. Daß man einen Milchbart wie ihren Schwiegersohn für diese Stellung akzeptieren würde, erschien ihr bei allem Glauben an meine Zukunft als vollständig ausgeschlossen.

Als meine Schwiegereltern seinerzeit von unserer insgeheim vollzogenen Verlobung erfuhren, konnten wir ihnen nicht verübeln, daß sie wenig erbaut davon waren. Ich war damals ein neunzehnjähriger Konservatorist, der eben die Abgangsprüfung absolvierte. Wir hatten deshalb schonende schriftliche Vorbereitung vorgezogen, als Karl Boettcher während der Opernfestspiele die Nichte in Köln zu Besuch bei sich hatte. Bei der Heimkehr wurde sie von ihrer temperamentvollen Mutter mit dem ärgerlichen Seufzer empfangen: »Nun bist du also *ganz* verrückt geworden!«

Auf die vorsichtige Frage der Tochter: »Was sagt denn der Vater?« mußte die Mutter zugeben, der Vater habe gesagt: »Es ist noch nicht das Schlimmste, was passieren konnte.«

Begreiflicherweise legte ich jedoch Wert darauf, meinen Schwiegereltern zu beweisen, daß die Verbindung mit mir im Gegenteil das Beste war, was ihrer Tochter überhaupt passieren konnte!

Auch aus diesem Grunde lag es mir am Herzen, Aachen trotz aller Hindernisse zu gewinnen – zu denen sich besonders erschwerend noch der Umstand gesellte, daß ich Protestant war. Für das streng katholische Aachen spielte dies eine Rolle. Das Glück lächelte mir in merkwürdiger Gestalt, nämlich in der des Kurdirektors von Aachen, der mich einige Male in Pyrmont gehört und zu seinem Kandidaten erkoren hatte. Auf den ersten Blick gemahnte er verblüffend an die Witzblattfigur des wilhelminischen Junkers mit dem aufwärtsgewichsten Schnurrbart und der hellen Kommandostimme. Rittmeister d.R. Hey'l war jedoch weit mehr ein Mann von großer Begeisterungsfähigkeit und unermüdlicher Energie, mit der er meine Bewerbung an Ort und Stelle unterstützte.

In höchster Spannung traten meine Frau und ich die Reise nach der alten Kaiserstadt, Pfalz Karls des Großen, an, die uns trotz der Nähe Kölns noch unbekannt war. Wenn wir auf dieser Reise Lampenfieber hatten, so war es nicht der Musik und nicht einmal der Stellung halber, sondern weil mir etwas nie Dagewesenes bevorstand: Ich sollte nämlich dem Aachener Chor eine Rede halten. Ich erinnere mich, daß meine Frau und ich sie in der Bahn verfaßten und daß ich sie auswendig lernte. Sie anzuhören, konnte sich meine Frau nicht überwinden, sondern drückte sich erst nach vollbrachter Tat heimlich in den Kursaal. Ich dirigierte Mendelssohns »Walpurgisnacht« und eine Beethovensche Sinfonie, und wurde – vielleicht mangels eines geeigneten Katholiken gesetzteren Alters – anderen Tages ernannt. Ich nahm Abschied von Pyrmont und Gotha.

Wenn ich soweit wie möglich vermeide, von inneren und äußeren Kämpfen zu sprechen, und aus wohlerwogener Absicht vor allem die Lichtseiten eines ereignisreichen Lebens betone, so bedeutet das keineswegs, daß mir die Schattenseiten des Daseins erspart geblieben wären. Hans Sachs antwortet dem Junker Stolzing auf die Frage, was ein Meister sei: »Kindtauf, Geschäfte, Zwist und Streit: denen's dann noch will gelingen, ein schönes Lied zu singen, seht, Meister nennt man die!«

V Aachen

> Fassest Du die Muse nur beim Zipfel,
> Hast Du wenig erst getan . . .
>
> GOETHE

Die Stadt wirkte ehrwürdig und der Vergangenheit verbunden, von stark niederländischem Einschlag. Dieser Eindruck beschränkte sich nicht auf Äußeres. Auch die Menschen hatten hier, unmittelbar an der belgischen und der holländischen Grenze, nichts typisch Deutsches, geschweige denn straff Preußisches. Von Berlin hörte man, nicht ohne leichte Überhebung, als vom »Fernen Osten« reden.

In Aachen bestanden mit den angrenzenden Ländern, besonders mit Belgien, zahlreiche verwandtschaftliche und geschäftliche Beziehungen. Französisch wurde sehr viel gesprochen. Manche Industriezweige beschäftigten belgische Arbeiter, die morgens und abends über die Grenze hin- und hergingen und in bestimmten Handfertigkeiten unübertroffen waren. Man konnte sich in Aachen in den Vorkriegsjahren vorstellen, daß alle Menschen Brüder seien; jedoch gerade hier sollten wir erleben, daß dieser Gedanke auf unabsehbare Zeit vernichtet wurde.

Diese Stadt besaß eine hohe musikalische Tradition. Es bestand ein gutes Orchester; der hervorragende Musikkörper war jedoch der »Städtische Gesangverein«, ein aus Dilettanten gebildeter gemischter Chor von etwa zweihundertundfünfzig Mitgliedern, auf den Aachen mit Recht stolz war. Besonders im a-cappella-Gesang leistete er Unvergleichliches. Im stillen konnte ich dem Musikkritiker einer Aachener Zeitung nicht widersprechen, der vor meinem Eintreffen zu dem erwähnten Gastkonzert in seinem Blatt die skeptische Bemerkung gemacht hatte: »Der Aachener Chor soll in Zukunft sehr jungen Händen anvertraut werden. Wenn sie versagen sollten, so ist dieses kostbare Instrument – eines der kostbarsten Deutschlands, ja der Welt – *gewesen!*« Der Schreiber wußte nicht, wie nahe er einem wunden Punkte kam.

Ich war als Instrumentalist erzogen worden und hatte als

solcher anfänglich wenig Interesse für den Gesang, besonders keine Neigung für den Klang von Frauenstimmen gehabt. Bachs Motetten, Kantaten und Passionen stellte ich mir nur von Knaben gesungen vor.

Als Jahre zuvor Adolf sich einmal ans Klavier setzte, um mir die Schubertschen Müllerlieder auswendig singend und spielend vorzuführen, kannte mein Erstaunen keine Grenzen. Ich sagte nichts zu ihm, ging aber statt dessen zu unserer Mutter, um ihr zu melden: »Paß auf Adolf auf. Er singt. Er ist verliebt.« So war es denn auch. Der kleine Hinweis genügt, um darzutun, worauf meine Unempfänglichkeit für den Gesang in früher Jugend beruhte. Ich hielt ihn für einen rein sinnlichen Gefühlsausdruck, der wenig mit Kunst zu tun habe.

Schuld an meiner Ablehnung war ferner der besonders im Rheinland in den weitesten Kreisen verbreitete Dilettantismus des ewigen, oft leicht beschwipsten Bürgers, der mir bei Festlichkeiten auf die Schulter klopfte und fragte, ob ich ihm wohl »Es liegt eine Krone im tiefen Rhein« auswendig begleiten könne? Ich konnte es und begann einen Ton zu hoch für seine Stimmlage. Im ersten Nachspiel modulierte ich unmerklich um einen weiteren Ton nach oben, so daß der zweite Vers bereits eine große Terz zu hoch begann. Besaß mein Opfer genügend Kraft und Mut, um diese Operation noch zu überstehen, so mußte es doch im dritten Vers, eine Quarte höher angelangt als beabsichtigt, unrettbar seine Sache verloren geben.

Ich muß schließlich anführen, daß in der engen Welt meiner Kindheit zwar alle möglichen Instrumente an den Wänden des väterlichen Lädelchens baumelten oder im Raum herumstanden und -lagen, daß es aber keine Stimmen gab, denen man gern zuhörte. In Westfalen, nur wenig entfernt vom Rheinland, wo der Gesang zu Hause ist, ist das Volk hart und spröde. So klangen denn auch die Gesangvereine, die es trotzdem überall gab. Sobald sie in Erscheinung traten, ergriffen wir Jungen die Flucht.

Nach solchen Jugenderlebnissen bedurfte es der Erfahrung, bevor ich lernte, den Gesang als vollwertige Kunstausübung anzuerkennen. Zwar hatte ich inzwischen als Chordirigent bereits eine gewisse Einsicht gewonnen. Allein bei den Chören, mit denen ich bisher zu tun hatte, lag das Hauptgewicht stets im Musikalischen, niemals in der stimmlichen Qualität. Alle jene mitteldeutschen Organe litten, obwohl die Sänger leicht begriffen und lebendig mitgingen, an einer gewissen Klangarmut. Die rein stimmliche Schönheit sollte ich erst jetzt kennenlernen.

Aachen machte aus dem Saulus einen Paulus. Der Eindruck, den ich empfing, als mir im Anfang meiner Tätigkeit der Chor das von meinem stimmkundigen Vorgänger einstudierte »Ave verum« von Mozart vorsang, war ein Erlebnis.

Um den hier an mich gestellten Forderungen gerecht zu werden, mußte ich mich nun intensiv mit dem Gesangsstudium und mit der Behandlung von Stimmen befassen. Während der fünfzehn Jahre, in denen ich später die Stuttgarter und die Dresdner Staatsoper leitete, und ebenso an vielen ausländischen Bühnen war es mir eine Genugtuung, daß die Mühe sich gelohnt hatte. Wenn ich mich eines Gegengeschenks an Aachen rühmen darf, so glaube ich sagen zu können, daß es mir glückte, die Klangschönheit, deren Pflege das Hauptverdienst meines Vorgängers war, mit musikalischem Leben und Temperament zu vereinigen. Als ich Aachen verließ, sind mein Chor und ich, wie ich glaube, einander nichts schuldig geblieben.

Als städtischer Beamter auf Lebenszeit angestellt, mit einem Gehalt, das dem eines höheren Staatsbeamten, etwa eines Landrats, entsprach und zum Anspruch auf eine künftige reichliche Pension berechtigte, war ich mit zweiundzwanzig Jahren bereits aller äußeren Sorgen enthoben. Ich kann nicht behaupten, daß dies Jahrzehnte später immer der Fall gewesen wäre.

Nach wenigen Wochen meiner Tätigkeit teilte mir zudem der Oberbürgermeister mit, ein kunstbegeisterter reicher Industrieller, der manchmal im Orchester mit seiner Stradivari-Geige mitwirkte – das Instrument war bedeutend wertvoller als die Leistung –, er fühle sich verpflichtet, mein Gehalt um einen nicht unbeträchtlichen Jahresbeitrag zu erhöhen.

Der Musikdirektor – Betonung im Rheinischen auf der ersten Silbe – suchte mit seiner Frau eine angemessene Wohnung. Den Protestanten wurde zunächst ein zusagendes Haus abgeschlagen, weil es in einem rein katholischen Umkreis an der Marienkirche lag. Dann bot man uns ein schönes Patrizierhaus zu erstaunlich günstigem Mietpreis an. Daß es darin spukte, machte uns wenig aus, besonders nachdem es uns gelungen war, durch einen Zufall den Geistern auf die Spur zu kommen; tatsächlich wurde das herrliche Besitztum durch das Phänomen einer absonderlichen Echowirkung für manchen entwertet. Den Erben schien es für den Musikdirektor besonders geeignet, weil es, außer unzähligen geräumigen Zimmern und einem großen alten Garten, einen elf Meter langen Festsaal besaß, der mehreren Generationen heiratsfähiger Aachener Töchter für Bälle gedient hatte. Nun stellten wir zwei Konzertflügel hinein, womit unter Zuhilfenahme eines schönen Teppichs die Frage der Möblierung im wesentlichen gelöst war; denn die Wände bestanden aus riesigen Fenstern und Spiegeln. Einige dazwischen eingelassene Wandschränke nahmen meine schon damals ziemlich reichhaltige Musikbibliothek auf.

Besondere Sorgen um das Dienstbotenproblem, wie sie heute allgemein sind, brauchte sich die Hausfrau damals nicht zu machen. Wir hatten zum Beispiel in den ersten Jahren die sogenannte »holländische Marie«, einen wahren Putzteufel, deren besondere Eigenart ihre originelle Anwendung der deutschen Sprache war. Vom Holländischen übersetzend, sagte sie eines Abends zu meiner Frau, als ich an dem tiefer gelegenen Eingangstor schellte:

»Dronte bellt der Herr Direktor!«

»Aber Marie! Hunde bellen!« bemerkte meine Frau.

Eigensinnig beharrte Marie: »Honde, de blaffe!«

Der Orchesterdiener, schon bejahrt, groß, hager und einem guten Tropfen nicht abgeneigt, wovon seine Nasenspitze Zeugnis ablegte, hieß Holzbauer und war eine stadtbekannte Persönlichkeit, nicht zuletzt, weil er Uniform trug: zur schwarzen Hose eine langschößige blaue Jacke mit blanken Metallknöpfen. Als »Mädchen für alles« half er, wo es nottat, mit unendlicher Gutmütigkeit aus. Seine erste Obliegenheit für uns war, daß er sich auf den Bock eines Mietwagens neben den Kutscher setzte und mit dem jungen Ehepaar bei den Honoratioren der Stadt »auf Visite fuhr«. Obwohl ich sein Enkel hätte sein können, respektierte er doch das Amt und sprach nie anders als auf eine besondere Weise von mir, die Abstand ausdrücken sollte: Für ihn war ich ausschließlich: »ER«.

»›Ja‹, sagt ER nun. Und dabei hört ER jar nich«, bemerkte er etwa kopfschüttelnd zu meiner Frau. »ER« und Holzbauer blieben trotzdem bis zuletzt die besten Freunde.

Der Konzertsaal im Alten Kurhaus in der Comphausbadstraße faßte zwar nicht mehr als höchstens tausend Personen, hatte aber eine ideale Akustik, eine große Orgel und ein weitläufiges Podium, das genügend Platz bot, um die erforderliche Anzahl Mitwirkender für Werke wie Mahlers Achte Sinfonie oder den »Kinderkreuzzug« von Pierné mit ihren riesigen Ansprüchen an den Gesangskörper unterzubringen.

Die Volkskonzerte am Samstagabend kosteten fünfunddreißig Pfennig Eintritt und waren so stark besucht, daß außer dem Orchester noch Hunderte von Menschen das Podium besetzten. Bei meinem ersten Volkskonzert verwirrte mich der unerwartete Anblick einer Zuhörermenge, die zugleich Zuschauer waren und mir bei der Arbeit ins Gesicht sahen, dermaßen, daß ich Mühe hatte, meine »Freischütz«-Ouvertüre durchzuführen.

Heute in Schutt und Asche, war dieser Saal einmal Schauplatz schöner und festlicher Konzerte. Da die Stadt reich war, wurden die besten Künstler zur Mitwirkung eingeladen, zu denen ich nun in musikalische und persönliche Verbindung trat. Stiftungen vermögender Musikliebhaber gestatteten die Veranstaltung von regelmäßigen Volkskonzerten sowie von Kammermusikabenden, zu denen ich die prachtvollsten Vereinigungen, wie unter anderen das Rosé-Quartett und die »Böhmen«, einladen und bei ihnen oft am Klavier mitwirken konnte.

Am beglückendsten war es für mich, einen jungen Menschen anfangs der zwanziger Jahre, die großen Chorwerke: Bachs »Matthäus-« und »Johannes-Passion«, Beethovens »Missa solemnis«, Händels »Messias«, das »Deutsche Requiem«, die »Alt-Rhapsodie« von Brahms, Werke von Reger und vieles andere aus dem zeitgenössischen Schaffen zur Aufführung bringen zu können.

Im Januar 1913 lernte ich einen Musiker kennen, der bis zu seinem Tode eine bedeutende Rolle im Verlauf meines Lebens spielen sollte. Es war Donald Francis Tovey, der bei Adolfs erstem Auftreten in London mit ihm bekannt geworden war und den ich auf Adolfs begeisterte Erzählungen hin nach Aachen einlud, um dort sein Klavierkonzert zu spielen. Tovey stand damals in der Mitte der dreißiger Jahre.

Zuerst fiel mir sein geradezu unheimliches Gedächtnis auf. Es ist nicht zuviel gesagt, daß er die gesamte Musik von

Palestrina bis Brahms auf das gründlichste und oft vollkommen auswendig kannte. Sang man ihm zum Beispiel die zweite Violinstimme eines selten gespielten Haydn-Quartetts vor, so genügten wenige Takte, um ihn zur Bezeichnung der Stelle und zu geistvollen Bemerkungen über die Eigenart des Werkes zu veranlassen. Als Kind war er in Berührung mit Joseph Joachim gekommen, der sofort seine ungewöhnliche Begabung erkannte und in einem Briefe an Brahms schrieb, wie sehr er wünsche, ihm den kleinen Donald vorzuführen.

Tovey war ein ausgezeichneter Klavierspieler und veröffentlichte auch eine größere Anzahl von Kammermusikwerken, die jedoch, von einigen Ausnahmen abgesehen, trotz des großen Könnens, von dem sie zeugen, infolge ihres Mangels an starker Erfindung nichts Entscheidendes für die Musikentwicklung bedeuten. Manche von Toveys englischen Freunden fanden, er wisse zuviel, um gut komponieren zu können. Etwas Ähnliches behauptete Richard Strauss von Max Reger; doch hatte die Äußerung in Toveys Fall mehr Berechtigung.

Eine Sinfonie, die er im Winter 1913/14 in unserem Hause vollendete, wurde in Aachen aufgeführt und ebenfalls von Steinbach für den Gürzenich angenommen, ist dort aber infolge des Kriegsausbruches nicht mehr an die Öffentlichkeit gelangt. An die Aachener Uraufführung dieses Stückes knüpft sich eine heitere und für meinen Freund Donald typische Geschichte. Da er bei seinem Eintreffen in Aachen den Schlußsatz der Sinfonie noch nicht vollendet hatte, haperte es im letzten Augenblick mit dem Ausschreiben der Stimmen; er mußte selbst einen Teil davon fertigstellen, wobei ich ihm half, und wir saßen über dieser Arbeit, bis der Morgen der Generalprobe graute. Als wir reichlich übernächtigt dorthin fuhren, geschah es, daß dem armen Tovey das gesamte frischgeschriebene Material, das er unordentlich unter dem Arm trug, in strömendem Regen in den Straßenschmutz fiel. Wir hätten beide fast geheult. Eilig rafften wir die verstreuten Stimmen zusammen, und ich stürzte damit zum Bibliothekar des Orchesters, der sich bekreuzigte. Danach griff er zu einem großen Schwamm. Die Probe begann mit einer halbstündigen Verspätung.

Ich bin ein Fanatiker der Pünktlichkeit und ermahnte Tovey etwas ärgerlich, selber den ungeduldig wartenden Musikern ein paar Worte der Entschuldigung zu sagen. Die Art, wie er dies tat, war zugleich linkisch und unwiderstehlich. Er bestieg das Podium, erzählte den Sachverhalt, wobei erheblich viel weitere Zeit verloren ging, und schloß mit den Worten: »Meine Herren, Sie können nun von dieser Musik denken, was Sie wollen, aber eines müssen Sie zugeben: Es ist eine Sinfonie, die sich gewaschen hat!«

Tovey, eine auffallende Erscheinung, übergroß, mit noblen Zügen, wäre ein schöner Mensch gewesen, wenn nicht seine vornübergebeugte Haltung, seine ungeschickten Bewegungen und die barbarische Vernachlässigung seiner Kleidung, die dabei immer aus besten englischen Stoffen hergestellt war, ihn zur grotesken Figur gemacht hätten. Mit Reger hatte er eine besondere Technik des An- und Auskleidens gemein: Er pflegte, ohne sich um herausfallende Geldstücke und andere Habseligkeiten zu kümmern, seine Kleider abzustreifen und am Boden liegen zu lassen, so daß er des Morgens nur wieder hineinzusteigen brauchte. Durch sein absonderliches Aussehen erschien er älter, als er war, konnte hingegen, als er wirklich alt geworden und von Krankheit zerrüttet war, durch das fröhliche, knabenhafte Lachen, mit dem er seine Hunderte von amüsanten Geschichtchen begleitete, jung wirken. Die weltfremde, rührende Naivität seines reinen Herzens führte 1914 in Aachen dazu, daß wir ihn am Abend vor der Geburt unseres ersten Kindes auf dies erwartete freudige Ereignis aufmerksam machen mußten. Ihm, dessen Kopf eigene Gedanken beständig überfüllten, war es entgangen, daß es bevorstand. Danach war er von der zartesten und wärmsten Mitfreude über den uns geschenkten Sohn, der sein Patenkind wurde.

Etwas zögernd und schwerfällig, weil immer nach dem bestmöglichen Ausdruck suchend, sprach Tovey ein vorzügliches Deutsch mit Verwendung eines ungemein reichen Wortschatzes. In späteren Jahren war er der einzige Mensch, dem es gelang, meiner Frau und mir Einsteins Relativitätstheorie mit solcher Klarheit zu veranschaulichen, daß wir etwa drei Stunden lang einen Begriff davon behielten.

Es würde mir nicht schwerfallen, über den Menschen und Künstler Tovey ein Buch zu schreiben, das für junge und gereifte Musiker viel Wissenswertes und Anregendes enthalten könnte. Seine Landsleute, über deren Mangel an Verständnis er in der Jugend klagte, lernten in seinen späteren Lebensjahren Toveys Bedeutung schätzen, die sich auch in zahlreichen Essays und in der Mitarbeit an der »Britischen Enzyklopädie« manifestierte. Man berief ihn als Professor für Musikgeschichte, die auf britischen Hochschulen mit praktischer Musikausübung verbunden wird, an die Universität Edinburgh, und er wurde einige Jahre vor seinem 1940 erfolgten Tode geadelt.

Der natürliche Adel des Geistes, der ihm angeboren war, und die vollendete Kultur, die ihn durchdrang, stellten von selbst alles neben ihm in den Schatten. Trotz seiner etwas befremdlichen Erscheinung trat Tovey nie in einen Kreis von Menschen, den er nicht in kürzester Zeit beherrscht hätte. Nur in sich selbst besaß er einen Rivalen: in der lauteren Reinheit der Gesinnung, die seinen Geist noch überstrahlte. Für ihn galt das Wort, daß, »was uns alle bändigt, das Gemeine« wirklich wesenlos hinter ihm lag.

Wenn man bedenkt, daß Aachen in jener Vorkriegszeit noch nicht hundertfünfzigtausend Einwohner zählte und daß in den mehr als dreißig Großstädten, die es damals in Deutschland gab, aber auch in zahlreichen kleineren Orten – häufig in Residenzstädten – ein ähnlich bewegtes, wenn auch nicht immer so reich dotiertes Musikleben herrschte wie das hier geschilderte, so kann man sich eine Vorstellung von der Musikkultur zu Anfang des Jahrhunderts machen.

Aber die Herrlichkeit sollte nicht mehr lange dauern. Meine zweite Spielzeit in Aachen war kaum beendet, als der Krieg ausbrach. Die allgemeine Mobilmachung erfolgte wenige Tage, nachdem ich von einem kurzen Aufenthalt in England im Juli 1914 zurückgekehrt war.

Merkwürdig mutete es mich an, daß ungefähr gleichzeitig mit dem Beginn des Krieges mich die Stadt Köln zur Leitung von zwei Gürzenich-Konzerten und damit zur Bewerbung um die durch Steinbachs Abgang frei gewordene Stellung des Generalmusikdirektors und gleichzeitig Direktors desselben Konservatoriums aufforderte, das ich fünf Jahre vorher als Schüler verlassen hatte. Kurz nach dem 1913 in Köln begangenen Niederrheinischen Musikfest, das Steinbachs letztes glanzvolles Erscheinen in der Öffentlichkeit sein sollte, war der gefeierte Mann das Opfer einer widerlichen Intrige geworden; er mußte sich von seiner Tätigkeit zurückziehen und hat diesen Schlag nicht lange überlebt.

Mir wurde weh ums Herz, wenn ich dachte, welche Veränderungen in dieser schnell verflogenen Zeit vor sich gegangen waren, und innerlich widerstrebte es mir, nach dem Posten Steinbachs zu greifen.

Der im August ausbrechende Krieg vernichtete alle weiteren Pläne und Entwürfe. Ich wurde Soldat.

VI Krieg

> Süß erscheint der Krieg dem,
> der ihn nicht kennt;
> wer ihn aber erlebt hat,
> dem erschrickt schon das Herz,
> wenn er heraufzieht.
>
> PINDAR

Als Musiker war ich am politischen Geschehen bis 1914 kaum interessiert. Man lebte ruhig und glücklich in einem Lande voller Ordnung und Sauberkeit, das anscheinend einem jeden, der guten Willens war, Arbeit und Brot gab. Daß soziale Erschütterungen trotzdem bestanden, fiel einem unbekümmerten jungen Menschen wie mir, der den ganzen Tag Musik machte, nicht weiter auf. Es wird gesagt, daß die Zeit von 1872 bis 1914, die später als so beneidenswert normal empfunden wurde, keineswegs die Norm, sondern die Ausnahme war: die längste Kriegspause, die es in den letzten Jahrhunderten der deutschen Geschichte gegeben hat. Als diese Ruhe nach über vierzigjährigem Bestand gestört wurde, konnte nur eine verhältnismäßig geringe Anzahl nachdenklicher Menschen, die in die weltgeschichtlichen Hintergründe blickten, wissen, daß keineswegs jene uneigennützigen Beweggründe, an die uns die Kriegspropaganda glauben machen wollte, die Triebfeder des nun anhebenden Geschehens waren, sondern ganz andere, nüchterne und materialistische Erwägungen; und zwar sowohl in Deutschland als in allen kriegführenden Ländern der Welt.

Zu jener kleinen Gruppe von Menschen, die wußten, was gespielt wurde, gehörte ich ganz und gar nicht. Ich war vierundzwanzig Jahre alt, hatte fast ausschließlich meinem Beruf gelebt und verdankte Deutschland alles, was mein Glück ausmachte: Erziehung, Anregung, eine rasche Laufbahn, gesicherte, ja glänzende Stellung; Arbeit in Hülle und Fülle, und die Hoffnung auf eine ähnlich glückliche Zukunft für meinen Sohn. Ich wäre mir als ein Schuft vorgekommen, wenn ich nun meinem Vaterland nicht, was ich Gutes von ihm empfing, vergolten hätte, indem ich ihm in der Gefahr beistand. Deshalb konnte ich die mir wiederholt gebotene Möglichkeit, in der Heimat oder der Etappe als Musiker zu wirken und vom Frontdienst befreit zu werden, nicht annehmen, sondern meldete mich alsbald als Kriegsfreiwilliger in Aachen.

Nachzudenken, ob denn nun auch alles so war, wie man es uns sagte, habe ich erst im Felde, dann aber sehr rasch, gelernt.

In der Kaserne brachte mich ein Militärmusiker, der in meinen Konzerten mitgewirkt hatte und vom Soldatenwesen mehr verstand als ich, mit dem Stolz, den unverhoffte Überlegenheit verleiht, zum diensttuenden Offizier.

Am Ende des Kasernenhofes standen Hunderte von jungen Kriegsfreiwilligen, Arbeiter, Studenten, Kaufleute, schweigend um einen Leiterwagen versammelt, auf dem ein alter, weißhaariger Oberst mit verwegenem Schnurrbart und unruhigen Augen heftige Reden hielt. Mein Musikus drängte sich und mich durch die Menge, um in gebührender Haltung dem Offizier den Städtischen Musikdirektor als Kriegsfreiwilligen zu präsentieren. Vom Leiterwagen herab gab mir der Oberst mit einigen freundlichen Worten die Hand, um mir dann plötzlich mit schneidender Stimme zuzurufen: »Sehen Sie den Baum dort hinten, Entfernung etwa zweihundert Meter? Gehen Sie dorthin, nehmen Sie Stellung, Rücken mir zugekehrt. Warten Sie weitere Befehle ab.«

Ich gehorchte. Oft hatte ich gehört, daß beim Militär jeder Befehl eines Vorgesetzten auszuführen sei, mochte man ihn mitunter auch für sinnlos halten. Gehorsam stand ich deshalb etwa eine halbe Stunde lang an meinem Baum, während die Sonne allmählich unterging. Dann jedoch konnte ich mich der Erkenntnis nicht länger verschließen, daß entweder der Oberst verrückt war, der diesen Befehl gab, oder ich, der ich ihn ausführte.

Nachdem ich unbehelligt nach Hause gegangen war, versuchte ich sehr früh am nächsten Morgen zum zweiten Male mein Glück, in die deutsche Armee aufgenommen zu werden. Am Tor der Kaserne begegnete mir ein Krankenwagen. Wie ich nachher erfuhr, brachte er den Oberst, dessen bereits verwirrtem Geist die Ereignisse der letzten Tage den Rest gegeben hatten, in eine Irrenanstalt. Mit diesem sonderbaren Erlebnis begannen meine Kriegserfahrungen.

Nach einigen Wochen infanteristischer Ausbildung wurde mein nur aus Kriegsfreiwilligen bestehendes Regiment zunächst nach Köln und im September nach dem Truppenübungsplatz Ohrdruf in Thüringen verlegt. Dies Städtchen Ohrdruf war mir wohlbekannt.

Im Winter 1911/12, als ich in Gotha tätig war, hatte sich mir eines Tages der Besitzer von »Knippenbergs Patentmatratzenfabrik« im nahen Ohrdruf vorgestellt, ein Mann, der den Gesang liebte und dessen Eifer es gelungen war, in seinem Heimatstädtchen einen gemischten Chor ins Leben zu rufen. Herr Knippenberg war bereit, aus seinen nicht unerheblichen Geldmitteln die notwendigen Zuschüsse zur Veranstaltung von Oratorienaufführungen in Ohrdruf zu leisten, in der stillen Hoffnung, daß er dabei als Gesangssolist in der Baritonpartie beteiligt sein würde. Bei der ersten Probe fand ich in einem Gasthofzimmer ein Klavier, und an einem Tische sitzend fünf bis sechs ältere Damen, vor sich eine Kaffeekanne, und die nimmerruhenden Hände mit Stricken beschäftigt. Drei Herren, darunter Herr Knippenberg, bildeten den Männerchor. Mein Gehalt entsprach der numerischen Stärke dieser Körperschaft.

Unter Mitwirkung meines Gothaer Chores kam tatsächlich Schumanns »Paradies und Peri« zur Aufführung, wobei neben den neun bis zehn aktiven Mitgliedern des Musikvereins Ohrdruf hundertfünfzig Sänger aus Gotha mitwirkten! Das Ergebnis dieser Aufführung hatte mir eine Beliebtheit in Ohrdruf und Umgebung eingetragen, die mir jetzt zugute kommen sollte. Beim Einzug unserer Truppe waren meine Kameraden nicht wenig erstaunt, als sie am Eingang des Städtchens meine alten Chormitglieder versammelt fanden, die mir mit Tränen in den Augen zuwinkten, dem tapferen Krieger die Hände schüttelten und ihm Liebesgaben in reichen Mengen zusteckten.

Meine militärische Zukunft ließ sich gar nicht so schlecht an, wie ich nach den Strapazen der vergangenen Wochen vermutet hatte.

Nach einer harten Ausbildungszeit stand Anfang Oktober unsere Verschickung an die Front bevor. Von meinem gastfreundlichen Wirt, Herrn Knippenberg, eingeladen, kam meine Frau nach Ohrdruf, um Abschied zu nehmen. Es blieben uns jedoch noch fast vierzehn Tage, in denen das Regiment in Alarmzustand lag und bei jedem Appell den Abtransport vermutete.

In der Frühe eines schönen Herbstmorgens war ich in Reih und Glied angetreten, als zur Erheiterung der Kompanie meine Frau erschien und mir die Waffe nachbrachte, die ich vergessen hatte. »Du wirst noch ohne Gewehr in den Krieg ziehen!« sagte sie.

Unter den jungen Freiwilligen, meist Studenten, war ich der einzige verheiratete Mann. Nachdem ich den Kameraden die Frau eingestanden hatte, brauchte ich noch einige Zeit, um mich zur Vaterschaft an meinem Jungen zu bekennen. Dann machte sein Bild die Runde, und die ganze Kompagnie wartete mit mir auf sein erstes Zähnchen.

Der endgültige Aufbruch des Regiments geschah schließlich Mitte Oktober. Wir waren tags zuvor davon unterrichtet worden, und das Doppelquartett, das ich mir aus ein paar Aachener Kameraden mit schönen Stimmen zusammengestellt hatte, brachte des Abends meiner Frau ein Ständchen, bei dem sie schöne alte Soldatenlieder sangen. Die Frage, wer von uns neun Musikanten wohl zurückkehren würde, lag unausgesprochen allen auf der Seele, und es war gut, daß wir die Antwort nicht wußten. Herr Knippenberg schluchzte in seinen gewichsten Schnurrbart und bewirtete die Sänger und Kameraden mit einem Abschiedstrunk, bei dem die natürliche Fröhlichkeit der Jugend über die schweren Gedanken siegte. Beim Morgengrauen lud man das Regiment in Güterwagen, und wir fuhren mehrere Tage und Nächte lang mit unbekanntem Ziel durch das damals noch kriegsbegeisterte Deutschland.

Andere haben besser, als ich es vermag, vom Kriege erzählt, und die Erlebnisse der jungen kriegsfreiwilligen Regimenter in den Schlachten in Flandern sind oft genug dargestellt worden, so daß ich mir eine Wiederholung ersparen kann. Ich beschränke mich absichtlich, und in möglichster Kürze, auf die Erzählung meiner eigenen Erlebnisse.

Nachdem man uns in Thielt, einem Städtchen im Herzen Belgiens, ausgeladen hatte, wurden wir ohne Aufenthalt sofort in Marsch gesetzt. Wir gelangten nach Rousselaere, einer schönen alten flandrischen Stadt, deren Häuser bereits an mehreren Stellen brannten und uns das Elend des Krieges zuerst eindringlich vor Augen führten. In leichten Straßenkämpfen hatten wir in der Kompanie unseren ersten Toten.

Er hieß Josefssohn.

Ein dünner Regen fiel, und wir bekamen Befehl, vor der

Stadt auf den Feldern am Wege nach Ypern zu biwakieren. Gerade hatten wir uns todmüde und heißhungrig, wie wir nach den anstrengenden Märschen der letzten Tage waren, über eine vortreffliche Hühnerbrühe hergemacht, als der Befehl kam, das Regiment sei in drei Staffeln zu formieren und in Gefechtsstellung zu bringen. Wir mußten das Bajonett aufpflanzen, uns in bestimmten Abständen auf den nassen Boden werfen und den Mund halten. Niemand wußte, was geschen würde, als ein dicker Oberst auf einem schweren Gaul herangaloppierte und sich vor uns aufstellte.

Mit lauter Stimme verkündete er, daß der Kontakt mit dem Feinde aufgenommen und eine Kavallerieattacke gegen uns, die wir die Vorhut bildeten, baldigst zu erwarten sei. Klar schilderte er die Situation, wie sie sich in seinem Geiste spiegelte. Er sagte: »Das Regiment hat sich in drei Reihen gegliedert. Jede dieser Abteilungen, die sich in je hundert Metern Abstand hintereinander befinden, hat eine besondere Aufgabe. Die erste Staffel wird natürlich niedergeritten. Die zweite hält den Feind auf, und die dritte vernichtet ihn.«

Nun wußten wir Bescheid. In der ersten Reihe lag *ich* und hatte ein paar Stunden Zeit, mir auszumalen, wie sich das Niedergerittenwerden wohl praktisch ausnehmen würde. Dann erwies sich der ganze Schrecken als blinder Alarm. Schade um die Hühnerbrühe!

Am nächsten Vormittag hatten wir wirklich unser erstes Gefecht mit der Nachhut des Feindes. Wieder mußten wir das Bajonett aufstecken, und man befahl uns, einen wenige hundert Meter vor uns liegenden Wald zu stürmen. Mit Hurra liefen wir los. Ich stolperte und fiel in mein eigenes Bajonett, das mir die linke Hand zwischen Daumen und Zeigefinger erheblich zerschnitt. Das Blut lief an mir herunter und durchtränkte den Rock, auf den ich die Hand preßte. Ein Kamerad half mir beim Verbinden, während im Maschinengewehrfeuer und Schrapnellhagel um uns herum andere fielen.

Die Verwundeten, soweit sie nicht im Feldlazarett behandelt werden konnten, wurden nach Aachen transportiert, wo sie das Gerücht verbreiteten, der Kamerad Busch habe einen schweren Bauchschuß. Auf verschiedenen Wegen und in abweichenden Fassungen erreichte diese Nachricht meine Frau, die mit unserem halbjährigen Söhnchen im Hause der Schwiegereltern in Mengeringhausen geblieben war. Sie schickte sich sofort an, nach Aachen zu fahren, um Nachforschungen anzustellen, wurde dann zwar durch ein Telegramm beruhigt, zwei Tage darauf jedoch in neue Zweifel gestürzt, als von offizieller Seite ein Beileidsbrief zum Heldentod ihres Gatten eintraf.

Während sich die Schrecken dieser Ungewißheit zwei Wochen lang hinzogen, marschierte ich ganz munter mit der Truppe weiter, ohne zu ahnen, welche aufregenden Folgen mein blutgetränkter Rock nach sich gezogen hatte.

Eines Abends kamen wir nach Poelcapelle, wo übernachtet werden sollte. Nach einem mühseligen Marsch über eine schmale, teils holprige, teils aufgeweichte Chaussee, die von Artillerie und Marschkolonnen so verstopft war, daß für die Infanterie kaum Platz blieb, konnten wir tatsächlich nicht mehr auf den Beinen stehen. Viele von uns waren in den Straßengräben liegengeblieben, und mir selbst war es nur dadurch möglich geworden, nicht zurückzubleiben, daß ich mich während der letzten Marschstrecke mit dem Gurt an eine Artillerieprotze festband und von ihr mitschleifen ließ. Wir hatten alle nur einen Wunsch: schlafen, schlafen.

In Poelcapelle, bei tiefer Nacht, stolperte man über Menschen, die sich auf den Straßen und an jedem verfügbaren Platz hingeworfen hatten und keinen Quadratmeter Raum für die Nachkommenden freizulassen schienen. Niemand ahnte, daß knapp ein Kilometer gegenüber in Langemarck Engländer und Franzosen unter ähnlichen Bedingungen lagen, ihrerseits in Unkenntnis dessen, was in Poelcapelle vorging. Wie recht hat Tolstoi, wenn er in »Krieg und Frieden« immer wieder den Zufall und nicht strategisches Wissen als entscheidenden Faktor im Kriege hinstellt!

Ich wurde durch ein Gespräch mit dem Hauptmann aufgehalten. Alles lag in tiefem Schlaf, als ich nachher in der Kirche einen freien Platz zu finden suchte, um die ermüdeten Glieder für ein paar Stunden auszuruhen.

Die Kirche war ebenso vollgestopft wie ganz Poelcapelle. Unter allgemeinem Gefluche der aufgestöberten Schläfer fand ich endlich auf der Empore an der Orgel, wie sich das für einen Musiker gehörte, eine Stelle, an der ich sofort niedersank und einschlief. Ich schlief so fest, daß ich beim Erwachen zu meinem größten Schrecken die Kirche leer fand. Hunderte von

Kameraden hatten sie verlassen, ohne daß ich den lärmenden Aufbruch bemerkt hätte.

Ich befand mich allein in dem schon halb zerschossenen Kirchenschiff und rannte beschämt davon, um meinen guten Hauptmann und die Kompanie wiederzufinden. Am Ende des Dorfes erreichte ich sie. Man hatte bereits die üblichen drei Züge eingeteilt. Meiner Größe nach gehörte ich zum ersten Zuge; da aber die Formation nicht mehr umgestoßen werden konnte, so verwies mich der Hauptmann ärgerlich als letzten Mann an das Ende des dritten Zuges.

Der später so oft beschriebene Angriff der jungen kriegsfreiwilligen Regimenter auf die Gasfabrik von Langemarck begann. Die beiden ersten Züge meiner Kompanie wurden in diesem Kampf eingesetzt; der dritte Zug, in dem ich mich zu meiner Beschämung befand, bekam Befehl, als Artilleriedekkung vorläufig in Reserve zu bleiben. Nach wenigen Stunden kamen die Überbleibsel der beiden Züge zurück. Unter größten Verlusten war der Angriff abgeschlagen worden; viele meiner Freunde und Kameraden waren gefallen oder schwer verwundet. Mir hatte der Schlaf ohne mein Zutun das Leben oder zum mindesten die heilen Glieder gerettet.

Glücklich war ich an jenem Tage keineswegs darüber. Damals zählte die Gefahr nicht, und man wäre sich feig und verächtlich vorgekommen, wenn man für die Sicherheit der eigenen Person gesorgt hätte.

Um meine Schlafmützigkeit wieder gutzumachen, meldete ich mich beim Hauptmann zu einer Patrouille, die nicht ohne Gefahr war. Über eine im Feuer liegende Geländeerhöhung schob ich mich kriechend in einen Bauernhof, kletterte in den Schornstein und versuchte, in dem undurchsichtigen Gelände die Kampfsituation zu überblicken. Unsere Truppen strömten aber in solchen Massen und in derartiger Verwirrung zurück, daß jedes Bemühen, eine Übersicht zu gewinnen, vergeblich war.

In erheblicher Unordnung wandten wir uns nach Ostnieuwkerke, einem einige Kilometer zurückliegenden Dorf, wo wir uns um die Mittagszeit sammelten. Als wir in Reih und Glied standen, entdeckte der Hauptmann, daß mir Koppel und Seitengewehr fehlten. Sie waren mir bei dem Patrouillengang abhanden gekommen. Angesichts dieses neuen »Verstoßes gegen die Dienstordnung« riß dem Hauptmann die Geduld, und er schrie mich an: »Ein deutscher Soldat verliert sein Koppel nicht!« Meine schüchternen Begründungen machten keinen Eindruck auf ihn. Er war wütend auf mich, und ich nun auf ihn.

In dieser Stimmung setzte ich mich mit den anderen erneut in Bewegung auf Langemarck. Hinter einer Hecke gruben wir uns ein, da das feindliche Schrapnellfeuer immer heftiger wurde und große Lücken in unsere Reihen riß. Wir gruben, um unsere Köpfe und, wenn möglich, auch den übrigen Körper in der Erde zu verstecken. Um den Nebenmann kümmerte man sich nicht.

Plötzlich hörte ich neben mir eine rheinische Stimme in flehentlichem Tone sagen:

»Herr Musikdirektor, ich habe bei Ihnen im Aachener Chor mitjesungen und hab Sie immer so verehrt. Ich hab' so Angst. Darf ich in der Stunde der Jefahr nich du zu Ihnen sajen?«

»Natürlich, warum nicht?« rief ich zurück. Aber es hat dem armen Kerl nicht viel genutzt. Eine halbe Stunde darauf war er tot.

Ach, was war dies alles doch für ein Unsinn und Verbrechen! Englische Kolonialsoldaten kamen auf uns zu, das Gewehr mit dem Bajonett in der Hand, stolz, hochaufgerichtet, und ohne den mindesten Versuch, Deckung zu nehmen. Neben mir knallte man wie wahnsinnig. Ich riß mein Gewehr hoch, als mir einfiel, daß mir ja Koppel und Patronen fehlten. Jemand brüllte: »Faß neben dich, da liejen welche!«

Da lag – *mein* Koppel, das ich verloren hatte! Der Zufall der Schlacht hatte mich auf denselben Quadratmeter zurückgeführt, auf dem ich des Morgens lag.

Im brennenden, fast völlig zerstörten Poelcapelle stieß ich des Abends auf meinen Hauptmann. Erfreut sagte er:

»Gottlob, Busch, Sie leben!«

Ich nahm eine stramme Haltung an:

»Kriegsfreiwilliger Busch meldet sich gehorsamst mit Koppel zurück.«

»Sie sind ein Esel«, sagte der Hauptmann. Aber nun waren wir wieder gut miteinander.

Der Stellungskrieg begann, nur von kleineren Ausfällen hie und da unterbrochen. Eines Tages erschien plötzlich derselbe dicke Oberst, der uns schon vor Rousselaere unnötigerweise eine schlaflose Nacht beschert und uns um eine gute Hühnerbrühe gebracht hatte. Diesmal befahl er uns, den gegenüberliegenden Graben zu stürmen. Unsere Einwendung, daß vor uns eigene Truppen lägen, erklärte er für falsch und uns für Feiglinge. Mit einem Revolver in der Luft herumfuchtelnd, drohte er auf uns zu schießen, um dann schnaubend zu einer anderen Stelle zu rennen, wo er ähnliche Befehle erteilte.

Da wir ohne Offiziere und uns selbst überlassen waren, übernahm ich die Führung über den Abschnitt, in dem wir zwischen zwei Flüßchen eingegraben lagen; ich ließ die Seitengewehre aufpflanzen und befahl allen, aus dem Graben zu springen, sobald ich bis drei gezählt haben würde.

Der Erfolg meiner militärischen Aktion war schlagend. Nachdem ich »drei« und »hurra!« gebrüllt hatte, sprang ich aus dem Graben, gefolgt von *einem* Kameraden. Die anderen waren klüger und blieben drinnen. Ein Geschoß zerschlug sofort meinem Gefährten den Unterkiefer. Ich selber flog in einen mit Wasser gefüllten Granattrichter, wo ich bis zum Einbruch der Dämmerung einem feindlichen Maschinengewehr als Zielscheibe diente.

In der Dunkelheit kroch ich zurück und fand in einem Weidengestrüpp den Kameraden Strauch ohnmächtig liegen. Ich schleppte ihn ins Feldlazarett. Bei der Gelegenheit ließ ich einmal meine bisher nicht beachtete Handverletzung, die sich bedenklich verschlimmert hatte, sachgemäß behandeln.

Als ich aus dem Feldlazarett zurückkehrte, fand ich im Graben veränderte Verhältnisse vor. Es war schließlich gelungen, die verstreuten Truppenteile wieder zu sammeln, sie neu zu ordnen und die Verluste an Offizieren und Mannschaften zu ersetzen. Ich lag in einem Erdloch wieder inmitten meiner alten Kameraden, soweit sie aus den Kämpfen noch übriggeblieben waren und dämmerte in einer Art Halbschlaf vor mich hin, als ich in der Nähe eine wohlklingende Stimme hörte. Sie rührte offenbar von einem inspizierenden Offizier her, und ihr leichtes Pathos fiel mir auf. »Wenn diese Stimme nicht einem Schauspieler gehört«, dachte ich, »so bin ich niemals beim Theater gewesen.«

Ich erhob mich und sah mich einem Oberstleutnant gegenüber, einem Mann von großer, guter Erscheinung, der sofort ausrief: »Um Gottes willen, Busch, was machen *Sie* denn hier?«

Auch ich erkannte ihn augenblicklich. Er hieß Grimm, jedoch war das nicht der Name, an den ich mich zuerst erinnerte. Ursprünglich Berufsoffizier, hatte er seinerzeit als Major den Dienst quittiert und war noch in vorgerücktem Alter zur Bühne gegangen, einer Schauspielerin wegen, der er zeitlebens verbunden blieb. Seit Kriegsausbruch war Grimm reaktiviert, und nun als Oberstleutnant zum Kommandeur meines Regiments ernannt worden. Er war, wie sich bald herausstellte, ein hervorragender Offizier und, was mehr besagen will, ein gebildeter und guter Mensch, der sich bald die Liebe seiner Untergebenen erwarb. Im Laufe des Krieges wurde er mehrfach verwundet und hätte aufgrund seiner Leistungen und seiner Persönlichkeit größere Anerkennung verdient, als sie ihm infolge verwunderlicher Moralbegriffe seiner Vorgesetzten schließlich zuteil wurde.

Als ich ihn kennenlernte, war er unter dem Namen Otto Provence Mitglied eines kleinen Hoftheaters, das die Sommerspielzeit in Bad Pyrmont bestritt. Wir machten damals manche gemeinsamen Spaziergänge und schlossen Freundschaft. Nun stand ich im Felde dem Regimentskommandeur als gemeiner kriegsfreiwilliger Soldat gegenüber.

Am Nachmittag desselben Tages holte mich eine Ordonnanz in das Quartier des Regimentsstabes. Eine Strohmiete, einige hundert Meter hinter unserem Schützengraben, diente als Deckung des Unterstandes, in dem der Kommandeur mit seinem Adjutanten wohnte. Die Behausung, so primitiv sie auch war, erschien mir nach dem wochenlangen Kampieren im Graben wie ein Luxushotel.

Ich wurde zur Gefechtsordonnanz ernannt, so daß ich unter etwas angenehmeren Lebensbedingungen in der Nähe des Stabes bleiben konnte. Einen »Drückebergerposten« bedeutete die neue Stellung jedoch keineswegs; im Gegenteil. Wir Ordonnanzen mußten Tag und Nacht über freies, ungeschütztes Feld die Verbindung mit der Truppe herstellen, immer im Bereich der feindlichen Waffen, jede nur mögliche Deckung benutzend. Als ich den Posten übernahm, teilte ich ihn mit fünf Kameraden. Nach wenigen Tagen waren wir nur noch zwei.

Der Stellungskrieg führte zu einer Gefechtspause, die vor Langemarck bis etwa April 1915 anhielt und, abgesehen von kleinen Scharmützeln und Patrouillengefechten, nur einmal, im Dezember 1914, unerwartet durch eine größere Aktion unterbrochen wurde. Tagelanges heftiges Artilleriefeuer zerstörte die rückwärtigen Verbindungen und einen Teil der noch bewohnten Bauernhäuser, darunter auch den Rest desjenigen, in dem ich jetzt mit dem Regimentsstab lag. Französische Truppen älterer Jahrgänge stürmten die von meinem Regiment besetzten Gräben. Die armen Teufel blieben im lehmigen Grundwasser stecken, das so bezeichnend für das flandrische Gelände war, und wurden auf elende Weise vernichtet.

Die Verluste, besonders an Offizieren, waren inzwischen auf deutscher Seite erheblich und ein Ersatz nicht mit wünschenswerter Schnelligkeit zu erwarten, so daß mir der Oberstleutnant am Tage nach diesem Angriff das Kommando der sechsten Kompanie übertrug. Er erklärte mir aufrichtig, daß ich die Beförderung weniger meinen militärischen Tugenden als gewissen Fähigkeiten und Erfahrungen in der Behandlung der »Masse Mensch« zu danken hätte. Er erwartete vor allen Dingen, daß ich die Stellung halte und Sorge für »den guten Geist der Truppe« trage.

In einer kalten Dezembernacht watete ich, von einem Burschen begleitet, durch meterhoch mit Lehmwasser gefüllte Laufgräben, um die Kompanie aufzusuchen. Der meiner Obhut anvertraute Teil der Truppe bestand aus etwa sechzig Mann, die sich in die flache Erde eines Kartoffelfeldes eingegraben hatten und bis zum Bauche im Wasser steckten. Auf feindlicher Seite setzte ein wahnsinniges Artilleriefeuer ein und zerstörte einen Damm, wodurch sich nun noch ein Bach in unseren Graben ergoß. Jetzt standen wir bis zum Hals im eiskalten Wasser, ohne den geringsten Schutz den feindlichen Geschossen preisgegeben, die die Hälfte der von mir übernommenen Mannschaft vernichteten.

Da jede Verbindung mit dem Stab ausgeschlossen war, befahl ich des Nachts auf eigene Verantwortung einen Rückzug um wenige Meter, und wir versuchten, einen neuen Graben zu bauen. Auch dies Beginnen war vergeblich. Nach dem ersten Spatenstich quoll das Wasser aus der Erde, und es gab keine Möglichkeit zu irgendeiner Befestigung oder Verstärkung.

In der nächsten Nacht wurden wir abgelöst, um in Ruhestellung nach Ostnieuwkerke zu gehen, etwa drei Kilometer entfernt, die ein Mensch unter normalen Bedingungen in einer guten halben Stunde zurücklegt. In dieser Nacht brauchte ich für den Weg vier Stunden und kroch größtenteils auf Händen und Füßen, da der Körper nach etwa fünfzigstündigem Aufenthalt im Eiswasser weitere Kraft nicht mehr aufbrachte.

Mein Bursche, der nicht im Graben geblieben war, hatte in einem ziemlich unversehrt gebliebenen Bauernhof ein Zimmer für mich requiriert und erwartete mich dort. Die Bewohner waren unter Mitnahme von möglichst viel Hausrat geflüchtet; immerhin fand sich noch eine größere Waschbütte, die man für ein Bad benutzen konnte. Mit dem Burschen waren Liebesgabenpakete aus der Heimat eingetroffen. Überraschung und Dankbarkeit überwältigten mich, als ich fünfundzwanzig Pakete zu je zehn Pfund vorfand – zweiundeinhalb Zentner Liebesgaben! Sie enthielten keineswegs nur die von uns mit Verachtung gestraften Socken und Pulswärmer, von älteren Damen gestrickt, sondern auch im Überfluß Sekt, Kaviar und andere Leckereien, außerdem literweise Eau de Cologne; ferner Zigarren, Zigaretten und andere Schätze mehr, die wir längst vergessen zu haben glaubten.

Nach einer Stunde war ich aus einem fast hilflosen, animalischen Wesen, das sich kaum fortbewegen konnte, wieder ein Mensch geworden, und in seidener Wäsche, neuer Kleidung, ledig der Bartstoppeln, der Zivilisation und, da auch zahlreiche gute Bücher eingetroffen waren, sogar der Kultur zurückgegeben.

Sofort versammelte ich die mir näherstehenden Kriegsgenossen, die ebenso wie ich das Elend der letzten Wochen schnell vergaßen, als sie an meinem Überfluß teilhaben konnten.

Das Regiment hatte zu sehr gelitten, um nicht längerer Erholung und neuer Auffrischung zu bedürfen. So kamen wir in die Etappe nach Rumbeke, einem Vorort von Rousselaere.

Über den Begriff der Erholung gingen nun unsere Meinungen mit denen der militärischen Leitung gründlich auseinander. Kaum konnten wir wieder richtig auf den Beinen stehen, als der unbarmherzige Drill begann, der uns manchmal Sehnsucht nach dem Leben im Schützengraben empfinden ließ. Ich persönlich erlebte allerdings eine bessere Zeit, da ich im Januar 1915 zum Offizier befördert und endgültig als Chef der sechsten Kompanie bestätigt wurde.

In Rumbeke hatte der Kommandierende General unseres Armeekorps mit seinem Stabe in einem idyllisch gelegenen Schlosse inmitten eines herrlichen Parkes sein Quartier aufgeschlagen. Am Abend unseres Einzuges im Städtchen wurden Oberstleutnant Grimm und sein Adjutant, ein Universitätsprofessor, zu Tisch geladen. Es zeigte sich, daß der General musikalische Interessen hatte, und man befahl mich für den nächsten Abend ins Schloß.

Infolge der schnellen Beförderung war meine Offiziersuniform noch nicht zur Stelle, so daß mir der Oberstleutnant eine Hose, der Adjutant einen Rock lieh. Nach eingehender Besichtigung durch beide Herren wurde ich von der Regimentsordonnanz in einem Gig ins Schloß gefahren.

Der General war ein gemütlicher, jovialer Herr, der ausgesprochen schwäbischen Dialekt sprach. Nach einem vorzüglichen Abendessen spielte ich, wenn auch etwas aus der Übung gekommen, die »Mondscheinsonate« von Beethoven und einiges andere, worauf mich der General, von seinem Stabschef begleitet, ins Nebenzimmer zog. Ein Bursche brachte eine weitere Flasche französischen Sekt, es gab Havannazigarren, und das Leben erschien mir im rosigsten Lichte.

Der General fragte leutselig nach meinen Kriegserlebnissen und äußerte, daß er gern einmal aus dem Munde eines Frontsoldaten eine offene Kritik unserer Kriegsleistungen hören möchte.

Mir erfüllte er damit einen sehnlichen Wunsch. Seit langem hatte ich von einer Gelegenheit geträumt, an oberster Stelle frei von der Leber weg sagen zu können, was ich im Inneren dauernd dachte, aber niemals aussprechen durfte. Die ganze Atmosphäre, der Sekt, die gute Zigarre, die Liebenswürdigkeit des so herzlich schwäbelnden Generals und das sichtbare Wohlwollen, mit dem mich der etwas gemessenere Stabschef betrachtete – all das trug dazu bei, meine Zunge zu lösen.

Beredt erklärte ich, daß unsere Feldartillerie nichts tauge, daß sie häufiger die eigenen als die feindlichen Gräben treffe und bis zuletzt nicht imstande gewesen sei, ein in unserer Flanke befindliches Maschinengewehrnest zu zerstören, wodurch wir unnötige Verluste erlitten hätten. Ich sprach vom Versagen der Pioniere, die, statt beim Bau der Schützengräben zu helfen, uns wochenlang in Dreck und Wasserlöchern vegetieren ließen. Ich klagte über schlechte Verpflegung und über andere Übelstände.

In meinem Eifer bemerkte ich nicht, daß der wohlwollende Stabschef meine Kritik schriftlich niederlegte.

Ich schloß meine eindringliche Darstellung mit einer Einladung an den Herrn Kommandierenden General, einmal die Gräben *unseres* Regiments zu besuchen, des einzigen, in dem dank der Fürsorge meines Kommandeurs und der besonderen Tüchtigkeit meiner Kameraden immerhin noch die größtmögliche Ordnung herrsche. Der General nahm mit Dank an.

Begeistert von dem netten Abend kam ich spät in der Nacht nach Hause. Schon wenige Stunden darauf, etwa um sechs Uhr früh, wurde ich zum Regimentskommandeur gerufen. Er saß bereits mit dem Adjutanten beim Frühstück und war neugierig, Näheres über meinen Besuch im Schlosse zu erfahren. Ich berichtete ausführlich und fügte stolz hinzu, daß es mir gelungen sei, den General zu einem Besuch beim Regiment zu bewegen, sobald wir wieder in Stellung sein würden.

Oberstleutnant Grimm erbleichte. Der Adjutant verließ diskret das Zimmer. Grimm, indem er sich in seiner ganzen Größe aufrichtete und mit den Händen an der Tischplatte festhielt, schrie mich an: »Herr, sind Sie ganz des Teufels? Wissen Sie« – hier folgten einige nicht wiederzugebende Titel – »immer noch nicht, daß es das erste Bestreben jedes Offiziers sein muß, sich die Vorgesetzten vom Leibe zu halten? Diese Kerle müssen ja ihre Existenzberechtigung beweisen; sie stekken ihre Nase sowieso schon in alles, was sie nichts angeht. Ein solcher Besuch führt immer zum Unheil! Seit Monaten vermeide ich ihn mit allen nur möglichen Mitteln. Und nun laden Sie Unglücksmensch diesen alten Trottel noch besonders dazu ein!«

Vernichtet fiel der Arme auf seinen Stuhl zurück. Versteinert stand ich vor ihm. Plötzlich erhob er sich und schrie:

»Ziehen Sie die Hose aus, Mensch! Hätte ich Esel sie Ihnen doch nie geliehen! In Unterhosen wären Sie nicht dahingelaufen, Sie ... Sie ...«

Er winkte mit der Hand ab. Lange saß er still, den Kopf gesenkt, auf seinem Stuhl. Dann sagte er etwas gefaßter:

»Lassen Sie sich nochmals einladen und reden Sie dem General den Besuch wieder aus. *Wie* Sie das machen, ist Ihre Sache; aber sorgen Sie dafür, daß mir der Kerl nicht vor die Augen kommt.«

Ich ging in mein Quartier, wo ich bereits die Aufforderung vorfand, am Abend wieder zu Tisch ins Schloß zu kommen. Der schwerste Teil meiner Aufgabe war damit von selbst gelöst. Nun galt es, den General auszuladen.

Ich bat schließlich zwei Generalstabsoffiziere, die am Abend vorher anwesend waren, um Rat und erklärte ihnen unumwunden, was ich angerichtet hatte. Beide empfahlen mir lachend, im Gespräch mit dem General einfließen zu lassen, daß im Schützengraben Läuse und Ratten seien. Vor Kugeln und Granaten fürchte er sich nicht, aber vor solchem Geziefer nähme er Reißaus.

Zwar hatte ich bis dahin niemals eine Ratte in unserem Graben bemerkt oder eine Laus entdeckt, ließ aber nunmehr nach Tische eine ganze Menagerie aufmarschieren. Ich erreichte, daß der Kommandeur sich angewidert schüttelte und sofort befahl, dem Reserve-Infanterieregiment 236 genügende Mengen Insektenpulver und Strychnin zur Rattenvertilgung zur Verfügung zu stellen. Der Erfolg sei zu melden. Seinen Besuch verschob er auf eine Zeit, wo die Plage restlos verschwunden sein würde.

Wir haben dafür gesorgt, daß eine kleine Zucht von Ratten und eine Sammlung von Läusen immer vorhanden blieb.

Mit der Ernennung zum Kompaniechef war die Zuteilung eines Pferdes verbunden, wodurch mir schon zu Beginn ein gutes Teil der Freude an der neuen Würde verloren ging. Pferde sind merkwürdige Tiere. Von der Natur mit vier Beinen ausgestattet, scheinen sie davon gewöhnlich nur zwei zu benutzen, während sie die anderen beiden in die Luft strecken. Ein Mensch, der so wenig sportliche Talente besaß wie ich, hatte allen Grund, sich vor ihnen zu fürchten.

Man setzte mich auf einen jungen, frisch von der Remonte gekommenen Gaul, und der den Unterricht erteilende Generalstabsoffizier, dem ich von meinen Besuchen im Schloß bekannt war, übertrug mir die Führung der Kavalkade.

Oft hört man, daß Tiere intelligenter als Menschen seien. Das Problem der Willensfreiheit bestand für mein Pferd jedenfalls nicht. Dieses Pferd *hatte* einen freien Willen, den es deutlich zu erkennen gab, nachdem ich seinen Rücken bestiegen hatte. Es konnte mich nicht leiden, ging durch und warf mich hinunter. Wiederholte Versuche führten zu dem gleichen Ergebnis und machten mich schließlich auf längere Zeit kampfunfähig.

Während das Regiment wieder in Stellung ging, ließ man mich in der Pflege meines Burschen in Rumbeke zurück. Ein fremdes Regiment bezog Quartier im Städtchen, und ich war meinen eigenen Gedanken überlassen, soweit mich nicht eine harmlose Tätigkeit als Ortskommandant beschäftigte, die mar mir übertragen hatte.

Ein dienstliches Schreiben der Division störte unerwartet mein idyllisches Leben. Es lautete: »Euer Hochwohlgeboren haben kürzlich in einer persönlichen Unterredung mit Seiner Exzellenz dem Herrn Kommandierenden General verschiedene Ausstellungen an der Kriegsführung des 26. Reservekorps gemacht. Da es dem Herrn Divisionskommandeur nicht verständlich ist, was Euer Hochwohlgeboren mit dieser Kritik auszudrücken beabsichtigten, werden Euer Hochwohlgeboren hiermit um genaue Berichterstattung innerhalb zwölf Stunden unter Beifügung eines Croquis usw. usw. ersucht.«

Der hier erwähnte, dem Führer unseres Armeekorps unterstellte Divisionskommandeur war ein General von K., der hoch in der Gunst Kaiser Wilhelms stand. War es nun der Antagonismus zwischen Nord und Süd, der den preußischen Junker dem schwäbischen Aristokraten verhaßt machte, waren es sachliche Differenzen oder was auch immer: Tatsache blieb, daß Exzellenz von H. und General von K. wie Hund und Katze zueinander standen. Dem Schwaben war es eine besondere Genugtuung, dem Preußen eines auszuwischen, indem er meine scharfe Kritik an den Frontzuständen der Division weitergegeben hatte.

Was ein Croquis ist, wußte ich ungefähr; zu wissen, wie es anzufertigen sei, war mir nicht gegeben. Mein Bursche, der mir schon aus mancher Patsche geholfen hatte, war ein heller Junge aus Köln-Nippes und hatte das Schuhmacherhandwerk erlernt. Der Zeichenkunst stand er ebenso fern wie ich. In dieser verzweifelten Situation fiel mir der Rat eines älteren Kameraden ein, derlei Arbeiten für Vorgesetzte stets so bunt wie möglich und unter Zuhilfenahme eines Lineals herzustellen. Ich kaufte demzufolge ein Lineal sowie eine große Anzahl farbiger Stifte und begab mich ans Werk. Heraus kam ein Produkt, das sich aus verschiedenen Stilen der verschiedensten Epochen zusammensetzte. Den Mangel an Perspektive teilte es mit alten chinesischen Holzschnitten. Den französischen Impressionisten entnahm ich die pointillierte Technik; für Geländestellen, die mir nicht mehr klar vor Augen standen, benützte ich Rembrandts »clair-obscur«. Dazu zog ich noch Striche mit dem Lineal. In zwölfter Stunde war das Werk vollendet und wurde abgeliefert.

Bange Tage vergingen. Inzwischen schien aber die Division jedes Interesse an mir verloren und die Hoffnung aufgegeben zu haben, von »Seiner Hochwohlgeboren« jemals etwas im militärischen Sinne Wertvolles erhalten zu können. Man hatte auch andere Sorgen, da die ersten Gasangriffe vorbereitet wurden. Ich habe sie im März oder April 1915 miterlebt und will mich über ihre grauenvollen Wirkungen nicht äußern.

Das wochenlange Kampieren in der feuchten flandrischen Erde war nicht ohne Folgen für meine Gesundheit geblieben. Ich bekam eine fiebrige Nervenentzündung, und man schickte mich zur Behandlung nach Deutschland zurück. Bei der Heimkehr von Ypern klopfte mir auf dem Bahnhof in Mengeringhausen mein Schwager auf die Schulter und sagte: »Ja, ja, das Sprichwort hat recht: die Besten fallen.«

Ich kam für mehrere Monate ins Lazarett nach Aachen, dann in einen anderen Badeort, ohne daß das schmerzhafte Leiden ausgeheilt wurde. Nachdem mich ein Jahr lang die verschiedensten Ärztekommissionen alle drei Monate erneut untersucht hatten, wurde ich schließlich für kriegsdienstuntauglich erklärt.

Dies bedeutete jedoch nicht die Entlassung aus der Armee, sondern Garnisonsdienst in kleinen mitteldeutschen Städten. Inzwischen war ich noch immer der nur zum Kriegsdienst eingezogene Städtische Musikdirektor von Aachen und wurde häufig vom Militärberuf beurlaubt, um dort tätig zu sein.

Die westliche Grenzstadt, dem Kriegsschauplatz so nahe gelegen, daß man den Kanonendonner oft deutlich vernahm, hatte sechsunddreißig Lazarette eingerichtet, und das Musikbedürfnis, der Wunsch nach Erhebung oder auch nur nach Ablenkung von den dauernden Eindrücken des Schreckens war dort besonders stark vorhanden. Ich dirigierte Konzerte, häufig für das Rote Kreuz und für andere Kriegszwecke. Zu Ende des Jahres 1917 unternahm ich mit einem Aachener Chor eine für die Frontsoldaten bestimmte Konzertreise, die uns bis in die Nähe von Ypern brachte. In Lille, Douai, Cambrai und Brüssel führten wir Haydns »Jahreszeiten« auf.

Im April 1916 spielte ich mit Max Reger in einem Kammermusikabend in Aachen die Mozart-Variationen und die Passacaglia für zwei Klaviere, ohne zu ahnen, daß dies das letzte Auftreten des Meisters und Freundes sein sollte. Vier Wochen später las ich im Offizierskasino in Rudolstadt die Nachricht von seinem plötzlichen Tode. Noch acht Tage vorher hatte ich ihn in dem nahe gelegenen Jena in dem Hause besucht, auf dessen Erwerb er so stolz war. Meines persönlichen Verlustes ungeachtet, empfand ich Regers Tod als den größten Schicksalsschlag, den das zeitgenössische Musikschaffen erfahren konnte.

Bei Regers Einäscherung spielten Adolf und ich das Largo aus der letzten Sonate für Klavier und Violine in c-Moll. Mir kamen die Worte in den Sinn, die Grillparzer für den Grabstein Franz Schuberts schrieb:

»Der Tod begrub hier einen reichen Besitz,
Aber noch schönere Hoffnungen.«

Ich kehrte in die kleine Garnison zu meinen Pflichten zurück. Das Soldatendasein dort erinnerte mich oft an das Märchen von Hänsel und Gretel. Der Soldat wurde von der Hexe Staat gehegt, gepflegt und, soweit es die sich damals schon recht bemerkbar machenden Einschränkungen zuließen, gemästet, bis er soweit war, um verspeist, das heißt als Kanonenfutter an die Front geschickt zu werden. Mein physischer Zustand erlaubte es jedoch den »Gesundbetern« – jenen Ärztekommissionen, die regelmäßig die Garnisonstädte durchkämmten, um alle halbwegs Tauglichen wieder felddienstfähig zu schreiben – nicht, mir neue Möglichkeiten zum Heldentode zu bieten. Im dritten Kriegsjahr würde kein normal empfindender Soldat ihn mehr gewünscht haben.

Mein Kriegserlebnis führte mich zur Erkenntnis der politischen Verlogenheit, an der mehr oder weniger alle teilhatten, die für den Krieg 1914 verantwortlich waren. In der Garnison beschäftigte man mich unter anderem als Propagandaoffizier und gab mir statistisches Material über die Erfolge des U-Boot-Krieges und ähnliches mehr zum Studium in die Hände. Diesen Stoff mußte ich zu regelmäßigen Vorträgen verarbeiten und sie vor jenen Angehörigen des Regiments halten, die noch nicht wieder ins Feld geschickt oder nur im Garnisonsdienst verwendet werden konnten. Mein Erfolg war äußerst gering. Weder glaubte *ich*, was ich meinen zu diesen Vorträgen befohlenen Untergebenen vorerzählte, noch taten dies meine Leute, in der Mehrzahl thüringische Heimarbeiter oder rheinische Bergleute, die es mit dem gesunden Sinn des einfachen Menschen längst fühlten, daß die militärische Lage keineswegs so günstig war, wie ihnen dies ihr Leutnant weiszumachen hatte. Ich war froh, wenn diese mir sinnlos und peinlich vorkommenden Stunden vorüber waren und ich mich wieder an mein Klavier setzen oder in Partituren und Bücher vergraben konnte.

Ich fragte mich, ob es Sinn haben würde, noch einmal, falls es dazu kommen sollte, Leben, Beruf und Arbeit aufs Spiel zu setzen für Ideale, die mir im Verlaufe des Krieges immer fragwürdiger erschienen.

In einem neutralen Lande war einer meiner Kollegen noch in späteren Jahren so begeistert vom Kriegshandwerk, daß er einmal zu Busoni äußerte, er komponiere weit besser und angeregter, seitdem er einige Zeit als Oberst bei der Landesverteidigung »im Felde« zugebracht habe. Busoni erwiderte darauf mit traurigem Humor: »Wie anders würde demnach Beethoven komponiert haben, wenn er wenigstens Korporal gewesen wäre!«

VII Stuttgart

> Sobald du dir vertraust,
> Sobald weißt du zu leben
>
> GOETHE, »Faust«

Im Frühjahr 1918 erfuhr ich als Leutnant in Gera den Rücktritt Max von Schillings' von der Leitung der Stuttgarter Hofoper und wandte mich in einer Bewerbung an den dortigen Generalintendanten von Putlitz. Was mich zu diesem Schritt bestimmte, war hauptsächlich eine gewisse künstlerische Neugier auf die Oper. Bei der geringen Erfahrung, die ich auf dem Gebiet besaß, konnte ich unter den sehr zahlreichen Bewerbern auf einen Erfolg kaum rechnen. Zu meiner großen Überraschung erhielt ich jedoch ein Telegramm, das mich zu persönlicher Vorstellung nach Stuttgart einlud.

Mein Empfang durch Putlitz war bezeichnend für das damalige Regime, unter dem der Landesherr einer einzelnen Persönlichkeit seines Vertrauens die ausschließliche verantwortliche Leitung der von ihm munifizierten Hofbühne übertrug. Die Unterhaltung, die ich mit Putlitz in seinem eleganten Zimmer im Königlichen Hoftheater führte, dauerte kaum länger als fünf Minuten. Mein Angebot eines Probegastspiels wurde als unnötig abgelehnt, und ich war Königlich Württembergischer Hofkapellmeister.

Ins Hotel zurückgekehrt, befand ich mich noch nicht recht bei Besinnung. Ich telegrafierte schleunigst meiner Frau. Zusammen wanderten wir durch Stuttgart. Die bergige Schwabenstadt gefiel uns ausnehmend gut. Nur die Oper tat es nicht.

Wir besuchten des Abends eine Vorstellung von »Traviata«; die Eindrücke, die wir davon empfingen, waren bezeichnend für unsere damalige, einseitig von der absoluten Musik bestimmten Einstellung. Nicht nur enttäuschte uns das Niveau der Repertoire-Aufführung, die unter den Mängeln der Kriegszeit litt; der Geist des *Werkes* entsetzte uns. Er kam uns trivial vor. Vater Germonts Arie im zweiten Akt wirkte schließlich mit solcher Komik auf uns, daß wir bestürzt das Theater verließen.

Auf dem Heimweg hörten wir aus einer halb offenstehenden Kirchentür das »Benedictus« aus Beethovens »Missa solemnis«. Mich packte das Heimweh nach der von Kindheit an vertrauten »reinen« Musik mit solcher Macht, daß ich den Schritt, mit dem ich mich der Oper verschrieben hatte, so heftig bereute, als hätte ich dem Teufel meine Seele überantwortet.

Allen Ernstes kostete es uns Überlegung, um nichts Übereiltes zu tun und es vielmehr auf einen Versuch mit der Oper ankommen zu lassen.

Mit diesem Versuch bin ich noch heute beschäftigt.

Nach dem Brande des alten Stuttgarter Hoftheaters war es der Initiative des Barons von Putlitz gelungen, von dem theaterfreudigen König und von anderen Kunstfreunden noch vor dem Ersten Weltkrieg die Mittel zum Bau von zwei Bühnen – Großes und Kleines Haus – zu erlangen. Beide Gebäude gehörten sowohl architektonisch als durch ihre glückliche Lage inmitten der höfischen Atmosphäre des gepflegten alten Schloßparks zu den schönsten Theatern Deutschlands.

Die Königliche Hofkapelle war im allgemeinen von durchschnittlicher Qualität. In dem ersten Konzertmeister Carl Wendling, einem Schüler Joachims, besaß sie jedoch eine ganz hervorragende musikalische Persönlichkeit. Wendling war unter anderem Konzertmeister der Meininger Hofkapelle und des Bostoner Sinfonie-Orchesters gewesen und hatte außerdem, von Hans Richter berufen, mehrere Jahre lang in Bayreuth als Anführer der ersten Geigen gewirkt. Ich verdanke dem ernsten und feinen, dabei besonders liebenswürdigen Menschen durch Umgang und Austausch während meiner Stuttgarter Jahre die wertvollste Bereicherung. Zu hören, daß sich dieser noble Mann auch während der späteren, schlimmen Jahre charakterlich bewährte, war mir eine Genugtuung, aber keine Überraschung.

Die Verdienste, die sich mein Vorgänger Max von Schillings um die Stuttgarter Oper erworben hatte, beruhten hauptsächlich auf der kultivierten Atmosphäre, die er an dieser Bühne zu schaffen verstanden hatte. Seinen Bemühungen war es zuzuschreiben, daß hier ein hervorragendes Sängerensemble mit Namen wie Helene Wildbrunn, Sigrid Hoffmann-Onegin, George Meader, dem amerikanischen, und Karl Oestvig, dem norwegischen Tenor, um nur einige zu nennen, vorhanden war.

Als ich im Juli 1918 »Tristan und Isolde« als erste Oper dirigierte, hatte ich die Freude, daß ebenso wie bei einem vorhergehenden Sinfoniekonzert die öffentliche Meinung Putlitz' schnell getroffene Wahl des neuen Mannes billigte.

Von dem beglückenden Bewußtsein gegenseitiger Zuneigung abgesehen, das mich vom ersten bis zum letzten Tage in Stuttgart getragen hat, standen die Anfänge meiner dortigen Tätigkeit nicht unter dem günstigsten Stern. Der Krieg neigte sich seinem schlimmen Ende zu; die furchtbare Spanische Grippe tauchte auf und raffte Menschenleben in großer Zahl von heute auf morgen dahin, in Stuttgart wie anderswo. Eine allgemeine Apathie, die Ungewißheit eines jeden, ob man am Tage darauf noch am Leben sein würde, schuf, verbunden mit der wirtschaftlichen Misere und den elenden Nahrungsverhältnissen, zunächst keine freudige Arbeitsatmosphäre.

Anfang November 1918 experimentierten Regisseur H. und ich mit Anregungen des in Genf lebenden Bühnenbildners Appia und versuchten, in einer Neuinszenierung von Wagners »Rheingold« die bisher noch kaum angewandten Projektionen zu benutzen. Unsere Beleuchter beherrschten begreiflicherweise die ihnen neue Technik noch nicht, so daß die Götterburg, die in Form eines spitzen Kegels auf den Rundhorizont projiziert werden sollte, bei der ersten Aufführung auf dem Kopfe stand, die Spitze nach unten, die Basis nach oben. Zudem wackelte Walhall erheblich, was dem Erfolg unserer Neuerung nicht gerade dienlich war.

Ein weiterer Versuch, den man meines Wissens überhaupt zum erstenmal unternahm, war, daß wir drei Ballettmädchen in Schwimmapparate steckten, während die singenden Rheintöchter hinter einem Felsen verborgen blieben. Die Balletteusen, durchaus mit der Musik vertraut, ahmten, während sie mutig im Rhein Kobolz schossen, die Gesangslinie nach und markierten den Text, um die Täuschung glaubhaft zu machen. Dem Kritiker eines großen Blattes gefiel dieser Bruch mit der Tradition gar nicht. Er schrieb: » . . . und so geschah es, daß sie zwar mit dem Munde sangen, aber der Ton kam aus der ganz entgegengesetzten Seite.« Der »Kladderadatsch«, eine berühmte, sehr witzige satirische Zeitschrift, glossierte die unglückliche Kritik recht drastisch.

In der Generalprobe zu dieser »Rheingold«-Aufführung kam es unerwartet zwischen Putlitz und mir zu einem heftigen

Zusammenstoß. Ich wartete längere Zeit vergeblich auf die gewohnte Verdunkelung des Theaterraums und erfuhr schließlich, daß auf Wunsch der Königin das Haus während des Vorspiels erleuchtet bleiben sollte, damit die hohe Frau Gelegenheit habe, das Publikum zu betrachten. Entsetzt verwies ich auf die gegensätzlichen Vorschriften Wagners. Putlitz sprang auf und fauchte mich an: »Wollen *Sie* vielleicht Ihrer Majestät zureden, daß sie auf ihren Wunsch verzichtet?«

»Mit dem größten Vergnügen«, gab ich zurück, »bitte, verschaffen Sie mir sofort, noch heute, eine Audienz.«

Putlitz beharrte ungehalten: »Sie werden kein Glück haben« und erhob seine Stimme: »Das Haus bleibt bis zum Aufgehen des Vorhangs erleuchtet.«

»Und ich, Exzellenz, verlasse das Haus, wenn es nicht vor Beginn der ersten Note vollkommen dunkel ist.«

Leider verließ auch Putlitz, mit dem ich mich menschlich und beruflich bis auf diesen Zwischenfall immer aufs beste verstand, einige Zeit später seinen Posten. Als Aristokrat fühlte er sich an das seinem König gegebene Wort gebunden und wollte trotz starker liberaler Neigung dem neuen Regime deshalb nicht dienen.

Mir waren meine neuen Vorgesetzten durchaus sympathisch, und die Regierungsform, soweit sie die künstlerischen Interessen nicht berührte, damals gleichgültig. Nicht gleichgültig konnte mir natürlich, so wenig wie irgendeinem anderen anständigen Deutschen, das Schicksal meines Vaterlandes sein. Der verlorene Krieg und das allgemeine Elend, das darauf folgte, schmerzten und erbitterten mich so gut und vielleicht mehr als manchen anderen. Der Unterschied zwischen mir und der großen Mehrzahl meiner Landsleute lag in der Auffassung und Beurteilung der *Ursachen,* die zu diesem jammervollen Zustande geführt hatten. Während des Krieges, in den ich gutgläubig, sogar begeistert gezogen war, hatte ich angefangen, über sie nachzudenken. Ich sah sie in der Herrschaft bestimmter Cliquen und Kasten, die am Kriege ihren Nutzen oder ein verantwortungsloses Gefallen hatten. Wenn der November 1918, nach Überwindung anfänglicher schwerer Auswüchse, einen sozialen Umschwung und eine demokratische Regierungsform herbeizuführen versprach, so war ich durchaus damit einverstanden.

Zunächst mußten nach dem Abgang von Putlitz der erste

Opernregisseur H. und ich ein Interregnum mit den verschiedenen »Räten«, wie sie die damalige Zeit mit sich brachte, durchführen. Dabei entpuppte sich zu meinem nicht geringen Erstaunen Dr. H., der bis zum Ausbruch der Revolution eng mit der Familie Seiner Exzellenz des Herrn Baron von Putlitz liiert war, plötzlich als Mitglied der Sozialdemokratischen Partei. Er trug deren Abzeichen mit offenbarem Stolz. Auch beim nächsten Umbruch sollte seine Wendigkeit mich überraschen: ich fand H., der bald nach Berlin berufen worden war, dort im März 1933 in SA-Uniform, an der Spitze einer Formation marschierend.

Württemberg galt immer als ein demokratisches Land. Die jetzt zur Macht gelangende Regierung, deren Politiker sich meist aus Lehrern, Gewerkschaftssekretären und Männern aus dem Volke zusammensetzten, legte, wie bald zu bemerken war, größten Wert darauf, nicht als kulturfeindlich zu erscheinen. Die Beamten in den verschiedenen Ministerien wurden größtenteils übernommen. Unter ihnen befand sich ein Geheimrat von J., der dem sozialdemokratischen Kulturminister Heymann als rechte Hand in Theaterfragen zugeteilt worden war, dem komplizierten Opernwesen jedoch ahnungslos gegenüberstand und daher pflichtbewußt Bericht auf Bericht über die kleinsten Vorgänge verlangte. Für die eigentlichen Zwecke des Theaters, nämlich gute Aufführungen herauszubringen, blieb kaum mehr Zeit. Eines Tages verlor ich die Geduld und setzte ihm den so entstehenden Schaden, wie mir schien, schlagend auseinander. Als ich geendet hatte, sah mich der Geheimrat freundlich durch seine Brille an und sagte:

»Dees isch eißerschd inderessand, Herr Landesmusigdiregder, was Sie mir do alles erzählt habe. Etz machet Sie amol an Bericht!«

Das Personal der Landestheater wählte schließlich einen »Mann seines Vertrauens«, der nicht der Mann *meines* Vertrauens war. Ich steckte daher nun von morgens früh bis spät in die Nacht im Theater. Einmal hörte ich im Dunkel der Szene das Gespräch zweier Bühnenarbeiter, die über mich diskutierten. In reinstem Schwäbisch vernahm ich: »Weisch, der moß ohglicklich verheiradet sei', der isch jo nie z'haus!«

Die Württembergischen Landestheater bedurften immer dringender der starken Hand eines neuen Generalintendanten. Unzählige Bewerber bemühten sich um diese Stellung. Um jede voreilige Äußerung in der Öffentlichkeit zu vermeiden, wurden alle Beteiligten ehrenwörtlich zu völligem Schweigen verpflichtet; so auch der Berner Intendant Albert Kehm, der in aller Heimlichkeit zu Verhandlungen nach Stuttgart kam. Mit besonderer Sorgfalt hatte man die Vermittlung von Theateragenturen ausgeschaltet.

Vom Bahnhof begab sich Kehm ins Hotel Marquardt, um sich für den Besuch beim Minister umzukleiden. Während er im Bade sitzt, klopft es. Durch den Türspalt schaut das allbekannte Gesicht des Theateragenten Frankfurter.

»Na, wie hab' ich das gemacht?« fragte er.

Man muß schon sagen, daß die Leistung des Herrn Geheimen Kommissionsrats Frankfurter die zehn Prozent wert war, die ihm der neue Intendant Kehm für die nächsten Jahre zu zahlen hatte!

Allmählich traten nach den Erregungen des Umsturzes ruhigere Verhältnisse ein. Die Liederhalle, die bisher als Lazarett gedient hatte, brauchte ihre herrliche Akustik nicht weiter an den Widerhall menschlichen Jammers zu verschwenden. Sie wurde ihrer nach Chloroform riechenden Trübsal entkleidet und durfte, freundlich hergerichtet, den Musen wieder dienen. Wie nach jedem Krieg wuchs auch jetzt, während materieller Mangel immer noch anhielt, das Bedürfnis nach guter Kunst um so mächtiger.

Der oder jener Stuttgarter mag sich erinnern, daß sich bei Eröffnung des Abonnements für die zwölf jährlichen Sinfoniekonzerte musikbegeisterte, praktische Schwaben einmal ein paar Feldbetten mitbrachten, die sie des Nachts vor der Verkaufsstelle aufschlugen, um des Morgens rechtzeitig zur Stelle zu sein.

Im nahegelegenen Mühlacker ließ ein wohlhabender jüdischer Freund dem Städtchen eine Festhalle bauen, die über eine vollkommen moderne Bühne verfügte, so daß wir »Figaros Hochzeit« und »Fidelio« dort aufführen konnten. Über das Tor der Halle, die er seinen Mitbürgern in der Zeit nach dem Versailler Vertrag schenkte, hatte der begeisterte Kunstfreund und Patriot die Worte meißeln lassen: »*Dennoch!* 1920«.

Im Kurort Freudenstadt im Württembergischen Schwarzwald kam ebenfalls dank der Initiative kunstfroher Männer, des kultivierten Bürgermeisters Blaicher und des rührigen

Hotelbesitzers Erwin Lutz, ein Theaterbau zustande, in dem die Stuttgarter Oper Gastspiele veranstalten konnte. Hier mußte man allerdings oft den guten Willen für die Tat nehmen. Theaterraum und Bühne waren in dieser Notzeit in so bescheidenen Maßen erbaut worden, daß im »Fidelio« die recht korpulente Leonore bei ihrem Auftritt in der Kerkerszene den irdenen Krug umwarf, worin Erwin Lutz zur Stärkung und Freude des verdurstenden Florestan einen Liter guten badischen Weines gestiftet hatte.

Unter den Besuchern des Theaterchens befanden sich wiederholt der Reichspräsident Ebert und Gerhart Hauptmann, die oft im Lutzschen Hotel Waldeck Wohnung nahmen.

1922 sollte Ebert bei einem abermaligen Besuch in Freudenstadt mit einem Abendessen in Anwesenheit des württembergischen Staatsministers gefeiert werden. Als die kleine Festlichkeit stattfand, fehlte Ebert selbst. Am Nachmittag war die Nachricht von der Ermordung Rathenaus eingetroffen und hatte den damals schon leidenden Reichspräsidenten schwer niedergeworfen. Wir hatten Veranlassung, die Gefaßtheit und Haltung von Frau Ebert zu bewundern, die zu Tische erschien und mit natürlicher Würde den Platz ihres erkrankten Mannes einnahm. Selten haben sich Spott und Überheblichkeit, die eine Frau von bescheidener Herkunft an dieser Stelle lächerlich zu machen suchten, eine ungeeignetere Zielscheibe gewählt als Luise Ebert.

Im Schwabenlande, und besonders in der Hauptstadt Stuttgart, herrschte selbst in ärmster Zeit ein reges geistiges Leben. Die fruchtbarste Geselligkeit blieb von der Not und Kümmerlichkeit der Nachkriegsjahre unbeeinträchtigt. Man kam in Berührung mit hervorragenden Vertretern anderer Künste wie Kokoschka und Poelzig, mit Mitgliedern des Bauhauses Dessau, mit Schriftstellern und Männern des in Stuttgart heimischen Verlagsbuchhandels. Obwohl sie im allgemeinen nicht die angeborene Musikbegabung wie etwa die Wiener oder Rheinländer besitzen, eignet den Schwaben, ihrer tiefgründigeren Veranlagung und geistigen Regsamkeit gemäß, eine Aufnahmebereitschaft, die auch das schwer Zugängliche und Abwegige in der Musik willkommen heißt.

Intendant Kehm sowie Dr. Otto Erhardt, der neue Opernregisseur, waren große Verehrer Hans Pfitzners, der mit der Uraufführung seines »Palestrina« unter Bruno Walter in

München den bedeutendsten Erfolg seines Lebens erzielt hatte. Das Werk wurde für Stuttgart angenommen.

Der Komponist war als schwierige Persönlichkeit bekannt. Eigentlich wußte ich mehr von seinen oft an Verbitterung grenzenden polemischen Schriften und seinen vielen Schrullen als von seinen musikalischen Werken, die mich bei flüchtigem Studium nicht besonders angesprochen hatten. Der »Palestrina« jedoch machte auf mich trotz mancher Längen einen großen Eindruck. Wir hatten eine gute Besetzung zur Verfügung und sahen dem Kommen des berühmt gewordenen Komponisten erwartungsvoll entgegen.

Diese Erwartungen wurden voll erfüllt. Hans Pfitzner erwies sich als der Mann, den man uns geschildert hatte: unzufrieden mit allem, beleidigt, sobald man nur den Mund auftat, und trotz vorgerückter Jahre nach der ersten Probe regelmäßig in die jeweilige Darstellerin des jungen Palestrina-Sohnes Ighino verliebt. Die Theaterleute brachte er mit seiner Gepflogenheit verfrühten Eintreffens zu noch unfertigen Proben zur Verzweiflung. Trotz solcher Eigentümlichkeiten verloren wir jedoch unsere Freude an der schönen Arbeit nicht, und der »Palestrina« wurde auch in Stuttgart ein voller Erfolg.

Im nächsten Sommer verhandelte ich auf Pfitzners Besitzung am Ammersee persönlich mit ihm über Aufführungsmöglichkeiten seiner »Rose vom Liebesgarten«. Er empfing mich nach dem Stuttgarter Erfolg so liebenswürdig, als ihm dies irgend möglich war, und erbot sich, mir noch am gleichen Abend das gesamte Werk am Klavier vorzuführen. Verschiedene anwesende Gäste würden sich, wie er mir versicherte, sehr freuen, ihn die Oper vortragen zu hören, wobei ich die Gesangspartien übernehmen könne.

Nun muß ich gestehen, daß es zu den Freuden meines Berufes im allgemeinen *nicht* gehört, wenn Komponisten mir ihre Werke am Klavier vorlallen. Gewöhnlich sind sie von ihrer Vortragsweise begeisterter als ich, der gerne gepflegtes Klavierspiel hört, noch lieber aber sich eine Partitur in aller Ruhe zu Hause ansieht und auf ihren Wert prüft. Da ich meines guten Prima-vista-Spiels sicher war, schlug ich deshalb Pfitzner vor, die mir unbekannte Oper selbst am Klavier zu spielen, während er die Gesangspartien vertreten solle.

Pfitzner meckerte mißtrauisch: »Traurig genug, aber Sie kennen ja das Werk gar nicht!«

Ich erklärte zuversichtlich, daß ich ihm zehn Pfennige für jede falsche Note bezahlen wollte, die ich im Laufe des Abends spielen würde.

Alles ging gut, bis nach etwa vierzig Seiten Pfitzner an einer erregten Stelle die Noten etwas zu spät umwandte. Ich konnte einen komplizierten Akkord mit mehreren Doppelkreuzen nicht rechtzeitig überblicken und griff kräftig daneben. Pfitzner hielt augenblicklich meinen Arm fest. »So, nun bekomme ich eine Mark fünfzig«, sagte er bissig.

Für Pfitzners kaustischen Humor brachte ich durchaus Verständnis auf. Über den Komponisten äußerte Richard Strauss einmal witzig und herzlos: »Wenn es ihm so schwerfällt, warum komponiert er denn?«

Ich habe in den folgenden Jahren sowohl im Konzert als in der Oper viele Werke Pfitzners dirigiert und vor dem Ernst und der Aufrichtigkeit seines Kunstschaffens Hochachtung empfunden, auch wenn ich mit seinen in vielen Schriften niedergelegten Anschauungen nicht übereinstimmte.

Aus Gründen, die der Erzählung nicht wert sind, überwarfen wir uns später kräftig, und die etwa zehnjährige Verbindung zweier im Grunde doch wesensfremder Naturen ging in die Brüche.

Eine Vorliebe hatten die Schwaben für Anton Bruckner, wobei ihrem Sinn für das Mystische und Tiefsinnige besonders seine langsamen Sätze in hohem Maße entgegenkamen. Mein Konzertpublikum war mit der Veranstaltung eines Bruckner-Festes von ganzer Seele einverstanden. Als wir kurz darauf die Siebente Sinfonie in der schwäbischen Universitätsstadt Tübingen wiederholten, kannte die Begeisterung, insbesondere der studentischen Jugend, keine Grenzen. Die Burschenschaft »Normannia« lud mich zu einem Kommers ein, der mir den Beweis für die Richtigkeit eines hübschen Verses über die Geistesgaben des schwäbischen Volksstammes erbrachte:

Der Schiller und der Hegel,
der Uhland und der Hauff,
dees isch bei uns die Regel,
dees fallet keinem auf.

Den jungen »Füchsen« war vom Präses während der Fidelitas aufgegeben worden, ein jeder solle in fünf Minuten einen Zweizeiler über das Thema »Busch und die Musik« verfertigen und auf eine bekannte Melodie vorsingen. Den Preis erteilte ich einem philosophisch veranlagten angehenden Schiller, der mit rauher Stimme, aber voll ehrlicher Überzeugung sang:

Herr Busch, für den sie alle schwärmen,
Tut doch im Grunde nichts als lärmen!

Selber war ich noch ein junger Mensch, kaum über dreißig. Ich fühlte durchaus mit der Jugend und freute mich, wenn ich gemeinsame Sache mit ihr machen konnte. Bei einem Gastspiel in Frankfurt fiel mir im Opernorchester ein temperamentvoll spielender junger Geiger auf, von dem ich erfuhr, er heiße Hindemith und komponiere »modern«. Ich nahm seine ersten Opernwerke zur Uraufführung in Stuttgart an, Einakter, unter deren Titeln sich der merkwürdige, zu vielen Wortspielen verlockende: »Mörder, Hoffnung der Frauen« befand. Das Buch war von dem Maler Kokoschka. Die beiden anderen Einakter nach Texten von Franz Blei und einem anderen Librettisten expressionistischer Richtung hießen »Das Nusch-Nuschi« und »Sancta Susanna«.

Obwohl es mir an Courage nicht fehlte, mich in Widerspruch mit den Siegelbewahrern der heiligen Tradition zu setzen, wagte ich nicht, auch das obszöne letzte der drei Werke anzunehmen. Es blieb bei den beiden ersten, und der Skandal, den ihre Aufführung hervorrief, genügte mir durchaus, um gern auf das offene Ärgernis zu verzichten, zu dem er sich bei dem dritten Einakter mit Gewißheit gesteigert haben würde.

»Hoffnung, Mörder der Frauen«, vielmehr »Frauen, Mörder der Hoffnung« – vielleicht wäre auch denkbar: »Frauen, Hoffnung der Mörder?« – nein, nein, »Mörder, Hoffnung der Frauen«, diese Gemeinschaftsarbeit eines genialen, dichtenden Malers mit einem sehr talentvollen Komponisten ging noch ohne besondere Erregung vorüber, vermutlich, weil niemand verstand, was in dem Stück geschah. Dagegen war die Handlung im »Nusch-Nuschi« von eindeutiger Klarheit. Die Lieblingsfrau eines Maharadschas war den Reizen eines Generals erlegen, der in ihres Gatten obersten Diensten stand und zudem sein vertrauter Freund war. Nachdem der Fürst das Geschehnis erfahren hatte, befahl er in höchstem Zorn, den Verräter zur Strafe seiner Mannheit zu berauben. Drastisch vom Orchester untermalt, vollzog sich dieser Akt gottlob noch *hinter* der Szene. Als aber danach der dicke General, von Häschern auf die Bühne geschleppt, dem tief vorwurfsvollen Blick des Fürsten standzuhalten hatte, zitierte eine Soloposaune im Orchester König Markes Auftritt aus »Tristan und Isolde«: »Mir dies, Tristan... dies, Tristan, mir!«

Nun waren die Schwaben nicht prüde und hätten, besonders in der damaligen Zeit, in der als Folge eines Krieges manches erlaubt war, gegenüber dem dramatischen Geschehen an sich wohl kaum Engherzigkeit bewiesen. Dagegen fehlte ihnen – wie ich heute sagen muß, mit Recht – völlig die Toleranz, um die Verletzung heiligster Güter zu dulden, als die sie das »Tristan«-Zitat auffaßten. Es gab einen Skandal, der sich noch steigerte, als die Zeitungen über die Angelegenheit herfielen und die öffentliche Meinung nach dem Schuldigen schrie. Dies war ich, und ich bekannte mich dazu.

Im Grunde genommen blieb das Vorkommnis ein Sturm im Wasserglas. Man vergab und vergaß es um so eher, als man andere, positive Ergebnisse meiner Operndirektion nicht leugnen konnte. Der Forderung Richard Wagners: »Kinder, schafft Neues, Neues!« wurde durch Aufführung zeitgenössischer Komponisten, wie Busoni, Schreker, Braunfels, Schoeck, weiterhin Rechnung getragen, wobei es etwas glimpflicher abging als beim jungen Hindemith. Umschau unter weniger bekannten älteren Werken brachte mich auf »Boris Godunow«, den ein einmaliger früherer Versuch auf der deutschen Bühne nicht heimisch gemacht hatte. In Stuttgart erzielte er – trotz eines entscheidenden Inszenierungsfehlers, auf den ich später zurückkommen werde – einen Erfolg, der anhielt und später eine im In- und Ausland berühmt gewordene Dresdner Aufführung nach sich zog. Vor allem aber hatte ich durch sorgfältige und liebevolle Wiedergabe mein voreiliges, grundfalsches Urteil über Verdi gutzumachen, den ich als einen der größten unter den dramatischen Musikern kennenlernte. Stuttgarter Neuinszenierungen von »Troubadour«, »Othello« und »Falstaff« legten den Grund zu einer Verdi-Renaissance, die wenig später von Dresden aus den Spielplan der deutschen Theater stark beeinflussen sollte.

Wir waren glücklich in Stuttgart und fühlten, daß wir dort Wurzel faßten. Natur und Menschen, die Lebensform des Landes – alles sagte uns gleichermaßen zu. Oft erinnerten wir uns der häßlichen Regennacht, in der wir endgültig, wenn auch fürs erste nur »möbliert«, hierher übersiedelten. (Aachen befand sich in Händen der Besatzungstruppen, und es sollte noch eine ganze Weile dauern, bis uns die Belgier unser eigenes Hab und Gut herausgaben, unversehrt bis auf ein scheußliches Kaiser-Wilhelm-Bild mit aufwärts gewichstem Schnurrbart, das ich als Sextaner einmal als Schulpreis bekommen hatte. Ich konnte seine Vernichtung verschmerzen.)

Auf dem langen Wege vom Bahnhof, den man damals zu Fuß zurücklegen mußte, dachten wir, während uns die eisigen Tropfen ins Gesicht schlugen, mit Unbehagen an die fremde, kalte Wohnung, der wir mit unserem müden kleinen Jungen zustrebten. Indes erwartete uns ein Wunder. Gute Menschen hatten Öfen geheizt und Betten bezogen. Eine ganze Weihnachtsbescherung damals seltenster Gaben war aufgebaut. Daran hingen Karten mit Namen von Menschen, die wir kaum oder überhaupt nicht kannten. Sie hießen uns willkommen. Von dieser Nacht an liebten wir Stuttgart.

Zuflucht in der Notzeit, liebe Stätte freundschaftlichen Beisammenseins in größerem Kreise nach Opern und Konzerten oder vertrauter Aussprache in einer der behaglich getäfelten, kleinen Nischen, wurde oft die Elsässer Taverne, keine Gaststätte gewöhnlicher Art. Ihr Besitzer, Ernst Widmann, ein dem Theater leidenschaftlich ergebener Mann, war Zauberkünstler gewesen, und er zauberte noch immer. Nicht nur ließ er hin und wieder Gäste zu ihrem höchsten Vergnügen die erstaunlichsten Vorführungen aus dem Reiche der Magie sehen, deren schwierige Technik er vollkommen beherrschte, und dabei das bekannte lebendige Kaninchen aus seinem Ärmel schlüpfen. Er zauberte auch tote Schweine und andere, damals karge materielle Genüsse herbei.

Es kann nicht verschwiegen werden, daß es in der Elsässer Taverne etwas parteiisch herging. Das konnte ein jeder feststellen, wenn die bedienende Kellnerin ihren Auftrag laut zur Theke hinüberrief. Da hieß es entweder: »Ein Schnitzel!« oder: »Ein Schnitzel fürs Theater!«, was schon etwas besagen wollte. Vernahm man aber: »Ein Schnitzel für den Generalmusikdirektor!«, so bedeutete das eine Sehenswürdigkeit.

Mochte es in der Welt drüber und drunter gehen: Der freundliche und gütige Widmann, unterstützt von seiner charmanten Frau, verstand Behagen und Angeheimeltsein zu zaubern, die uns unvergeßlich in Erinnerung blieben.

Fritz und Adolf Busch, 1900

Adolf Busch,
1906 fotografiert
vom Bruder Fritz

Der Vater
in seiner Werkstatt
in Siegen

Adolf, Kapellmeister G., Fritz, Vater Busch

Die Schülerkapelle in Siegburg, geleitet vom Tertianer Fritz Busch (ganz links)

In Riga

Bräutigam und Braut, 1911

In Aachen

Fritz Steinbach (1855–1916), 1913. Widmung »Onkel Fritz.«

Donald Francis Tovey (1875–1940), Aachen 1912.
Widmung: »Der Hausfreund.«

Mit Adolf Busch,
Stuttgart 1919

Mit Hans Pfitzner,
Stuttgart um 1920

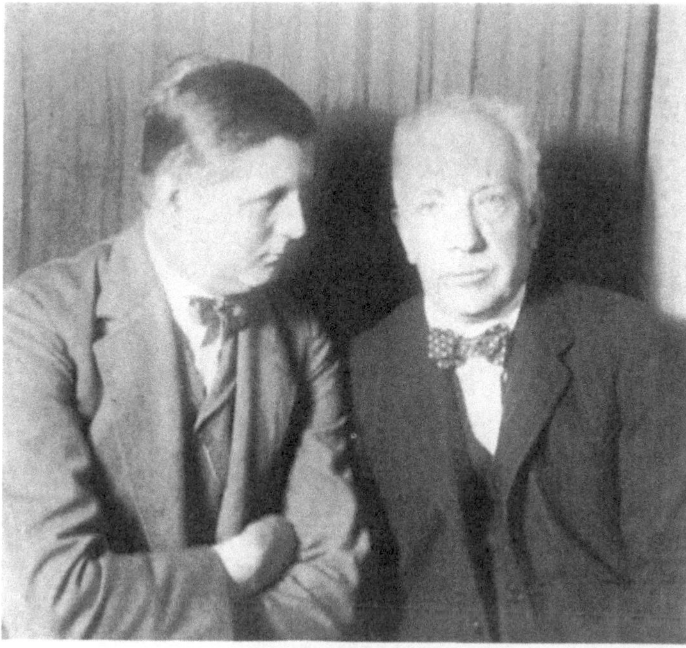

Mit Richard Strauss
in Dresden, 1925

Der Dresdner Generalmusikdirektor

Mit Adolf Busch
in Dresden

Mit Yedhudi Menuhin,
Dresden 1928

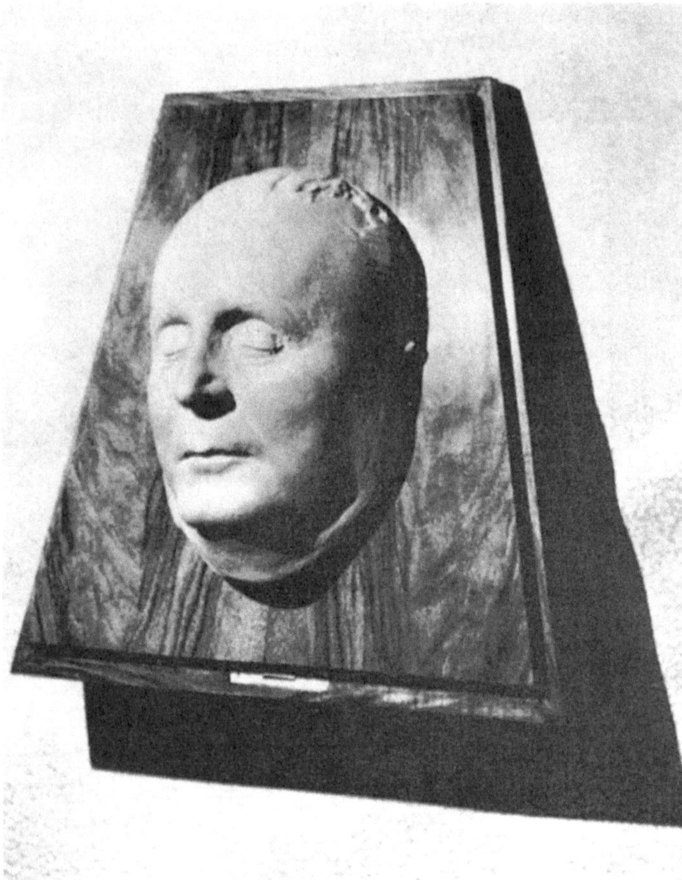

14. September 1951

Es war schön in Stuttgart. Die liberale Gesinnung, die kaum Gegensätze von Konfessionen und Kasten fühlbar werden ließ, wie das in anderen Teilen Deutschlands der Fall war, schuf eine beglückende Atmosphäre von Freiheit und Herzlichkeit, die wir in keiner anderen deutschen Stadt wiedergefunden haben. Aber es war wohl noch zu früh, und ich selber dem »Schwabenalter« noch zu fern, noch zu jung und unruhig, um mich festsetzen zu können. War mein Leben und Wirken bisher ohne besondere Schwierigkeiten in schnellem Aufstieg verlaufen, so sollten die großen Sorgen und harten Kämpfe noch kommen.

Für den Winter 1920 wurde ich zu einem Konzert der Sächsischen Staatskapelle nach Dresden eingeladen.

Vor etwa achtzig Jahren hatte Richard Wagner als Sächsischer Hofkapellmeister einen Zyklus von mehreren jährlichen Sinfoniekonzerten im Dresdner Opernhaus eingeführt. Seit Ernst von Schuchs Tode waren sie in den letzten Jahren von Fritz Reiner geleitet worden. Im Laufe der Zeit entstand ihm, wie das einem jeden zu gehen pflegt, Gegnerschaft, so daß der Kapellvorstand für den Winter 1920/21 mehrere Gastdirigenten einlud, darunter auch mich.

Am Dresdner Hauptbahnhof wurde ich trotz der sehr frühen Morgenstunde von sechs Herren des Kapellvorstandes mit gewisser Feierlichkeit begrüßt. Sie begleiteten mich ins Hotel zum Frühstück, wobei zwei Reden gehalten wurden. Die erste, an mich gerichtete, handelte von der Ehre, die mir widerfahren sollte, ein so hochberühmtes Orchester zu dirigieren, dessen Anfänge über vierhundert Jahre auf die Zeit Martin Luthers zurückgingen. In der zweiten erwiderte ich, daß ich mir alle Mühe geben würde, die Erwartungen einer so erlauchten Körperschaft nicht zu enttäuschen.

Im Orchesterraum des herrlichen Opernhauses fand ich zu meiner Begrüßung die gesamte Staatskapelle, einhundertundsiebenundzwanzig Musiker, versammelt. Die nicht beschäftigten Mitglieder setzten sich als Zuhörer ins Parkett, und ich begann mit der Zweiten Sinfonie von Brahms.

Als ich nach anderthalbstündiger intensiver Arbeit den ersten Teil der schönen Probe schloß, folgte mir der Kapellvorstand in das Garderobenzimmer, um eine dritte Rede zu halten. Ihr Inhalt war, daß die Kapelle soeben einstimmig beschlossen habe, mir die Leitung ihrer sechs Sinfoniekonzerte für die

Zukunft zu übertragen, falls *ich* ihr die Ehre antun würde, sie anzunehmen.

Trotz mancher Erfahrungen mit den verschiedensten Orchestern konnte ich mich doch bei dieser Probe einer besonderen Freude und Spannung nicht erwehren. Die Dresdner Kapelle genoß den unbestrittenen Ruf, eines der ersten Orchester der Welt zu sein. Schon der Reichtum der Besetzung erregte Erstaunen: neben einem großen Streichkörper sechsfaches Holz; so viele Blechbläser, daß ich allein zwölf Hornisten zählte. Mich überraschte eine nie vorher empfundene Klangschönheit sowie eine hervorragende Bogentechnik der Streicher, wie ich sie in dieser Vollendung kaum mehr bei einem anderen Orchester gefunden habe.

In den paar Tagen zwischen dieser ersten Probe und dem Konzert konnte ich erleben, daß in Städten mit ausgesprochener Musikkultur der Erfolg eines Künstlers lange vor seinem öffentlichen Auftreten und ohne Bestätigung oder Mitarbeit der Presse entschieden sein kann. Von Anbeginn wird »vom Bau« aus eine besondere Atmosphäre der Vorfreude und des Miterlebens geschaffen, eine wachsende Erregung, die sich am Konzertabend im Jubel eines ausverkauften Hauses entlädt.

Wie ein Trunkener fuhr ich nach diesem ersten Dresdner Konzert nach Stuttgart zurück, den herrlichen Klang der Kapelle im Ohr.

Der praktische Reger hatte mir einmal gesagt: »Es gibt nur *einen* Beweis für einen wahren Erfolg: man muß sofort wiederengagiert werden!« Wenn er recht hatte, so konnte ich mit dem Dresdner Erfolg zufrieden sein. Zugleich mit der Kapelle war der Operndirektor Scheidemantel – vordem ein berühmter Sänger – an mich herangetreten, um mir auch die Stellung des Generalmusikdirektors der Dresdner Staatsoper anzubieten.

Kurz zuvor hatte ich in Stuttgart einen neuen, langjährigen Vertrag abgeschlossen, und wir hingen an dieser Stadt.

Einige Wochen lang tröstete ich mich mit dem Kompromißgedanken, die Dresdner Sinfoniekonzerte im Rahmen meines kontraktlichen Urlaubs zu dirigieren, die Oper aber abzulehnen und weiter in Stuttgart zu leben. Dann trat nach einem zweiten Konzert in Dresden der frühere Generalintendant der Sächsischen Hoftheater, Graf Seebach, in Erscheinung und griff seinerseits, klüger, als mir damals recht war, in das Spiel ein. Seebach erklärte mir, daß er an meinem Kommen nach Dresden äußerst interessiert sei, jedoch nur, wenn ich gleichzeitig auch die Oper übernähme. Zu diesem Zweck hatte er mittlerweile das Sächsische Ministerium bestimmt, die seit Jahrzehnten der Kapelle zugestandenen sechs Sinfoniekonzerte in staatliche Verwaltung zu übernehmen, wodurch dem Orchester das Recht der Dirigentenwahl entzogen und an den Staat zurückgefallen war. Der Staat wünschte nur einen Kapellmeister anzustellen, der einwilligte, auch die Oper zu übernehmen.

An der Kraft, seine Forderungen durchzusetzen, fehlte es Graf Seebach, wie ich sofort bei dieser Unterredung bemerkte, keineswegs. In Dresden hielt zu dieser Zeit das Interregnum noch an, in dem sich, wie früher in Stuttgart, Arbeiterräte ohne sonderlichen Erfolg um die Geschicke der Staatstheater bemühten. Obwohl nicht mehr im Amt, besaß der Graf immer noch genügend Autorität, um hinter den Kulissen das, was er für richtig hielt, den entscheidenden Stellen klarzumachen und damit das von ihm gewünschte Ergebnis zu erreichen.

Seebach nannte sich selbst ein Theaterkind und behauptete, es sei nur die Frage von Augenblicken gewesen, daß er nicht in einer Loge der Pariser »Opéra« zur Welt gekommen sei. Sein Vater war jener Sächsische Gesandte, der in den sechziger Jahren dort Richard Wagner im Exil manche Freundlichkeiten gewährte und sich meines Wissens um dessen Rückkehr nach Deutschland mehrfach bemühte. Leidenschaftlich an der Oper interessiert, war die Mutter meines Grafen Seebach unmittelbar vor ihrer Entbindung in die Pariser Oper gefahren, um einer »Tannhäuser«-Aufführung beizuwohnen, als die eintretenden Geburtswehen sie schleunigst heimzukehren zwangen.

Das Theaterkind wuchs in jeder, auch in physischer Hinsicht zu einem Menschen großen Formats. Einmal trat ein Besucher in sein Arbeitszimmer; Seebach bot ihm einen Stuhl an, den zu benützen jener sich trotz mehrfacher Aufforderung weigerte. Als der Graf etwas unwillig sagte: »Aber so nehmen Sie doch endlich Platz!« bekam er zur Antwort: »Unmöglich, solange Eure Exzellenz stehen.«

»Aber ich sitze ja!« rief der Graf verzweifelt.

Er besaß Humor, große Erfahrung und geistige Überlegenheit. Mit ungewöhnlichem Geschick, mit Liebe und Verständnis für die soziale Lage seines Personals, weitherzig und einsichtsvoll leitete er mehrere Jahrzehnte lang die beiden Dresdner Hoftheater, Oper und Schauspiel. Wir haben oft bedauert, daß wir nicht zusammen arbeiten konnten, nachdem Seebach, ebenso wie Putlitz, infolge der Novemberrevolution 1918 sein Amt aufgegeben hatte. Noch jahrelang war er – »verbiete du dem Seidenwurm zu spinnen!« – bei allen Opernereignissen, häufig auch im Repertoirebetrieb, Gast in der Intendantenloge, die er mitunter verließ, um einen Zug aus der geliebten Zigarette zu tun. Da das Rauchen innerhalb des Theaters auf das strengste verboten war, zog er sich dann in den unbeleuchteten Verbindungsgang zwischen Zuschauer- und Bühnenraum zurück, wo auf dem Steinboden eine hohe Kiste mit Sand aufgestellt war. Wer dort vorbeiging, sah oft im Dunkeln das Feuer einer Zigarette aufglimmen und Seebach mit seinen eleganten, unwahrscheinlich langen Beinen halb stehend auf der Kiste sitzen. Nach Schluß der Vorstellung konnte man dort zahlreiche Zigarettenstummel vorfinden.

Trotz des Altersunterschieds von etwa vierzig Jahren wurden wir gute Freunde und blieben es bis zu Seebachs Tode, wobei uns eine Spanne Zeit von mehreren Jahren vergönnt blieb.

Im Gefühl eines noch ärgeren Dilemmas als das erste Mal fuhr ich nach dem zweiten Konzert und der anschließenden Unterredung mit dem Grafen nach Stuttgart zurück. Ich war mir bewußt, was ich dort verlieren würde. Wenn ich mich trotzdem schließlich für Dresden entschied, so war es weniger der Ehrgeiz des zweiunddreißigjährigen Mannes, der mich hierzu veranlaßte, als der Wunsch des Musikers, statt wie bisher auf einer guten Tiroler Geige in Zukunft auf einer Stradivari zu spielen.

Eine Nacht lang redete ich mit meinem Freunde, Ministerialrat Frey, der ebenso stark an mein persönliches Wohl als an das der jetzt ihm unterstellten Landestheater in seinem lieben Stuttgart dachte. Wir fanden keinen Ausweg. Uns beiden war das Herz schwer, als er sich schließlich gegen Morgen erhob und nicht ohne etwas Wehmut zitierte: »Zieh hin, ich kann dich nicht halten!«

Mein Weggang nach Dresden zu Ende der Spielzeit 1922 war hiermit entschieden und erfüllte mich gleichzeitig mit großer Vorfreude und mit einer eigentümlichen Bedrückung, gegen die ich nicht ankommen konnte. Es trug nicht zu ihrer

Behebung bei, daß mir um diese Zeit ein anonymer, zweifellos von einem mit den Verhältnissen des sächsischen Musiklebens wohlvertrauten Menschen geschriebener Brief zukam, der mich ernsthaft davor warnte, nach Dresden zu gehen. Aus der langjährigen Musikgeschichte dieser Stadt erbrachte der Schreiber unzählige Beweise dafür, daß noch jeder Leiter der Dresdner Oper mit Undank, Ungerechtigkeit, ja Verfolgung zu kämpfen gehabt hatte. Mahnend stellte er mir Richard Wagners Erlebnisse in Dresden vor Augen.

Die unbehagliche Zuschrift fiel sonderbar mit meiner inneren Beklommenheit zusammen.

Einige Zeit nach meiner Dresdner Berufung erkrankte und starb Nikisch und hinterließ eine nicht auszufüllende Lücke im deutschen Musikleben. In Nikischs Vertretung habe ich wiederholt im Gewandhaus in Leipzig dirigiert, an jener klassischen Stätte edelster Musikpflege, auf die Deutschland stolz sein durfte, bis man Felix Mendelssohns Denkmal und den Geist deutscher Kultur von dort entfernte.

Als Abschiedsvorstellung dirigierte ich in Stuttgart eine neueinstudierte Aufführung der »Fledermaus«, zum Mißbehagen eines Teils der schwäbischen Presse, der mich wissen ließ: das habe man mir nun doch nicht zugetraut, daß ich mich von Stuttgart mit einer Operette verabschieden würde!

Weder verstand der Schreiber jener Zeilen, daß auch die »Fledermaus« ein Meisterwerk der Kunst ist, noch daß es mir bei dieser heiteren Musik recht betrübt ums Herz war. Der Abschied von Stuttgart fiel uns schwer.

In den folgenden Jahren bin ich oft dahin zurückgekommen und habe immer wieder die gleiche Freude empfunden, die vom ersten Tage meines Dortseins an so stark fühlbar war. Heute, auf einem anderen Kontinent, angesichts der grauenvollen Zerstörung dieser schönen und liebenswerten Stadt, erinnere ich mich eines Tages in Stuttgart im Frühherbst 1918. An einem leuchtenden Sonntagmorgen ließ uns, nachdem wir bereits in der Nacht wiederholten Fliegeralarm gehabt hatten, ein schwerer donnerähnlicher Einschlag in die Höhe fahren, dem lang anhaltendes Krachen und Zusammenstürzen folgte. Nicht weit von uns, in der Heusteigstraße, hatte ein Fliegerangriff Häuser zerstört, die Menschen unter sich begruben. Seitdem sind dreißig Jahre dahingegangen, die den einem guten Vierteljahrhundert angemessenen Kulturfortschritt hätten bringen sollen. Statt dessen wurde nach flüchtiger Aufbauzeit Deutschland um Jahrhunderte zurückgeworfen. Unter den Trümmern liegt auch begraben, was wir jungen, gleichgestimmten Menschen, jeder zu seinem bescheidenen Teil, damals in einer kurzen, schönen Zeit in Stuttgart erarbeiteten und erhofften.

VIII Dresdner Anfänge
1922–1924

Ich wünschte sehr der Menge zu behagen,
Besonders weil sie lebt und leben läßt.
Die Pfosten sind, die Bretter aufgeschlagen,
Und jedermann erwartet sich ein Fest.
Sie sitzen schon mit hohen Augenbraunen
Gelassen da, und möchten gern erstaunen.

GOETHE, »Faust I«,
Vorspiel auf dem Theater

Aus dem heiteren und behaglichen, anheimelnd in Berge und Wälder gebetteten Stuttgart, das trotz seiner Ausdehnung, seiner industriellen und besonders auch baulichen Bedeutung den Charakter der alten, gemütlichen schwäbischen Landstadt nicht verleugnen konnte, übersiedelten wir in das weit prunkvollere Dresden.

An die Stelle behäbiger Fachwerkbauten trat das berühmte Dresdner Sandsteinbarock; an die Stelle freundlicher Bürgerlichkeit das zeremoniellere Wesen der Hofstadt. Eine gewisse inhaltlose Gesellschaftlichkeit blieb bezeichnend für manche zwar ihres höfischen Mittelpunktes nun beraubte Kreise. Daneben gab es freilich ein sehr gutes, intelligentes Bürgertum.

Den besten sächsischen Typus stellte der bescheidenere Mittelstand dar, darunter der Lehrerberuf, in dem auch ein ausgesprochener Musikenthusiasmus und ein opferbereiter Idealismus zu Hause waren.

Bei unserer Übersiedelung nach Dresden stand die Inflation bereits in Blüte. Mein Jahreseinkommen betrug anfänglich zweihunderttausend Mark, und wieviel dies eigentlich war, wußte niemand. Es war Inflationsgeld, dessen Wert sich täglich verminderte; daher ging das Gehalt schließlich im Laufe der nächsten Monate in die Millionen und Billionen. Daß die Folgen dieser Geldentwertung die künstlerische Arbeit im Beginn meiner Tätigkeit, wie das ähnliche Mißstände der Nachkriegszeit schon in Stuttgart getan hatten, ungemein erschwerten, liegt auf der Hand. Selbst die kleinen Sänger versuchten dauernd, sich Urlaub und Gastspiele in der benachbarten Tschechoslowakei zu verschaffen, von deren Honorar sie sich und ihre Familie viele Wochen lang besser unterhalten konnten, als es mit ihrem gesamten deutschen Jahresverdienst möglich gewesen wäre.

Da ich bisher in Dresden nur zwei Gastspiele als Konzertdirigent gehabt hatte, war mir der dortige Opernbetrieb unbekannt bis auf den Weltruf, den das Institut genoß. Damit verbanden sich die Namen einiger Künstler von internationalem Rang. Die große Mehrzahl der Sänger war mir fremd.

Als Eröffnungsvorstellung wurde Beethovens »Fidelio« gewählt. Während ich noch in den Sommerferien war, erhielt ich vom Generalintendanten ein Telegramm mit der lakonischen Frage: »Wer soll erste Leonore singen?«

Dem reichen Dresdner Sängerpersonal standen fünf Vertreterinnen dieser heiklen Partie zur Verfügung. Jede von ihnen brachte *eines* der vielen Erfordernisse der Rolle mit, die man kaum jemals in vollkommener Darstellung erleben wird. In der ersten der Damen, die einen berühmten Namen trug, besaß die Oper eine Künstlerin von Emotion und Phantasie, die mich sehr beeindruckte. Leider aber war sie nicht mehr die jüngste, und ihre stimmliche Unvollkommenheit bewirkte, daß man von Glück sagen konnte, wenn sie nicht mehr als einen halben Ton zu tief sang. Eine andere Sängerin hatte eine wunderbare Stimme, jedoch eine unmögliche Figur; die dritte die untadelige Figur, aber keine hervorragende Stimme. Die vierte, die über die Stimme *und* Figur verfügte, war so kurzsichtig, daß sie ohne dicke Augengläser keinen Kontakt mit dem Dirigenten halten konnte. Eine junge, fünfte Sängerin vereinigte die schöne Stimme mit allen übrigen Erfordernissen, hatte aber keinerlei Gesangstechnik und Erfahrung. Sie war nur als Hoffnung auf die Zukunft verpflichtet worden. Dabei ist es denn auch geblieben.

Aus der Ferne war es unmöglich, eine Entscheidung über die wichtige Besetzung zu treffen. Zunächst schwieg ich einmal. Erst auf eine wiederholte Mahnung telegrafierte ich ärgerlich zurück: »Die Älteste.« So hatte ich Ruhe bis zu meiner Ankunft in Dresden, worauf ich nach gewissem Einblick in die dortigen Verhältnisse die Sängerin der Leonore bestimmen konnte.

Die Proben zu »Fidelio«, ferner zu »Rosenkavalier« und den »Meistersingern«, waren noch keine Woche im Gange, als ein dringender Telefonanruf aus der Reichskanzlei mich aufforderte, am nächsten Tage – einem Freitag – bei der ersten Verfassungsfeier der Deutschen Republik in Berlin das Philharmonische Orchester zu dirigieren. Es war der persönliche Wunsch des Reichspräsidenten Ebert, daß ich den musikalischen Teil des Festaktes leiten solle.

Der Staatssekretär, der am Telefon war, ließ meine Einwendung, daß ich unmöglich mitten in den »Fidelio«-Proben und vor meiner ersten Dresdner Opernaufführung verreisen könne, nicht gelten. Verstimmt bemerkte er:

»Wenn S. M. der Deutsche Kaiser Sie befohlen hätte, so säßen Sie schon im Zug. Dem Reichspräsidenten glauben Sie einen Wunsch abschlagen zu können.«

»Sie irren sich!« rief ich aufgebracht zurück. »Gut, ich werde kommen. Aber am Sonntag habe ich hier ›Fidelio‹. Ich muß Samstag früh probieren.«

»Selbstverständlich, Herr Generalmusikdirektor. Der Nachtzug...«

»Ausgeschlossen. Den erreiche ich nach der Feier nicht mehr. Sie müssen mir ein Auto nach Dresden stellen.«

»Mit Vergnügen.«

Am Anhalter Bahnhof empfing mich ein Beamter der Reichskanzlei mit einem betroffenen Blick auf die rote Krawatte, die ich völlig absichtslos umgebunden hatte. Ihm war anzumerken, daß ihn die Farbe in Verbindung mit schwarzweiß weniger gereizt hätte.

Die Verfassungsfeier, bei der Gerhart Hauptmann als Ehrengast in der Loge des Reichspräsidenten anwesend war, fand statt, und als sie vorüber war, zeigte es sich, daß man den Wagen für meine Rückfahrt vollständig vergessen hatte. Dem freundlichen Polizeipräsidenten Richter gelang es schließlich, ein offenes Taxi aufzutreiben, mit dem ich – wie ich ging und stand: im Frack – losfuhr. Ich merkte bald, daß der brave Chauffeur außerhalb Berlins keinerlei Wegkenntnisse hatte. Da ich ihm nicht helfen konnte, schlief ich erst einmal ein. Beim Erwachen stellte ich fest, daß wir uns *Dessau* näherten – einer Stadt, die mich durchaus nicht zur Generalprobe von Beethovens »Fidelio« erwartete. Als wir schließlich des Morgens doch noch in Dresden anlangten, mußte ich, um pünktlich zu sein, die Probe um zehn Uhr früh im Frack beginnen.

Kurze Zeit vor meiner Berufung war Dr. Alfred Reucker aus Zürich zum Generalintendanten der Dresdner Staatstheater gewählt worden. Mit ihm habe ich elf Jahre, bis zu unserem gemeinsamen Abgang 1933, zusammengearbeitet. Reucker brachte für die sehr umworbene Dresdner Stellung, in die er hauptsächlich auf Seebachs Fürsprache berufen wurde, die umfassendste Kenntnis und Erfahrung mit, die man sich wünschen konnte. Theaterbesessen, hatte er sich mit sechzehn Jahren einer Wandertruppe angeschlossen und bald Anstellung an kleineren Bühnen gefunden; später wurde er in Prag der Mitarbeiter Angelo Neumanns, von dem er viel und Entscheidendes lernte. Danach war er etwa zwanzig Jahre lang Intendant in Zürich. Anspruchslos dem Leben gegenüber, kannte er nichts anderes als die Erfüllung der Pflicht, der er mit vollem Einsatz aller ihm gegebenen ungewöhnlichen Fähigkeiten diente.

An figürlicher Größe stand er hinter Seebach nicht zurück. Er wirkte sachlicher, weniger leidenschaftlich als dieser, besaß auch nicht immer jene gewisse Verwegenheit, die man einem Theaterleiter wünschen muß. Dafür war er die Zuverlässigkeit in Person. Sein Gedächtnis für die kleinsten Dinge, die er übernommen hatte, war unglaublich. Einmal sagte ich ihm mit Bitterkeit, es sei mir unmöglich, mit einem bestimmten, unfähigen technischen Angestellten weiterzuarbeiten. Reucker, der mir recht gab, meinte, es würde sehr schwer sein, einen lebenslänglich verpflichteten Beamten zu entlassen. Versuchen wolle er es trotzdem, aber es könne zwei Jahre dauern. Danach ärgerte ich mich nutzlos weiter. Jedoch nach zwei Jahren trat Reucker in mein Zimmer und sagte: »So, nun sind wir X los.«

Was er sich vorgenommen hatte, setzte er eigensinnig durch. Daß wir nicht immer einer Meinung waren, verstand sich bei der Gegensätzlichkeit unserer Naturen von selbst. War ich Reucker zu stürmisch, so pflegte er zu zitieren: »Wär' ich besonnen, hieß' ich nicht der Tell.« Mir verbot schon der zwischen uns bestehende Altersunterschied von zweiundzwanzig Jahren, ihn auf meine Weise zu apostrophieren.

Seine stehende Redensart: »Ich sehe schwarz« wurde im Theater wie im Freundeskreis zum geflügelten Wort.

Charakter und Wesen Reuckers erinnerten in vielen Zügen an den Reichskanzler Brüning, den ich später in England kennen lernte: in seiner moralischen Sauberkeit und in der peinlichen Genauigkeit, mit der er das ihm anvertraute Gut verwaltete; so die Staatsgelder, ganz besonders, wo er sie in dienstlichen Angelegenheiten für sich selbst in Anspruch zu nehmen hatte. Bei den unzähligen Reisen, die er im Interesse der Dresdner Staatstheater unternahm, stand ihm die Eisenbahnfahrt zweiter Klasse sowie Aufenthalt in den besten Hotels unwidersprochen zu. Er fuhr jedoch grundsätzlich »Dritter« und wohnte bescheiden, hätte auch ein Taxi, wenn sich schon dessen Verwendung nicht vermeiden ließ, niemals weiter benutzt, als es zu Dienstzwecken unumgänglich notwendig war – oder er würde gewissenhaft die Preisdifferenz aus seiner eigenen Tasche zurückerstattet haben.

Hingebend wachte er über Befolgung der staatlich verordneten Sparmaßnahmen. Er hielt die eigenen Hände rein vom Unrecht einer jeden noch so geringfügigen Mehrbelastung des schwer kämpfenden Staates. Man kann den Abscheu verstehen, mit dem er es aufnahm, wenn in dieser Notzeit anmaßende auswärtige Künstler, die als Gäste der Staatsoper im Hotel Bellevue wohnten, ihre Sektfrühstücke auf Rechnung des Sächsischen Staates gebucht haben wollten. Für solche Übergriffe fehlte Reucker das Verständnis vollkommen, und seine verletzten Anstandsbegriffe konnten den gemessenen Mann zu äußerster Heftigkeit und zu steifer Unbeugsamkeit treiben.

Leider hinderten auch Reuckers große Erfahrung und Menschenkenntnis mich nicht daran, einen der dümmsten Streiche meines Lebens zu machen. Als er 1922 zu Vertragsverhandlungen mit mir nach Stuttgart kam, verlangte und erhielt ich durch ihn von der Sächsischen Regierung dieselbe lebenslängliche Anstellung, wie sie unter anderem meinem Vorgänger Richard Wagner zugestanden worden war. Ohne es zu wissen, handelte ich auch mit genau derselben Begründung wie dieser: unkündbare Anstellung des Operndirektors sollte ihm gegenüber dem Künstlerpersonal größere Autorität geben.

Wie weit sich die Hoffnungen meines großen Kollegen in dieser Hinsicht erfüllt haben, kann der Interessierte aus Wagners Selbstbiographie »Mein Leben« erfahren. Ich jedenfalls kam durch meinen Anspruch vom Regen in die Traufe. Als Staatsbeamter wurde ich in meinem Tun und Lassen von der Öffentlichkeit nun vollkommen anders behandelt, als es bei einer Anstellung auf Privatvertrag der Fall gewesen wäre. Der Samen mancher verkehrten Beurteilung keimte und trieb mit der Zeit die üppigsten Blüten. Die traurige Ernte, die er mir eintrug, war Neid und Gehässigkeit.

Als ich 1922 meine Stellung antrat, war jedes Bedenken

vergessen, kein Schatten fiel auf die allgemeine Freude, die meine sowohl als die der anderen. Das Schicksal hatte mich in Dresden an einen Platz gestellt, an dem sich alle Voraussetzungen von Natur, Kunst und guter Tradition in seltener Weise vereinigten. Schon der äußere Anblick des Opernhauses stimmte die Erwartung hoch. Der Semperbau war ein Schatz von wirklich königlicher Schönheit. Das Stadtbild, das er, zusammen mit der phantasievollen Hofkirche, dem Zwinger, der Elbe und der Brühlschen Terrasse in geringer Entfernung, beherrschte, hatte nichts seinesgleichen. Von derselben Außerordentlichkeit war, was dies Opernhaus enthielt: sowohl der noble, festliche Zuschauerraum als der ausgedehnte Bezirk der Bühne, die alle erdenklichen technischen Vollkommenheiten und einen unvergleichlich reichen Fundus besaß.

Der Rahmen war hier gegeben, um nach Überwindung zeitbedingter Schwierigkeiten, deren Ende man abzusehen hoffte, die Dresdner Oper in alter Herrlichkeit wieder aufzubauen. Der ehrwürdige Orchesterkörper der Staatskapelle bestand unversehrt; seine Geschlossenheit, Virtuosität und klangliche Pracht hatten mich beim ersten Hören hingerissen. Meine Sorge mußte dem weit heikleren, zarteren und vergänglicheren Wesen des Sängerpersonals gelten, das sich nach Notzeit und Interregnum wie ein verwahrloster Garten ausnahm. Auch in diesem ungleichwertigen Bestand gab es eine Reihe einzigartiger Sänger-Darsteller, deren Format den Vorrang der Dresdner Oper vor den meisten anderen deutschen Bühnen rechtfertigte. Konnte man diese Künstler einmal in einer Besetzung vereinigen, so wurden Aufführungen verwirklicht, die meinem Glauben an die Möglichkeit idealer Operndarstellung neuen Ansporn gaben.

Ich war mit meiner ganzen, noch jungen Kraft entschlossen, aus den gegebenen Bedingungen die höchste Leistung herauszuholen.

Überall herrschte Enthusiasmus, die Presse war begeistert von dem neuen Manne, von dem man Wunderdinge erwartete. »Habemus Papam«, schrieb der Kritiker einer großen rechtsstehenden Zeitung. Die linksstehende verglich mich mit König Midas, der alles, was er anrührte, in Gold verwandelte.

Daß dieser Paroxysmus nicht anhalten konnte, lag auf der Hand. Der in der Antike bewanderte Kritikus erschien nach einiger Zeit mit einem Paket Sinfonien, die von mir durch

Aufführungen »in Gold verwandelt« werden sollten. Der andere Herr verlangte vornehmlich Opferdienst für seinen Gott Richard Wagner; war dieser zelebriert, sollte jedoch der Papst auch die Schöpfungen des Sohnes Siegfried nicht vergessen. In der Folge erklärte er die Aufnahme eines »unbedeutenden Machwerks« wie Berlioz' »Benvenuto Cellini« in den Spielplan für überflüssig und verschwor sich, das Werk nicht eher wieder anzuhören, »bis nicht Siegfried Wagners ›Bärenhäuter‹ oder ›Herzog Wildfang‹ die ihnen gebührende Beachtung des Generalmusikdirektors gefunden haben würden«.

Nachdem die anhaltenden Versuche eines dritten Referenten, sein armseliges Töchterchen als erste Soubrette an der Staatsoper anzubringen, fehlgeschlagen waren, bedauerte der kritisierende Papa in Zukunft die Verständnislosigkeit des Operndirektors für schöne Stimmen und wahren Belcantostil.

Weit weniger problematisch als die Oper – sogar allzuwenig problematisch – erwiesen sich die zwölf jährlichen Sinfoniekonzerte, die mit der seltenen Ausnahme einiger Gastspiele von Richard Strauss, Siegmund von Hausegger, Otto Klemperer traditionsgemäß der alleinigen Leitung des Generalmusikdirektors unterstanden. Der Geschmack des Konzertpublikums war durchaus konservativ. Meine fortgesetzten Bemühungen, die Dresdner Musiker und Musikliebhaber mit wertvollem zeitgenössischem Schaffen bekannt zu machen, stießen auf vollkommene, kalte Ablehnung. Man wollte die Klassiker und Romantiker hören, an denen man sich unermüdlich erfreute. Jedoch unterschied eine gewisse, selbstzufriedene Blasiertheit dieses Publikum deutlich von dem Stuttgarter, das sich jedesmal aufs neue überraschen ließ. Das Beste, die oft überragende Leistung der Kapelle, die den Musiker entzücken mußte, wurde als so selbstverständlich vorausgesetzt, daß nach der Sensation meiner ersten Konzerte nur wenige meiner Zuhörer sich noch in die Unkosten einer Ekstase stürzten.

Dem Herkommen gemäß fiel, im Gegensatz zum benachbarten Leipziger Gewandhaus, dessen Veranstaltungen regelmäßig Solisten aufwiesen, in den Konzerten der Dresdner Kapelle das Hauptgewicht auf Orchester und Dirigenten. Nur dann und wann erschienen international bekannte Pianisten wie Schnabel, Sauer, Egon Petri, Geiger wie Hubermann, Szigeti, der dann frühverstorbene Franz von Vecsey oder mein Bruder an diesen Abenden.

Große Freude machte mir bei seinem wiederholten Auftreten die Begegnung mit Rudolf Serkin, dem damals etwa achtzehnjährigen Pianisten, den Adolf nicht lange vorher, noch fast als Kind, mit nach Stuttgart gebracht hatte. In Dresden erregte besonders sein Vortrag des Fünften Brandenburgischen Konzerts gleich nach der großen, mit unerhört gesteigerter Kraft und Intensität des Ausdrucks gespielten Kadenz am Ende des ersten Satzes einen außergewöhnlichen Enthusiasmus. Es war nicht schwer, schon damals Serkins große Zukunft vorauszusehen.

Sei es, daß mein Bruder wieder einmal unzufrieden mit seinem Klavierpartner gewesen oder daß dieser erkrankt war: Adolf befand sich in Wien auf Umschau nach Ersatz, als ihn Freunde auf den blutjungen, hochbegabten Serkin, Schüler des Klavierpädagogen Robert, aufmerksam machten. Man suchte ihn zu Hause. Zum Schrecken der Abgesandten stellte sich heraus, daß Rudi zur selben Stunde, zusammen mit einer Gruppe anderer unterernährter Kinder von einer Wohlfahrtsvereinigung zur Erholung fortgeschickt, auf dem Wege nach Frankreich war. Adolfs Freunde holten ihn beinahe aus dem Zuge heraus zurück, einen schmächtigen, ernsthaft-scheuen, fünfzehnjährigen Jungen mit borstigem schwarzem Haar und gescheiten Augen. Zwei Musiker, die sich ihrer ganzen menschlichen und künstlerischen Veranlagung nach besonders verstehen mußten, fanden sich damals zu dauerndem Zusammenwirken. Hätte der Zug auf dem Wiener Westbahnhof früher zur Abfahrt gepfiffen, so wären sie vielleicht aneinander vorbeigegangen.

Die herrlichen Dresdner Sinfoniekonzerte blieben für den größeren Teil des Publikums eine angenehme Beigabe zum winterlichen Musikleben; um mit Paul Bekker zu reden, mit den Möglichkeiten »gesellschaft-bildender Kraft«. Dresden war und blieb eine Theater-, mehr noch eine Opernstadt.

Gemeinsam mit Reucker arbeitete ich fleißig, um zunächst dem Spielplan wichtige, in Dresden nicht bekannte oder selten aufgeführte Werke als festen Bestand einzufügen. Hierzu gehörte Verdis »Othello«, der seit Jahrzehnten nicht mehr gegeben worden war und in sehr neuartiger Inszenierung herauskam. An diesem Verdi-Abend zeigten sich Anfänge eines Aufführungsstils, der sich Jahre später im »Maskenball« in Berlin zu möglichster Vollkommenheit entwickeln sollte.

Einstweilen lag der Hauptunterschied zwischen meinen frühen Dresdner Opernerlebnissen und allen, die ich bisher gehabt hatte, in dem unvergleichlichen Glanz, den ihnen der Klang des Orchesters gab.

Auf den »Othello« folgte Pfitzners »Palestrina« in Anwesenheit des Komponisten, der sich seit Stuttgart in keiner Weise verändert hatte. Nur wurde seine gewohnte Mißstimmung noch dadurch gesteigert, daß er sich körperlich leidend fühlte. Um ihn aufzuheitern, führte man den zwar griesgrämigen, den Freuden einer wohlbesetzten Tafel und einer guten Flasche Rotwein jedoch keineswegs abgeneigten Komponisten in ein vorzügliches Restaurant, wo er zunächst den Kellner eine halbe Stunde lang springen ließ. Vergeblich ging er mit sich und uns zu Rate, was er bestellen solle. Es gelüstete ihn nach einem Rahmschnitzel: doch, um seine Galle besorgt, bestellte er es wieder ab. Fisch wurde beordert, dann ebenfalls rückgängig gemacht. Schließlich entschied er sich verärgert für etwas recht Fades, ganz Leichtes. Kaum hatte er es verspeist, entfernte er sich käsebleich. Nach längerer Abwesenheit zurückgekehrt, ließ er sich erschöpft auf seinen Stuhl sinken mit der matten Verkündung, er habe auch »das Leichte« nicht bei sich behalten können. Ein vernichtender Blick traf den Logiker, der daraufhin bemerkte: »Meister, dann hätten Sie ja ebensogut das Rahmschnitzel essen können.«

Pfitzners künstlerischer Antipode Ferruccio Busoni war damals schon ein schwerkranker Mann, den ich leider zu spät kennen und verehren gelernt habe. Ich hatte die Freude, noch zu seinen Lebzeiten 1922 seinen Einakter »Arlecchino« zur Dresdner Erstaufführung zu bringen. Busoni starb, bevor wir sein letztes, bedeutendstes Werk, »Doktor Faust«, im Mai 1925 als Uraufführung herausbrachten.

Das wichtigste Opernereignis im ersten Dresdner Winter 1922/23 war der »Boris Godunow« von Mussorgski. Bereits in Stuttgart war ich zu der Einsicht gelangt, daß die dortige expressionistische Inszenierung, des historischen Stoffes wegen, ein Mißgriff war.

Es gelang meinem Herumsuchen und Spüren, den geeigneten Regisseur in einem russischen Musiker zu finden, der eines Tages mit der Bitte um einen Freiplatz in mein Zimmer im Opernhaus kam. Von mir ausgefragt, erwies er sich nach kurzer Unterhaltung als ein Kapellmeister, der den »Boris

Godunow« sehr viel öfter als ich, und zwar in Rußland selbst, dirigiert hatte. Mit dem schauspielerischen Geschick seines Volkes führte er mir alsbald die Krönungsszene vor. Der kleine, elende und magere Mensch warf sich in meinem Zimmer nieder, berührte mit der Stirn den Boden und schien nicht wieder aufstehen zu wollen. Die Partitur verzeichnet, sobald das Geläut der Kremlglocken beendet ist, eine Generalpause, über die ich, am Klavier spielend, hinweggehen wollte, ohne ihr besondere Bedeutung beizumessen. Als mein Russe sich jedoch nicht vom Boden rührte, fragte ich erstaunt nach dem Sinn seines Gehabes. Sehr bewegt erklärte er mir, daß Schaljapin, der klassische Darsteller des Zaren Boris, während dieser Musikpause, in der die Menge in lautlosem Schweigen verharrt, mit feierlicher Inbrunst die russische Erde küsse.

Ich begriff an dem Beispiel, wie beziehungslos ein deutscher Spielleiter dieser Oper gegenüberstehen mußte. Zum Entsetzen und gegen den heftigsten Widerstand Reuckers setzte ich vom Fleck weg die Verpflichtung des sonderbaren Besuchers als Regisseur für den »Boris Godunow« durch. Seine ungewöhnliche Eignung für diese Aufgabe sprang in die Augen. Reucker sah wohl die Unzuträglichkeiten voraus, die der Charakter des sehr begabten Außenseiters dem ruhigen Arbeitsgang der Oper später zufügen mußte. Ich lebte im Augenblick und war Feuer und Flamme für das Zusammenwirken mit dem Russen. Einen sehr phantasievollen, gleichfalls russischen Bühnenbildner, Chudjakoff, entwendete Reucker dem Kabarett »Der Blaue Vogel« in Berlin. Er sollte uns die Bühnenbilder für »Boris Godunow« liefern und kam dafür zeitweilig nach Dresden.

Chudjakoffs asiatisches Temperament war schwer zu anhaltender Arbeit zu bewegen; nach Ablieferung der sehr schönen Skizzen bis zum Kremlbild verschwand er plötzlich ungesehen zurück nach Berlin. Reucker fing ihn wieder ein, die Arbeit begann von neuem. An einem Samstagvormittag jedoch trat zu sehr früher Stunde der Wachtmann in mein Zimmer in der Dresdner Oper und bat mich, einmal in die Kantine zu gehen: »Da wärnse was erlähm, Herr Generalmusigdiregder!«

Ich fand den biederen Raum der Würstchen und »kleinen Hellen« in Champagner schwimmend. Bühnenarbeiter, Putzfrauen, Feuerwehrleute, alle mit Gläsern in den Händen, waren in mehr als bedenklichem Zustande. Chudjakoff, als Gastgeber auf einem Tische sitzend und mit der Gefühlsweite des echten Russen Männlein und Weiblein wahllos umarmend und küssend, lud alsbald, wobei er abwechselnd weinte und lachte, »Väterchen, Täubchen« – das sollte ich sein – zur Beteiligung an dem Gelage ein. Der Champagner floß buchstäblich in Strömen. Leider mußte ich dem fröhlichen Treiben ein Ende machen und Chudjakoff zu Bett bringen lassen.

Ich konnte gerade noch aus ihm herausbringen, daß er einen glänzenden Vertrag nach den Vereinigten Staaten abgeschlossen und sofort einen Teil des erhaltenen Vorschusses in den damals, 1923, so allmächtigen Dollars zu dieser Veranstaltung für die Towarischtschs verausgabt hatte.

Tags darauf wollte er sich in Bremen einschiffen. Am »Boris« hatte er jedes Interesse verloren – ihm »fiel nichts mehr ein«.

Da ich meine letzten Bilder haben mußte, schleppte ich ihn am Abend unauffällig in den Malsaal der Oper, wo alles zur Vollendung Benötigte, einschließlich starken Kaffees und Zigaretten, vorbereitet war. Zu seinem nicht geringen Erstaunen schloß ich ihn hier ein.

Am nächsten Vormittag, als ich ihn herausließ, bekam ich bis auf die letzte Skizze alles, was ich mir wünschen konnte, ohne daß mir der gutmütige Steppensohn die Freiheitsberaubung verübelt hätte. Bei der Abreise vergaß er sein Honorar abzuholen, das ihm die Dresdner Staatsoper heute noch schuldet.

Das geniale Werk errang einen ungewöhnlichen Erfolg. Mit ihm ist der »Boris Godunow« im deutschen Opernrepertoire heimisch geworden.

Auch das Ausland nahm von dieser Wiedererweckung Notiz, und die Dresdner Oper konnte als erste deutsche Bühne nach dem Kriege mit der »Boris«-Aufführung an den Internationalen Zürcher Festspielen 1923 mitwirken. Diesem Gastspiel sind später weitere in derselben Stadt sowie bei den Völkerbundstagen in Genf gefolgt.

In Dresden wurde lebendiges Theater gespielt – dies war das allgemeine, immer wieder auch von der auswärtigen Presse lebhaft bestätigte Urteil. Wir brachten viele Werke junger Komponisten. Anläßlich des »Arlecchino« hatte mir Busoni seinen Schüler Kurt Weill empfohlen, dessen Kurzoper »Der

Protagonist« in Dresden zur Uraufführung kam. Zu Weill gesellten sich Krenek, Hindemith, Brand und andere.

Die ebenso dringliche, für den normalen Opernbetrieb sogar noch wichtigere Aufgabe, möglichst vollkommene Wiedergaben des laufenden »klassischen« Repertoires zu erreichen, war schwieriger zu lösen. Insbesondere mußte ich mir einstweilen schweigend den Vorwurf gefallen lassen, daß ein augenscheinlicher Mangel an Liebe für Mozart ein bedauerlicher Fehler des neuen Operndirektors sei! Der Ursache jedoch, weshalb Mozarts Werke damals selten im Spielplan erschienen, wurde nicht Rechnung getragen. Sie lag in der Unvollständigkeit eines Solistenensembles, das zwar, wie nicht anders zu erwarten war, eine Reihe hervorragender Operndarsteller besaß, aber nicht über genügend junge und schöne Stimmen von ausreichender Kultur für die Darstellung Mozartscher Werke verfügte. Anderen Bühnen ging es ähnlich, meist schlimmer als uns.

Wir begaben uns also auf die Suche nach jungen Talenten, mit unterschiedlichem Erfolg. Zweifellos mit dem, die »alte Garde« des Dresdner Sängerpersonals stark zu verstimmen.

Um der Kunst zu dienen, setzte ich mich über viele menschlich begreifliche, aber unsachliche Gefühle von Mitarbeitern hinweg. Selber besaß ich keinen Sinn für Prestige oder persönliche Empfindlichkeit; ich konnte derlei auch bei anderen nicht verstehen und deshalb nicht schonen. Ich war kein Nörgler und Tadler von Natur, eher das Gegenteil. Allein ich »war unbefriedigt jeden Augenblick«, weil ich das Beste suchte und es nur selten fand.

Die Tore des Dresdner Opernhauses wurden einem jeden geöffnet, der sich Talent zutraute. In den ersten Jahren war ich so gläubig, besondere Entdeckungen auf diesem Gebiete machen zu können, daß ich täglich Vorsingen auf der Bühne veranstalten ließ und im Laufe der Zeit Tausende von Sängern persönlich prüfte. Was ich an wirklich brauchbarem Material fand, war nicht viel. Jedoch habe ich die bedauerliche Genugtuung erlebt, daß andererseits keiner der von mir abgelehnten Anwärter auf die Nachfolge der Großen es je zu etwas Nennenswertem an anderer Stelle gebracht hat. Man muß sich mit der Tatsache abfinden, daß ein dem Ideal einigermaßen nahekommender Sänger eine außerordentlich seltene Erscheinung ist.

In dem Augenblick, in dem sich in Dresden die Schwierigkeiten sowohl in der Lösung der künstlerischen Probleme als im internen Betrieb häuften, sollte ich 1925 das Glück haben, einen Mitarbeiter zu finden, der mir die wesentlichste Hilfe leistete. Erich Engel war an der Charlottenburger Oper der musikalische Assistent von Leo Blech, Bruno Walter und anderen Dirigenten gewesen. Er hatte sich über die Grenzen seiner dortigen Arbeit hinaus – da ja überragende Leistungen, selbst in der Stille vollbrachte, selten unbekannt bleiben – einen ungewöhnlichen Ruf in der deutschen Opernwelt erworben. Unter Verzicht auf eine eigene Kapellmeisterlaufbahn benutzte er – ein besonderer Mensch in einer besonderen Stellung – seine vielseitigen Kenntnisse zur Entfaltung einer Tätigkeit, die mit seinem Amtstitel »Leiter der musikalischen Einstudierung« nicht erschöpft, kaum angedeutet ist.

Bis zu unserem gemeinsamen Weggang von Dresden und während unserer langen Zusammenarbeit am Teatro Colón in Buenos Aires hat er seine Aufgabe auf unnachahmliche Weise erfüllt. Seine Kultur, sein Wissen und seine unbestechliche Sachlichkeit, verbunden mit dem zähesten Arbeitseifer, der sich denken läßt, machen Engel zu einer einmaligen Erscheinung.

Im wahren Sinne des Wortes »ein guter Engel«, nahm er nun auch jene Angelegenheiten in seine Hände, die mich bisher meiner eigentlichen Aufgabe häufig entzogen hatten. Er regelte das bis dahin ungehemmte Vorsingen, dessen magere Ergebnisse in keinem Verhältnis zu der von mir aufgewendeten Zeit standen. Von nun an sonderten er und die beiden anderen Kapellmeister zunächst die Spreu vom Weizen, um mir nur die wirklichen Talente vorzuführen. Außerdem wurde jetzt für jedes Vorsingen eine Gebühr von zehn Mark zugunsten sozialer Zwecke erhoben. Hierdurch sollte unserer Bereitwilligkeit eine erträgliche Grenze gesetzt werden.

Eines Tages kam Kapellmeister Kutzschbach in mein Zimmer, als ich im Begriff war, nach einer anstrengenden »Tristan«-Probe nach Hause zu gehen. In seinem sächsischen Dialekt sagte er: »Herr Generalmusigdiregder, mr ham wieder zwanz'sch geschlachded. 's war nischt dabei. Aber eener dobt firchterlich und sacht, er hat die zähn Mark bloß bezahld, weil er 'm Generalmusigdiregder berseenlich vorsing'n will. Tun Se uns den Gefallen un hähr'n sich den Mann an, damid mr keene

Schwierigkeiden kriechen. Niemand weeß, wozu so'n Kerl fä'ch is; sing'n dud'r scheißlich.«

Ich ging ins Parkett, das trotz der ungewöhnlichen Stunde, etwa halb drei Uhr nachmittags, von Neugierigen stark besetzt war; im Theater spricht es sich rasch herum, wenn »etwas los ist«.

Ein kleiner, mickeriger Bursche betrat munter die Bühne und erklärte auf meine Frage, was er singen wolle: »Obs du mich liebst.« Das sei eine Komposition von Lincke, die er »aus'n Koppe kenne«.

Nach zwei Minuten wurde er von der Bühne herunter in mein Zimmer befördert, wo ich ihm über seine Unverschämtheit einige Freundlichkeiten sagte. Lächelnd erwiderte er mir: »Räch'n Se sich ne uff, Herr Generalmusigdiregder. Sähn Se mal, ich bin nämlich inn'r Seefenfabrik in Pirne angestellt; na un nu had mei Meester gesacht: ›Wenn *Du* 'n Generalmusigdiregder berseenlich vorsingst, da zahl *ich* de zähn Mark.‹ Nu da mußt 'ch Se doch selber bemieh'n!« Und mit verschmitztem Lächeln fügte er hinzu: »Außerdäm gäh'ch doch aber nie aus, ohne 'n Kefferchen mit unsrer Seefe bei m'r zu fiehren; nu, un wie'ch nu gesung' hab', da ha'm die Gammersänger firchterlich gelacht, un was gloo'm Se, Herr Generalmusigdiregder; da hab' ich'n doch noch fier zwanz'ch Mark Seefe verkoofd!«

Es war nicht immer leicht, Geduld und Nerven zu behalten, wenn man sich täglich, trotz eines Stabes zum Teil hervorragender Mitarbeiter, mit dem Kleinkram des vielgestaltigen Opernwesens zu plagen hatte. Die Verhältnisse der führenden deutschen Opernbühnen wie Berlin, Dresden, Wien, München gestalteten sich einstweilen noch immer schwieriger. Einer der Gründe war, daß ihnen die Munifizenz und das dekorative Vermögen der Monarchen nicht mehr zur Seite standen. Wurde aber das unvermeidliche Defizit durch großzügige Zuschüsse von Staat oder Stadt abgelöst, so ließ sich doch der Anreiz von Titeln und Orden nicht kompensieren, der, wie sonderbar auch immer, früher für manchen Sänger den Ausschlag bei Vertragsverhandlungen gegeben hatte. Der Wettbewerb um die Verpflichtung wertvoller Künstler konnte sich gerade jetzt, wo Sparsamkeit oberstes Gesetz für den Staat war, nur durch gegenseitiges Überbieten des Gehalts auswirken, das dadurch bald ins Unglaubhafte ging.

Es gelang schließlich der Initiative des soliden Reucker, beim

Deutschen Bühnenverein eine Höchstgrenze von tausend Mark Abendhonorar stabilisierter Währung für das einzelne Auftreten vielbegehrter Sänger durchzusetzen. Schwindeleien und Schiebungen konnten aber nicht verhindert werden. Schon allein die in Berlin üppig ins Kraut schießenden privaten Serienunternehmungen machten uns das Leben schwer. Bezeichnend war, daß wir bei einer Neueinstudierung der »Fledermaus« eine besonders reizvolle »Rosalinde« nur dadurch halten konnten, daß wir keinen Einspruch gegen ihr sozusagen gleichzeitiges Auftreten in Berlin erhoben. Dort gab sie die Rolle in der Revue, die der große Max Reinhardt leider, wenn auch erfolgreich, aus der »Fledermaus« machte, während sie bei uns an die klassische Originalfassung gebunden war.

Um eine weitere Verlegenheit der Theaterleiter zu erwähnen: wer zahlt, will mitreden. War dies früher, je nach dem Verständnis des fürstlichen Mäzens, eine angenehme oder peinliche Beigabe gewesen, so erwies sich jetzt das Hineinreden einer ganzen, aus den mannigfachsten Individualitäten zusammengesetzten Körperschaft, wie sie Landtag und Stadtverordnete darstellten, als das weit größere Übel.

Graf Seebach war nicht nur der erste, sondern in Dresden vielleicht der einzige, der schnell begriff, wie undankbar sich in diesen Nachkriegsjahren die Aufgabe der Leitung einer großen Opernbühne gestaltete. Sein Sinn für Gerechtigkeit hat ihn stets veranlaßt, für Reucker und mich einzutreten, wenn sich Dummheiten oder Böswilligkeiten gegen uns breitmachten.

Rückhaltlose Bewunderung empfand ich trotz allem für die Selbstverständlichkeit, mit der Staat und Stadt in den härtesten Zeiten die Theater, denen kein Pfennig aus privaten Mitteln zufloß, aufrechterhielten. Ursprünglich der Liebe oder Laune einzelner Fürsten ihr Dasein verdankend, waren 1918 das Schauspiel und die weit kostspieligere Oper Eigentum des Volkes geworden, das sich – einer der wenigen Punkte, über die in der jungen Republik Einigkeit herrschte – seiner Verantwortung für dies Erbe bewußt war. Dies galt nicht nur für einige weltbekannte Bühnen. In gleicher Weise setzten etwa siebzig bis achtzig kleinere Städte ihren Stolz darein, ihre Theater allen Nöten zum Trotz weiterzuführen, damit einer der schönsten Zweige deutscher Kultur nicht verdorre.

Selbst heute, in den Ruinen Deutschlands, wiederholt sich in allen Zonen das gleiche.

In den Jahren der Emigration, als ich ausländische Theater – nicht durchweg, aber recht häufig – Geschäfts- oder Unterhaltungsinteressen dienen sah, kam es mir durch Vergleich auch zum vollen Bewußtsein, was man der Weimarer Republik zu danken hatte, als sie mit Treue an dem Schillerschen Begriff der Bühne »als moralischer Anstalt« festhielt.

Tumulte und Straßenkämpfe, die wir Anfang des Jahres 1919 in Berlin und im folgenden Frühling in Stuttgart miterlebt hatten, wollten bis etwa Ende 1923 nicht zur Ruhe kommen. Bis zu dieser Zeit erschwerte die Inflationsatmosphäre das Leben wie die Kunst und trübte die Freude darüber, daß hie und da gelöste Fesseln einer überlebten Tradition dem Schaffen der Jungen und Neuen Raum gaben. Soziale, materielle und politische Not bedrückten einen jeden ohne Ausnahme. Diese Zeitumstände mit ihren vielen divergierenden Strömungen – im Deutschen Reichstag saßen Mitglieder von vierundzwanzig Parteien! – schufen den rechten Boden, auf dem jeder herbeigelaufene Schwätzer, jeder persönliche Interessen verfolgende Skribent seinen Mist abladen konnte.

Eine Massenansammlung auf dem großen Opernplatz wollte eines Tages die Abendaufführung verhindern. Die zu diesem Zweck zu mir gesandte Abordnung ließ sich schließlich mit Vernunftgründen zur Einsicht bringen. Froh werden konnte man angesichts einer solchen Notlage des Landes natürlich nicht.

Im Sommer 1923 beschloß die Sächsische Regierung, eine repräsentative Kundgebung zu Ehren der Deutschen Reichsverfassung zu veranstalten, mit der sich die Weimarer Republik stabilisiert hatte. Der Sinn solcher Verfassungsfeiern konnte ausschließlich der sein, das einigende Moment zu betonen, das die demokratische Reichsregierung gegenüber der Vielfalt der oft auseinanderstrebenden einzelnen Länder und Parteien darstellte. Der Industriestaat Sachsen hatte damals eine stark linksgerichtete Mehrheit im Landtage.

Ein Telegramm rief mich überraschend aus dem Sommerurlaub zurück, damit ich die musikalische Leitung dieser Reichsfeier in Dresden übernehme. Das Programm sollte die »Egmont«-Ouvertüre und die Fünfte Sinfonie von Beethoven enthalten. Über Wesen und Ziele der Weimarer Verfassung würde, wie man mir mitteilte, Thomas Mann sprechen.

Seit vielen Jahren war ich nicht nur ein überzeugter Verehrer dieses großen Schriftstellers, sondern ich fühlte mich ihm auch in allen seinen Anschauungen über Politik und Kunst geistig verbunden. Manche persönliche Begegnung bestätigte mir unsere Übereinstimmung. Unter seinen Essays gefiel mir als Musiker besonders seine mutige Stellungnahme zu dem Problem von Leben und Werk Richard Wagners, das er bei rückhaltloser Kritik mit ungemeiner Sachkenntnis und mit aller Liebe zu dem Genius behandelt.

Meine Enttäuschung war groß, als ich, in Dresden angelangt, erfuhr, daß nicht Thomas Mann, sondern ein anderer Schriftsteller sprechen werde, der mir, abgesehen von seiner geringeren dichterischen Bedeutung, durch seine radikale Einstellung fremd war.

Die Veranstaltung, zu der die Versammlung eilig zusammenberufen und die Mitglieder der Staatskapelle, ebenso wie ich, aus den Ferien herbeigeholt worden waren, erwies sich als eine überstürzte Improvisation. Arbeiterunruhen und Inflation waren auf ihrem Höhepunkt angelangt, die Stimmung düster und gedrückt. Nervöse Spannung lastete merklich auf der vollbesetzten Dresdner Oper, deren Parkett und Ränge von Staatsbeamten und von Professoren der verschiedenen sächsischen Universitäten und übrigen Hochschulen besetzt waren – einem Publikum, das die geistige Elite Sachsens darstellte.

Nach der lustlos gespielten »Egmont«-Ouvertüre herrschte Totenstille, als vermöge selbst diese Musik nicht mehr zu packen und aufzurütteln. Dann hob sich der Vorhang, und der Redner wandte sich an die Versammlung in demagogischen Sätzen voll kräftig beleidigender Ausdrücke *gegen* die Reichsregierung.

Es war eine unglückliche Rede. In einer kommunistischen Parteiversammlung wäre sie am Platze gewesen. Hier fiel sie der um Einigung schwer kämpfenden Regierung in den Rücken.

Als der Vortragende den Reichskanzler Cuno einen »lebenden Leichnam« nannte, erwartete ich, daß sich ein Sturm der Entrüstung im Hause erheben würde. Ebenso wie ich hatten ja alle diese Männer, Vertreter der gebildeten Beamtenschaft des Landes, auf die Weimarer Verfassung einen *Eid* geschworen und aßen das Brot der Republik, so knapp es trotz der »Billionen« immer sein mochte.

Nichts geschah. Nur im ersten Rang knallte eine Tür, und

ich hörte Graf Seebach mit dem vernehmlichen Wort »Schweinerei!« den Saal verlassen.

Ich fühlte wie er. Während ich noch benommen an meinem Pulte stand, begann die Empörung über die würdelose Situation in mir zu wachsen. Außerstande, mich zu sammeln, begann ich die Fünfte Sinfonie. Nach dem ersten Satz warf ich den Stock weg und ging hinaus.

Wie konnte ich Musik dirigieren, nun gar den jubelnden Schlußsatz der Fünften, wo Tausende von sogenannten Gebildeten sich widerspruchslos Schmähungen einer Regierung gefallen ließen, die zu feiern wir zusammengekommen waren!

Die Versammlung löste sich auf, als ich nicht zurückkam. Ich erwartete für den nächsten Tag meine Entlassung oder doch eine Maßregelung. Es geschah jedoch abermals nichts.

Wenige Monate später unternahm Hitler seinen Münchener Putsch und trat damit in diesem Unglücksjahr zum ersten Mal in das Bewußtsein einer größeren Öffentlichkeit. Damals gelang es noch, das die Welt bedrohende Unheil durch zeitweilige Ausschaltung des Urhebers aufzuhalten.

IX Bayreuth

Ein Intermezzo

RICHARD WAGNER, »Die Walküre«, I. Akt

»Sehr geehrter Herr!
Schon vor dem Tode Hans Richters hat mir Frau Cosima die Zusammenstellung des Orchesters für die Bayreuther Festspiele anvertraut. Bis heute sind mir keine Klagen bekannt geworden, daß ich diese Aufgabe schlecht erfüllt hätte. Ich bedarf also Ihrer Unterstützung nicht. Dagegen möchte ich Ihnen bei dieser Gelegenheit sagen, daß, was die Freude der persönlichen Bekanntschaft betrifft, die Sie in Ihrem Schreiben erwähnen, es für meine Person noch keineswegs sicher ist, ob ich Wert darauf legen soll. Man erzählt mir, daß Sie ein guter Dirigent der Werke von Reger und Brahms sind, zweier Komponisten, die ich durchaus zu schätzen weiß. Ob Sie aber in der Lage sind, noch dazu in Bayreuth, dem Wagnerschen Gesamtkunstwerk gerecht zu werden, wird sich erst noch zu erweisen haben.
Hochachtungsvoll Dr. Karl Muck.«

Diesen Brief erhielt ich zu Anfang des Jahres 1924, nachdem mir Siegfried Wagner die Wiedereröffnung von Bayreuth mit den »Meistersingern« nach einer Pause von zehn Jahren übertragen hatte. Nicht vertraut mit den Eigenarten Mucks, hatte ich dem wenige Jahre zuvor nach langer Abwesenheit aus Amerika zurückgekehrten älteren Kollegen meine Hilfe bei der Orchesterzusammensetzung angeboten. Ich glaubte Bayreuth damit einen Dienst zu erweisen, weil ich mir auf meinen vielen Gastspielreisen in Deutschland planmäßig den Orchesternachwuchs eingeprägt hatte, der Muck unbekannt war.

Da saß ich nun mit meinem guten Willen für die Festspiele und war schon im Anfang auf die Nase gefallen!

Die Aufforderung, in Bayreuth zu dirigieren, hatte mir,

abgesehen von der persönlichen Ehrung, die sie bedeutete, einen Herzenswunsch erfüllt: an der Stelle zu stehen, an der die größten künstlerischen Möglichkeiten zur Verwirklichung aller Wagnerschen Forderungen gegeben sein mußten.

An einem schönen Junitage traf ich etwa um fünf Uhr morgens in Bayreuth ein. Ich lief vom Bahnhof weg auf den Festspielhügel.

Im Walde hinter dem roten, einfachen Ziegelgebäude, wo zu dieser frühen Morgenstunde tiefste Ruhe herrschte, legte ich mich ins Gras und benahm mich trotz meiner Dresdner Würde einmal wie ein rechter deutscher Michel. Ich freute mich auf die Arbeit, die schöner nicht gedacht werden konnte. Ich schwor mir zu, mit allem Ernst, allem Fleiß das meinige zu tun; kurz, ich war ganz und gar in der begeisterten Verfassung eines Musikers, der einer großen neuen Aufgabe gegenübersteht.

Etwa um acht Uhr erklang Chorgesang. In einer primitiven Holzbaracke probte Professor Hugo Rüdel, der Leiter des Berliner Dom- und Staatsopernchores, die »Meistersinger«.

Die Choristen und Choristinnen waren an den verschiedensten deutschen Bühnen ausgesucht worden, wobei man nicht nur ihre stimmlichen Qualitäten, sondern auch ihre figürliche Größe berücksichtigt hatte.

Was ich hier vernahm, mochte die zweite oder dritte Gesangsprobe sein. Warum sollte ich nicht gleich daran teilnehmen? Ich erhob mich aus dem Grase und trat in die Baracke.

Rüdel und ich kannten uns nicht, obwohl ich natürlich wußte, daß er ein Musiker und Chordirektor allerersten Ranges war. Durch ein Fenster sah ich den beleibten Mann mit seinem schütteren Schnauzbart vor einem großen Flügel stehen und mit heftigem Temperament die »Prügelszene« probieren. Nähertretend fragte ich: »Darf ich mich vorstellen: mein Name ist Busch, ich soll hier ...«

Rüdel, vollkommen in seine Arbeit vertieft, unterbrach mich barsch: »Gehen Sie in den Tenor!«

»Verzeihen Sie die Störung«, sagte ich, »ich soll hier ...« Zur Fortsetzung: »die ›Meistersinger‹ dirigieren« kam ich wieder nicht, denn er schrie mich an: »Himmelkreuzsakrament, Sie sollen in den zweiten Tenor gehen, ich warte schon tagelang auf Sie!«

Ich ging in den zweiten Tenor. Ich brachte es nicht fertig, den eifrigen Mann noch länger zu stören. Ein Sänger gab mir seine Chorstimme und zeigte freundlich auf die Stelle, an der gerade geprobt wurde.

Nach einiger Zeit, in der ich kräftig mitgesungen hatte, warf Rüdel plötzlich den Klavierdeckel zu, atmete tief und erregt – man erzählte sich, daß er den Tag statt mit einer Tasse Kaffee mit einer halben Flasche Burgunder eröffnete, aber dies mag leicht übertrieben gewesen sein – und sagte: »Meine Herrschaften, so geht es nicht! Einen solchen Chor wage ich dem Generalmusikdirektor Busch nicht vorzuführen, wenn er das erste Mal herkommt. Ich kenne den Herrn nicht, aber er soll sehr anspruchsvoll sein. Wenn er hört, was Sie hier zusammenkrähen, reist er sofort wieder ab. Wir müssen getrennt proben. Tenöre allein!«

So sang ich, unter den fünfzig Enakssöhnen stehend, meinen Part weiter bis zur Pause. Danach teilte ich Rüdel, diesmal ohne mich unterbrechen zu lassen, mit, ich sei der Generalmusikdirektor Busch, der hier die »Meistersinger« dirigieren solle.

Der alte Mann wurde blaß. Für ihn, der den größten Teil seines Lebens an der Berliner Hofoper verbracht hatte, bedeuteten Titel noch etwas. Ich mußte seine Verlegenheit beheben, seine Entschuldigungen angesichts der noch herumstehenden Choristen verhindern und ein wenig Vertrauen gewinnen.

Ich lud ihn zum Mittagessen in mein Hotel »Zur Post« ein und ließ eine Flasche seines Lieblingsrheinweins kaltstellen.

Um ein Uhr mittags trafen wir uns zum Essen, und ich würde in den Verdacht der Übertreibung kommen, wenn ich erzählen wollte, zu welcher Stunde wir uns getrennt haben. Jedenfalls war nur noch ein einziger Kellner vorhanden, der mühselig von uns geweckt werden mußte, als die sommerliche Morgensonne in den Garten schien. Rüdel und ich waren Freunde geworden. Ich erfuhr in diesen Stunden vieles aus seinen interessanten Erinnerungen. Vor allem erzählte er mir von den Erfahrungen, die er in seiner Arbeit mit Hans Richter und anderen großen Meistern in Bayreuth und Berlin gemacht hatte. Er versprach mir, die Prügelszene, wenn er sie fertig studiert habe, vom Chor a cappella singen zu lassen. Ich wettete dagegen, daß die Solisten, die sonst in diesem Finale meist schwindeln oder den Mund halten, auch den kleinsten Einsatz, ebenfalls ohne jede instrumentale Unterstützung, bringen würden.

»Es ist ein ander Ding, ob falsch man oder richtig sing!« Fast drohend, die wässerigen blauen Augen starr auf mich gerichtet, sagte er diese Worte oft zu mir, wenn er Ungenauigkeiten der Sänger in Ensemblesätzen tadelte, wo ein persönlicher Erfolg nicht zu holen ist.

Wirklich haben wir beide diese Wette gewonnen. Ich studierte das Ensemble der »Meister« so gründlich, daß beim Zusammensingen mit dem Chor beide Gruppen fehlerlos ihren Part durchführen konnten.

Persönlich hielt ich für die »Meistersinger«-Aufführung etwa hundert Einzelproben mit den Sängern ab, denn die mir zur Verfügung gestellten musikalischen Hilfskräfte taugten nicht viel. Bedenklicher war, daß auch die Qualität des Sängerpersonals nicht einwandfrei war, wie ich von vornherein befürchtet hatte. Was an stimmlicher Klangschönheit und Frische fehlte, konnte nur durch äußerste Präzision ausgeglichen werden.

Als Muck seine »Parsifal«-Proben begann, merkte ich alsbald, daß auch hier manches nicht so war, wie es sein sollte. Minderwertige, aber ehrgeizige Musiker hatten sich an die erste Stelle gesetzt, während ausgezeichnete sich des lieben Friedens halber an den letzten Pulten befanden. Ich nahm also für meine »Meistersinger« eine ganz neue Einteilung der Musiker vor.

Nach der ersten Probe, der Muck zugehört hatte, kam er zu mir und rief: »Das ist ja ein ganz anderes Orchester! Sie haben ja viel bessere Bläser als ich!«

Nun forderte er für die nächsten »Parsifal«-Proben meine ersten Bläser auch für sich an mit dem Erfolg, daß sofort Eifersucht im Orchester entstand. War der eine froh, seinen Wert von *beiden* Kapellmeistern erkannt zu sehen, so ärgerte er sich doch gleichzeitig über den unbezahlten Doppeldienst. Der andere erboste sich indes über unverdiente Zurücksetzung. Einmütig schimpften alle. Eine Orchesterversammlung fand statt, in der, wie gewöhnlich, die minderwertigen Mitglieder siegten, weil sie den Mund am weitesten aufrissen. Hiermit brachten sie ein Mißtrauensvotum gegen Muck und mich zustande, das uns wenig berührte.

Dagegen bereitete mir ein Aufsatz, den ich in den »Bayreuther Blättern« über die Zukunft der Festspiele geschrieben hatte, weit größere Scherereien. Die Wirkungen des Umsturzes von 1918, die politischen und sozialen Erschütterungen der nachfolgenden Jahre, waren noch nicht überwunden und der einst mit Recht berühmten deutschen Orchesterkultur keineswegs überall gut bekommen. In Nordamerika gab es außer dem Bostoner Sinfonieorchester, das schon lange vor dem Kriege seine hervorragende Stellung innehatte, jetzt eine Reihe erstklassiger, den besten deutschen durchaus nicht unterlegener Orchester. Ich unterfing mich, diese Tatsache auszusprechen. Insbesondere aber war es *eine* Persönlichkeit, deren überragende Leistung ich in diesem Aufsatz den deutschen Musikern beispielhaft vor Augen stellte: Arturo Toscanini. Er hatte nach dem Kriege die Scala in Mailand vollkommen reorganisiert und schnell auf ihre alte Höhe zurückgeführt.

Die Folge meines begeisterten Hinweises auf den großen Italiener war, daß ich des »Mangels an nationaler Gesinnung« verdächtigt wurde.

Siegfried erzählte mir, Toscanini habe ihm mitteilen lassen, es sei sein größter Wunsch, in Bayreuth zu dirigieren. Er werde hierfür zu jedem Opfer bereit sein. Ich riet auf das dringendste, den Maestro sofort für die Festspiele 1925 zur Leitung von »Tristan und Isolde« zu verpflichten. Zur Antwort bekam ich: »Ein Ausländer paßt doch nicht nach Bayreuth!«

Meine Einwendungen führten zu nichts, da Siegfried Wagner recht eigensinnig sein konnte. Er befürchtete auch, daß Toscanini zu unbeugsam in seinen Forderungen, unverträglich in der Zusammenarbeit, kurzum, störend für die Ruhe der Bayreuther Atmosphäre sein würde. Einige Jahre später hat die Unbeugsamkeit des Ausländers Toscanini Bayreuth einen Ruhm und auch einen pekuniären Erfolg gebracht, den es hätte früher haben können.

Leider muß gesagt werden, daß, nachdem die ursprüngliche Ablehnung einmal hinfällig geworden war, gerade Wahnfried in ein extremes Gegenteil verfiel, nämlich in eine Toscanini-Hysterie, die keine Grenzen mehr kannte. Man gewann den betrübenden Eindruck, als habe es einen Hans Richter, Felix Mottl oder Karl Muck im Festspielhaus nie gegeben.

Mit Muck stand ich nach einigen gemeinsamen Erfahrungen mittlerweile auf bestem Fuße. Ich konnte ihn bitten, mir nach den Orchesterproben seine Meinung aufrichtig auszusprechen, da man ja bei Beurteilung des Klanges und der Ausgeglichenheit zwischen Bühne und Orchester einen anderen Eindruck im Raume hat als am Pulte. Besonders gilt das für ein versenktes Orchester, in dem man verloren inmitten der Klangmassen steht. Muck kritisierte gründlich und scharf, wobei er es auch an Anerkennung nicht fehlen ließ. Seiner klugen und richtigen Bemerkungen erinnere ich mich noch heute mit Dankbarkeit.

Mit Liebe und größter Sorgfalt vorbereitet, kam die Eröffnungsvorstellung der »Meistersinger« heran. Ein jeder fühlte wohl die Bedeutung des Augenblicks, in dem sich nach einer Pause von zehn Jahren der Vorhang zum ersten Male wieder über der Bühne Richard Wagners hob.

Niemand ahnte, was der Theaterteufel mit diesem Vorhang im Verlauf der Aufführung im Schilde führte.

Als ich, nach sehr schönem Gelingen des ersten Aktes, an meinem Pult stehend das Lichtzeichen zum Beginn des zweiten bekam, hob sich der Vorhang im verabredeten Takt. Einen halben Meter über dem Boden blieb er ein paar Augenblicke nachdenklich hängen und fiel schamhaft wieder herunter.

Man hörte auf der geschlossenen Bühne die Lehrbuben ihr »Johannestag« singen. Dann trat Schweigen ein, und ich mußte aufhören.

Ich wartete auf ein neues Lichtzeichen, um von vorn anzufangen.

Der Vorhang wartete nicht. Blitzschnell sauste er diesmal bereits beim zweiten Takt des Vorspiels in die Höhe. Jetzt war die Reihe zu warten, und zwar sechsundzwanzig Takte lang, an den Lehrbuben. Um etwas zu tun, nahmen sie die Besen in ihre Hände und fegten den Bühnenboden. Niemals vor- oder nachher in der Geschichte des Bayreuther Festspielhauses ist er so gründlich gereinigt worden.

Meine Freude war hin. Nach Schluß des Aktes stürzte ich, blaß von Ärger, auf Siegfried zu. Ich fand ihn lächelnd und zufrieden, den Zwischenfall mit wenigen leichten Worten bagatellisierend.

Ich erwartete in der internationalen Presse Entrüstung über den für Bayreuth undenkbaren Vorfall. Aber es fand sich kein einziges Wort des Tadels; wohl deshalb nicht, weil mit dem letzten Ton des ersten Aktes sofort alle Kritiker und Reporter um die Wette hinunter in die Stadt an die wenigen vorhandenen Telefone gerannt waren, um möglichst zuerst die »Sensation« der Wiedereröffnung von Bayreuth mitzuteilen. Den zweiten Akt schien keiner von ihnen gehört zu haben.

Ich täuschte mich nicht darüber, daß eine »Meistersinger«-Aufführung denkbar war, die meinen Wünschen nach möglichster Vollkommenheit näher gekommen wäre; und dies nicht nur eines störrischen Vorhanges wegen.

Das Orchester war ausgezeichnet, die Leistung der Rüdelschen Chöre überragend, Inszenierung und Spielleitung Siegfried Wagners durchaus gekonnt und überlegen. Seine Begabung, insbesondere für Massenregie, stand außer Zweifel.

Noch ein anderes Moment sprach in Bayreuth nachdrücklich mit, dessen Wichtigkeit nicht zu unterschätzen war: ein überaus kunstverständiges Publikum, dem keine Feinheit entging, das keinen Verstoß ungerügt hingehen ließ. Hier gab es viele, die es mit dem Apotheker aus Garmisch aufnehmen konnten, der bei einem Besuch in Wien einmal Richard Strauss, seinen Freund und Nachbarn, über eine fehlende dritte Trompete im zweiten Akt der »Meistersinger« zur Rede gestellt hatte ... zu Recht, wie dieser rühmend betonte. »Muß ich mich von dem Giftmischer belehren lassen«, erzählte mir Strauss, »daß ich nach einem halben Jahrhundert noch immer die Partitur nicht beherrsche!« So mußte *ich* nach einer Probe die Kritik eines Hamburger Rechtsanwaltes anerkennen, meine ersten Geigen markierten zwei Achtel und eine darauffolgende Triole nicht mit genügender Deutlichkeit.

Neben vielen Ausländern, für die Bayreuth nicht weniger als einen Wallfahrtsort bedeutete, setzte sich diese Zuhörerschaft aus der vollen Breite des Volkes, aus allen seinen Schichten zusammen. Verständnisvolles und sachkundiges, wachsames Mitgehen des Hörers ist eine für das Zustandekommen des idealen künstlerischen Ereignisses unentbehrliche Bedingung. Hier war sie gegeben.

Gegenüber dem Gelungenen, Einzigartigen im Festspielhause konnte mitunter alle Kritik verstummen. Es gab Augenblicke, in denen der Geist Richard Wagners – jenes Phänomens, das nach den Worten Thomas Manns »als künstlerische Potenz genommen, etwas nahezu Beispielloses, wahrscheinlich das größte Talent aller Kunstgeschichte war« – fühlbar unter uns weilte.

Wo sonst erblickte man die Festwiese im letzten Akt der

»Meistersinger«, so wahrhaft *festlich*, wie sie sich hier vor uns ausbreitete, prächtig und reich, den eigenen Anordnungen Richard Wagners getreu! Wo wurden kleinste dynamische oder szenische Vorschriften des »Meisters« – wie man ihn in Wahnfried byzantinisch nannte – befolgt und gehütet wie hier!

Wenn im zweiten Akt der »Götterdämmerung« die Mannen Gunthers »in Hast und Eile auf verschiedenen Höhenpfaden herbeistürmten«, wie sie ihr Schöpfer geheißen hatte – wenn statt einer schwerfälligen, uninteressiert singenden Choristengruppe, die aufpassen muß, sich in dem Holz- und Pappgebirge nicht die Füße zu vertreten, eine vergnügte, ausgelassene Schar wilder junger Riesen mit höchster Klangpracht jauchzte:

Groß Glück und Heil lacht nun dem Rhein,
Da Hagen, der grimme, so lustig mag sein ...

ja, da wurde man es auch! Da stockte uns der Atem, und man spürte den Genius.

Mit um so tieferem Schmerz mußte ich nachher immer aufs neue erfahren, wie die nahe, schon fast greifbare Vollendung durch eigensinniges Beharren in einem falschen Begriff der Treue verscherzt wurde.

Ebenso wie in Dresden lag der Mangel Bayreuths, der allzu oft verstimmend die großen Eindrücke störte, an einzelnen Sängern. Nichts konnte unbegreiflicher sein; denn damals lebte wohl kein Bühnenkünstler, der sich nicht zur Mitarbeit bei den Festspielen gedrängt hätte.

Selbst dann noch war es nicht leicht, wirklich die Besten zu finden. Man konnte nicht wahllos in die Fülle greifen, sondern mußte suchen und wieder suchen. Siegfried Wagner hatte richtig erkannt, daß nicht nur die Stimme, sondern die gesamte Persönlichkeit des Operndarstellers bewertet werden muß. Ein »Siegfried« zum Beispiel sollte groß und schlank sein und keine hundertvierzig Kilo wiegen. Ein »Evchen« sollte ein junges Mädchen sein. Das meine, übrigens hochmusikalische, war es nicht, statt dessen kam es dem erwähnten Schwergewicht nahe. So ist jene berechtigte Forderung überhaupt nur in den seltensten Fällen in Übereinstimmung mit den übrigen Ansprüchen zu bringen, die man an einen Sänger stellt.

Auch Toscanini, der 1930 mit seiner »Tannhäuser«-Besetzung mehr Glück hatte als ich mit der der »Meistersinger«, konnte nicht vergessen machen, daß sein gutaussehender

Titelheld sang, als sei das Festspielhaus ein mittleres Stadttheater.

Man hatte den einen oder anderen idealen Künstler bereits zur Stelle. Andere, nicht geringere, warteten darauf, daß man sie rufe. Warum geschah es nicht?

Das Ärgerliche, ja Tragische war, daß man in dieser Beziehung im Hause Wahnfried taube Ohren fand. Die Treue wurde zum Schaden der Kunst übertrieben. Man liebte es – wie sehr im Gegensatz zu den Forderungen des ewigen Revolutionärs, dem Bayreuth sein Entstehen verdankt –, sich auf einen bestimmten Stab von Sängern festzulegen und alles zu billigen, was »unser« oder »unsere herrliche ...« darboten. Zu meinen immer wieder eigensinnig wiederholten kritischen Bemerkungen und Verbesserungsvorschlägen lächelte man nur.

Obwohl wir uns in dieser entscheidenden Frage nicht einigen konnten, hatte man mich in Wahnfried gern. Eines Tages wurde ich zu Frau Cosima geführt. Sie lag auf einer Ottomane und hatte trotz ihrer damals achtundachtzig Jahre immer noch einen bedeutenden Kopf mit prachtvollen Augen. Wie es bei alten Leuten häufig geschieht, lebte sie in einer um Jahrzehnte zurückliegenden Vorstellungswelt. Obwohl ich ihr als Dirigent der »Meistersinger« vorgestellt wurde, war ihre erste Frage, was ich von der Leistung Hans Richters hielte. Weiter wollte sie mein Urteil über Marianne Brandt, Scaria und andere Größen wissen, die schon vor vielen Jahren das Zeitliche gesegnet hatten. Ich zog mich, so gut es ging, aus der Affäre.

In einer späteren Aufführung der »Meistersinger« hat man Frau Cosima auf ihren dringenden Wunsch in die der Familie zur Verfügung stehende einzige Loge des Festspielhauses getragen, wo sie aufmerksam einen Akt anhörte.

Mit aller Herzlichkeit wurde ich nach den ersten Vorstellungen eingeladen, dasselbe Werk 1925 wieder in Bayreuth zu dirigieren.

Kaum nach Dresden zurückgekehrt, begann ich schriftlich weiter zu bohren, um bessere Sänger zur Verfügung gestellt zu bekommen. Ich ließ es an keiner Mühe fehlen. Wieder blieb sie ohne den geringsten Erfolg.

Im Winter kam Siegfried Wagner nach Dresden, um dort ein Konzert im Gewerbehaus zu dirigieren. Unter anderem führte er eine sinfonische Dichtung eigener Komposition auf, die sich

»Glück« nannte. Den poetischen Inhalt glaubte er in einer mündlichen Ansprache dem Publikum vorher erklären zu müssen. Wenn seine Ansicht, daß die Begriffe hierüber auseinandergehen, der Originalität entbehrte, so tat es die Schlußthese keinesfalls: das *wahre* Glück sei der Heldentod!

Hier war ich wieder einmal anderer Meinung. Es waren noch keine zehn Jahre vergangen, seit ich bei Ypern junge Menschen in meiner Nähe zu Hunderten hatte fallen sehen. Keiner von ihnen hätte diesen Tod als das wahre Glück seines Lebens betrachtet.

Nachdem indes Siegfried dies Ideal aufgestellt hatte, verstand ich, warum er mich einige Monate vorher einmal mit dem Bemerken nach Wahnfried einlud, ich würde dort »den größten Deutschen« treffen. Er meinte General Ludendorff und wunderte sich ehrlich darüber, daß ich kein Interesse bezeigte, diesem zu begegnen, vielmehr eine »Meistersinger«-Probe für wichtiger hielt.

Jetzt erinnerte ich mich plötzlich an die Hakenkreuze, die ich zum ersten Male in meinem Leben an den Mauern und Zäunen in der Umgebung von Wahnfried gesehen hatte. Mehr als ein gewisses unangenehmes Gefühl hinterließ mir der Anblick damals nicht.

Siegfried reiste ab, ohne daß sein Besuch zu irgendeiner Klärung geführt hatte. Alles sollte so bleiben, wie es war. Für ihn war mein unerläßlicher Wunsch, das Sängerensemble zu verbessern, nur die Schrulle eines sympathischen, aber etwas übereifrigen Menschen.

In der besonders anstrengenden Dresdner Spielzeit 1925 war mir keine weitere Pause zu klarer Überlegung und zu wichtigen Entscheidungen gegeben. Allein je näher der Sommer kam, desto mehr verdichteten sich mein Unbehagen und der Wunsch, so lange nicht mehr nach Bayreuth zurückzukehren, als dort nicht eine gründliche Änderung durchzusetzen war. Geschah es nicht, so war meine Arbeit sinnlos und nahm mir Freude und Enthusiasmus, Kräfte, deren ich vielleicht mehr als mancher meiner Kollegen zu ersprießlicher Tätigkeit bedarf.

Allzuspät gab ich die Hoffnung auf eine Sinnesänderung in Wahnfried auf und sagte wenige Wochen vor Probenbeginn Bayreuth mit einem Brief an Siegfried Wagner ab.

Ich habe ihn mit diesem Schritt schwer gekränkt, was ich noch heute um so mehr bedaure, als er mein flüchtiges

Erscheinen in Bayreuth nur um wenige Jahre überlebt hat. Siegfried war ein freundlicher und guter Mensch, der niemand weh tun konnte und dem ich gerne erspart hätte, daß ich ihm weh tat. Muck übernahm in den Festspielen 1925 die »Meistersinger« an meiner Stelle, und Rüdel schimpfte.

An meiner Anschauung änderte sich nichts.

Inzwischen ist über die Welt ein zweiter Krieg hereingebrochen, der Deutschland zu einem großen Teil in Trümmer gelegt hat. Das bescheidene rote Haus auf dem Festspielhügel ist verschont geblieben. Wird der Geist Richard Wagners noch einmal darin wohnen?

X Dresdner Jahre 1925–1933

Richte vorzüglich auf folgende zwei Wahrheiten
dein Augenmerk:
erstens, daß die Außendinge mit unserer Seele nicht
in Berührung,
sondern unbeweglich außerhalb derselben stehen,
mithin Störungen deines Seelenfriedens
nur aus deiner Einwilligung entstehen;
und zweitens, daß alles, was du siehst,
gar schnell sich verändert und nicht mehr sein wird ...
Erwäge ohne Unterlaß:
Die Welt ist Verwandlung, das Leben Einbildung.

MARC AUREL

Nachdem es durch Schaffung der Rentenmark und mit anderen wirtschaftlichen Hilfsmitteln 1924 endlich gelungen war, die innerpolitischen Erschütterungen Deutschlands einmal zu beenden, trat allgemein eine gewisse Beruhigung ein, die auch bald dem bisher reichlich in Mitleidenschaft gezogenen Musikleben zugute kam.

In dem Reichskanzler Gustav Stresemann hatte das Land ein paar Jahre lang den großen Staatsmann, dessen opferwilliger Mut und hohe Geistigkeit dem zerrissenen Volke eine würdige Zukunft zu versprechen schienen. Daß er, müde und gehetzt von seinen Widersachern, allzu früh aus dem Leben schied, gehört zu den vielen tragischen Momenten, an denen die deutsche Geschichte reich ist. Stresemanns kluger Politik verdankte man die Ruhe, von der eine langandauernde Befriedung der Kultur zu erhoffen war.

Niemand ahnte, daß es die letzten Jahre vor ihrem Untergang sein sollten.

Es war das Verdienst des Generalintendanten Reucker, alsbald nach seiner Berufung die mehrere Jahre lang unterbrochene Verbindung zwischen Richard Strauss und der Dresdner Staatsoper wieder angeknüpft zu haben. Strauss, dessen Opern ihre Uraufführung fast ausschließlich in Dresden unter Ernst von Schuch und mit dem glänzendsten Erfolg auch für diesen großen Dirigenten erlebt hatten, übergab uns nun die Weltpremiere seiner Kammeroper »Intermezzo«.

Der kluge und erfahrene Komponist wußte die Vorzüge sehr

wohl zu würdigen, die ihm Dresden für die Einführung seiner Werke in das Reich der Bühne bot.

Mit dem Weltruf seines herrlichen Orchesters vereinte Dresden Eigenschaften, wie sie die unruhevollen Hauptstädte, etwa Berlin mit seiner drängenden Überfülle von künstlerischen Ereignissen und Tagessensationen, nicht bieten konnten: eine gewisse aristokratische Geschlossenheit und Sammlung, die dem herausgestellten Werk zugute kam. Alle Strahlen trafen sich hier in *einem* Punkte und gaben ihm einen besonderen Glanz.

Strauss wußte, daß sich der Geist dieser seltenen Konzentration auch dem gehetzten Volk der Presse mitzuteilen pflegte. In der idyllischen und charmanten Atmosphäre des alten Dresden, die für einige kurze, trügerisch glückliche Jahre nun zurückkehrte, wurden diese geplagten und zersplitterten Menschen einmal durch nichts abgelenkt. Sie kamen nicht atemlos aus weiten Entfernungen im letzten Augenblick in die Aufführung gestürzt, sondern saßen behaglich in dem distinguierten Hotel Bellevue neben der Oper. In voller Ruhe konnten sie dort das zur Diskussion stehende Werk studieren, konnten mit den aus aller Welt zusammenströmenden Fachkollegen ihre Meinungen austauschen oder – wenn irgendeinen Sonderling dieser Wunsch anwandelte – die landschaftlichen Reize der Sächsischen Schweiz und des Erzgebirges genießen, als wären sie zu einem Ferienausflug, nicht zu beruflicher Arbeit gekommen.

Feiertagsstimmung erfaßte wie ein ganz leichter, angenehmer Rausch die Kritik nicht minder als das Publikum. Wer würde das leugnen, der Dresdner Uraufführungen je miterlebt hat! In dem unfaßbaren Elend des heutigen Deutschland, nicht minder aber im Auslande und ganz besonders unter den Engländern und Amerikanern, die jahraus, jahrein gern nach Dresden zu kommen pflegten, wird sich mancher wehmütig der heiteren und unbeschwerten Atmosphäre jener Tage erinnern.

Richard Strauss verstand sie mit Glück zu nutzen.

Seine künstlerischen Forderungen für »Intermezzo« wurden dadurch erfüllt, daß man Lotte Lehmann, die er sehr schätzte, für die weibliche Hauptrolle des Werkes – Frau Hofkapellmeister Storch alias Strauss! – verpflichtete und dem Dichterkomponisten versprach, sein prächtiges Garmischer

Heim, in dem sich ein wesentlicher Teil der Handlung abspielt, möglichst naturwahr auf die Bühne zu stellen. Dem intimen Charakter des Werkes entsprechend, wurden die Aufführungen diesmal ins Schauspielhaus verlegt.

Das Studium der Partitur beglückte mich, da die musikalische Faktur des Werkes eine Sorgfalt der Arbeit und eine Meisterschaft aufweist, die den Musiker fesseln müssen. Weniger wollte mir der Exhibitionismus des von Richard Strauss selbst verfaßten, auf eigenen Erlebnissen basierenden Librettos gefallen, wenn auch Max Reinhardt es mir gegenüber einmal als »höchst talentvoll« bezeichnete. Am Ende der Oper das Ehepaar Strauss nach ewigem häuslichem Gezänk in sentimentaler Fis-Dur-Kantilene singen zu hören: »Es ist halt doch eine glückliche Ehe« – schuf mir Mißbehagen. Übrig blieb der Spaß, die leichtflüssige, beschwingte und mit größter Sicherheit gestaltete Musik einzustudieren und mit einem virtuosen Orchester und erstklassigen Solisten aufzuführen.

Ich hatte viel Freude daran, nun in engere persönliche Verbindung mit Richard Strauss zu treten, den ich bisher nur flüchtig kannte. Er traf Ende Oktober 1924 zu den letzten Proben in Dresden ein, und es zeigte sich, daß wir uns musikalisch ausgezeichnet verstanden. Strauss sprach mit großer Offenheit über fachliche und allgemeine künstlerische Fragen. Kritische Einwendungen meinerseits nahm er nicht nur gerne an, sondern bat mich oft, ihm aufrichtig meine Meinung über diese und jene Einzelheit in der Komposition zu sagen.

Unter den bedeutenden Musikern, die ich persönlich näher kennengelernt habe, nimmt Richard Strauss eine merkwürdige Stellung ein. Schon seine Erscheinung und sein Wesen, so überaus einfach es sich gab, waren zwiespältig. Vergegenwärtigt man sich den Kopf – der oft zur Karikatur verführte – mit der kugeligen Stirn und den fast ausdruckslosen, wasserblauen Augen, getragen von einem hohen, schlanken, leicht vornübergebeugten Körper, so berührt er gelegentlich, besonders auf Jugendbildern, simpel, beinahe platt. Jedoch kann er sich ins Großartige verwandeln und statt des alltäglich Bedeutungslosen die überlegene Schlichtheit des genialen Menschen zeigen. Ebenso weist sein Dirigieren eine sonderbare, mit nichts zu vergleichende Mischung von Phlegma und meisterlicher Einfachheit auf, die keineswegs des suggestiven Elements entbehrt. Erregung tritt in dieser Dirigierkunst fast nie zutage. Sie *kann* jedoch mitunter beim Hörer hervorgerufen werden. Dann ist die Empfindung der Berührung mit dem Genius unmittelbar.

Das Geheimnis aber, worin er eigentlich besteht, verrät weder die gemessene Stabführung, die abgewogene Sparsamkeit der Gesten, mit der sich die feinen, geistigen Hände bewegen, noch der gleichmütige Gesichtsausdruck des großen, gepflegten Mannes.

Strauss war bereits ein Sechziger, als ich in nähere Berührung mit ihm trat, und meine Eindrücke beziehen sich durchweg auf sein höheres Lebensalter. In der Jugend soll er ungewöhnlich lebhaft, temperamentvoll, oft geradezu heftig dirigiert haben.

Trotz seiner gesunden Gesichtsfarbe, die das Ergebnis planmäßiger Lebenshaltung ist, und der ungezwungenen Jovialität seines Wesens hatte Strauss nicht das mindeste vom Naturburschen an sich. Auf den ersten Blick war er der Grandseigneur; man hätte ihn etwa für einen Bankpräsidenten ansehen können. Für einen Künstler – für die glänzendste und vielseitigste Begabung auf dem gesamten Gebiet der modernen Musik – würde ihn niemand gehalten haben. Wer Reger sah, glaubte alsbald einen Kantor vor sich zu haben, der auf die Orgelbank gehörte.

Niemand hat übrigens mehr als dieser hundertfach tiefere Musiker die Genialität, vor allem die orchestertechnische Meisterschaft der Straussschen Begabung bewundert, obwohl stärkere Antipoden nicht denkbar sind als der mystische Reger, voll einer religiösen Profundität, und das erdgebundene Weltkind Strauss. Dieser erwiderte die Hochschätzung des anderen mit rückhaltloser Anerkennung der Leichtigkeit und kontrapunktischen Vollendung, mit der Reger schuf. Ähnlich wie Richard Wagner einmal an Liszt, schreibt Strauss an Reger, daß er ihn um den Besitz eines so immensen Könnens beneide.

Einig waren sich übrigens beide Bajuwaren in ihrer Geringschätzung der Kompositionen Gustav Mahlers, der ich in diesem Ausmaße nicht zustimmen kann. Der Zufall wollte, daß sie sie mir mit fast genau den gleichen Worten und im gleichen bayrischen Dialekt aussprachen: »Sö, Busch, der Mahler, dös is überhaupt gar ka Komponist. Dös is bloß a ganz großer Dirigent.«

Den Mangel an eigentlicher Gefühlswärme, den die Strausssche Musik oft an sich trägt, empfand der Komponist selber; er kannte genau die Stellen, an denen er ins Sentimentale und Kitschige abgeglitten ist. Nichts war ihm unsympatischer, als wenn Kapellmeister, darunter recht berühmte, sich in seinen lyrischen Ergüssen »badeten« und ihm dadurch seine Sünden peinlich vor Augen führten. Er selbst ging, je älter er wurde, desto gleichgültiger und unmerklicher beim Dirigieren über solche Partien hinweg, als schäme er sich, sie komponiert zu haben. Zwiespältigkeit zeigte er aber wiederum darin, daß er Ähnliches trotzdem weiter schrieb.

Als er mir in Garmisch seine zur Uraufführung in Dresden vorgesehene »Ägyptische Helena« vorspielte und mich um meine offene Meinung bat, scheute ich mich nicht, ihm unter anderem zu sagen, daß mir »Dauds Gesang« in Des-Dur gar zu billig in der Erfindung scheine und daß er solche »Einfälle« sorgsamer abwägen müsse. Er bestritt diese Kritik keineswegs, wiederholte sie sogar mit sichtlichem Vergnügen vor seiner hereintretenden Frau, fügte dann aber mit wegwerfendem Zynismus hinzu: »Das braucht's halt für die Dienstmädchen. Glauben S' mir, lieber Busch, das Volk ginge nicht in den ›Tannhäuser‹, wenn das ›Lied an den Abendstern‹ nicht drin wäre; oder in die ›Walküre‹ ohne die ›Winterstürme‹ ... Na, na ... das brauchts 's halt.«

Das Rätsel der Straussschen Natur zu lösen, die, obwohl Trägerin einer der erstaunlichsten Begabungen, dennoch nicht von ihr durchdrungen und besessen ist wie die anderer großer Künstler, sondern sie in der Tat nur »trägt« wie einen Anzug, den man ablegen kann – dies ist weder mir noch irgend jemand anderem gelungen. Seine starken materiellen Neigungen machten aus ihm einen ausgesprochenen Vertreter des Kapitalismus und jeder Opferbereitschaft baren, geschworenen Feind sozialer Umwälzung. Sie schienen ihm, bis herab zu dem philisterhaften Behagen an seiner weltberühmten Skatpartie, in der er äußerst selten geschlagen wurde, oft mehr am Herzen zu liegen als die Musik.

Daß dieser Schein dennoch trog, merkte man in stillem, intimem Zusammensein, zum Beispiel wenn man auf seinen Lieblingskomponisten Mozart zu sprechen kam. Ich entsinne mich, daß ich einmal mit dem ersten Klarinettisten der Dresdner Staatskapelle in meinem Zimmer im Opernhaus Mozarts

Klarinettenkonzert durchging, als der zu irgendeiner Premierenvorbereitung anwesende Richard Strauss hereintrat. Lange haben wir uns nach dieser Probe über das Wunder Mozart unterhalten. Sein g-Moll-Streichquintett erklärte Strauss damals für den Gipfelpunkt aller Musik.

Er selbst war ein ausgezeichneter Pianist gewesen und erzählte gern, wie er unter Hans von Bülow in Meiningen ein Mozartsches Klavierkonzert gespielt habe. Von mir verlangte er immer wieder, ich solle einmal einen Zyklus mit allen achtundzwanzig Klavierkonzerten dieses Meisters veranstalten, von denen eines schöner sei als das andere. »Am besten ist's dann«, fügte er hinzu, »Sie lassen den Dirigenten weg. Spielen S' alle selber und improvisieren die Kadenzen.«

Seit dem Jahre 1924 war Richard Strauss regelmäßiger Gast in Dresden. Außer den Uraufführungen von »Intermezzo« und der »Ägyptischen Helena« standen seine sämtlichen übrigen Bühnenwerke im Repertoire, meist als Neueinstudierungen, die er auch selbst als Gast dirigiert hat; mit der einzigen Ausnahme seiner Erstlingsoper »Guntram«, deren Partitur im Garten des Hauses in Garmisch vom Komponisten unter einem Marterl begraben ist. Die Inschrift lautet:

»Hier ruht der ehr- und tugendsame Jüngling Guntram, Minnesänger, der vom symphonischen Orchester seines eignen Vaters grausam erschlagen wurde.«

Seine Vorliebe, sich in Dresden aufzuhalten, erhöhte sich dadurch, daß ein uns befreundeter, kunstbegeisterter älterer Junggeselle den des Hotellebens müden Künstler einlud, in seinem schönen, kultivierten Hause Wohnung zu nehmen. In dieser eigenen häuslichen Gepflogenheiten entsprechenden Umgebung, statt von gleichgültigen Kellnern von einem ausgezeichneten Diener betreut und im Genusse aller Annehmlichkeiten, die der Lebensstil unseres damals sehr vermögenden jüdischen Freundes Albert Sommer ihm bot, hat sich Richard Strauss ganz besonders wohl gefühlt.

Im Musikzimmer dieses Hauses las er uns im Februar 1933 die Dichtung seiner »Schweigsamen Frau« vor; danach setzte er sich an den Flügel, zog sein Skizzenbuch aus der Tasche und spielte den Schluß des Werkes für uns.

Die Beziehungen zwischen Strauss und mir hatten sich herzlich, ja freundschaftlich gestaltet und sollten noch enger dadurch geknüpft werden, daß er seine »Arabella« Dr. Reucker und mir als Repräsentanten der Dresdner Oper gemeinsam gewidmet hatte. Strauss erkannte meine Mitarbeit als Dirigent seiner Werke bei jeder Gelegenheit mit außerordentlicher, fast überschwenglicher Wärme an. Meinerseits bewunderte ich seine Künstlerschaft, seine immer wieder verblüffende Begabung viel zu sehr, als daß ich mich wesentlich an seinen weniger sympathischen Eigenschaften gestoßen hätte. Sie äußerten sich mit einer derart naiven Offenheit, waren so frei von Verschlagenheit oder muffiger Berechnung, daß man sie kaum übelnehmen konnte.

Vorkommnisse, die sich einige Monate vor der Uraufführung der »Ägyptischen Helena« ereigneten, hätten mich warnen sollen: An ihnen zeigte sich die Skrupellosigkeit, deren Strauss fähig war. Jedoch machte ich mir nicht klar, wohin sie zu gegebener Zeit führen mußte. Er, der innerlich nur in krassem Widerspruch zur nationalsozialistischen Ideologie stehen konnte, hat in der Praxis einen ihrer Leitsätze um Jahrzehnte vorausgenommen: »Recht ist, was mir nutzt.«

Im Jahre 1927 dirigierte ich zum ersten Male, einer Einladung Walter Damroschs folgend, das von diesem Veteranen unter den amerikanischen Dirigenten begründete und geleitete New Yorker Sinfonieorchester, das später im Philharmonischen Orchester aufging. Die Einladung wurde für die Spielzeit 1927/28 wiederholt, in der ich drei Monate lang an der Spitze des Orchesters stand.

Das bemerkenswerteste Ereignis bei diesem Besuch war für mich das Zusammentreffen mit Yehudi Menuhin. Auf der Reise nach New York hatte ich in den Zeitungen bereits von einem großen Erfolg des damals etwa elfjährigen Jungen in Paris gelesen. Er wurde mir nun als Solist für eines meiner Konzerte vorgeschlagen, und zwar wollte der Kleine das Violinkonzert von Beethoven spielen. Dieser Wahl glaubte ich nicht zustimmen zu können. »Man läßt ja auch Jackie Coogan nicht den Hamlet spielen«, sagte ich.

Ich riet zu einem Mozartschen Violinkonzert. Jedoch bewog mich der Vater Menuhin schließlich, mir das Beethoven-Konzert, das Yehudi niemals vorher öffentlich und mit Orchester gespielt hatte, mit Klavierbegleitung anzuhören. Ich könne ja dann immer noch nein sagen.

In meinem Zimmer auf dem dreiunddreißigsten Stock des Gotham Hotels erschien der reizende blonde Junge mit seinem

Lehrer Louis Persinger und dem nie von seiner Seite weichenden Vater, packte seine Geige aus und spielte so herrlich und vollendet, daß ich mich bereits beim zweiten Tutti geschlagen gab. Dies war die Vollkommenheit.

Die erste Orchesterprobe erregte einen so unbeschreiblichen Enthusiasmus der Musiker, daß ich, entgegen der damaligen Gepflogenheit, das Violinkonzert an den Schluß des Programms setzte. Kein Orchester und kein Dirigent konnte imstande sein, das überwältigende Ereignis dieses ersten Auftretens auszugleichen. Kein Mensch in Carnegie Hall würde noch Ohren für irgendwelche Musik gehabt haben, nachdem Yehudi die letzten Takte des Rondos gespielt hatte. Jenes Vorgefühl, von dem ich schon bei anderer Gelegenheit sprach, ergriff nun auch die Riesenstadt New York, obwohl weitere Kreise von Yehudi nichts wußten: das Haus war ausverkauft und in der erregten Spannung, die einem mit Bestimmtheit erwarteten großen Ereignis vorausgeht.

Am Tage vor dem Konzert war ich zum Tee bei dem deutsch-amerikanischen Bankier Goldman eingeladen und erzählte von den Proben mit Menuhin, die mich ganz erfüllten. Der charmante, leider des Augenlichts beraubte alte Herr besaß tiefes Verständnis für Musik. Er hatte meine damals zum Teil recht mittelmäßigen Konzerte keineswegs sämtlich abonniert, ordnete nun aber sofort an, ihm Plätze für das erste Auftreten des Jungen zu besorgen. Ich sah seine Enttäuschung, als er erfuhr, daß nicht ein einziger Sitz mehr vorhanden war. So stellte ich ihm und Mrs. Goldman meine Loge zur Verfügung. Den beispiellosen Erfolg, den Yehudi an diesem ersten Abend mit dem Beethovenschen Violinkonzert hatte, wird niemand, der zugegen war, vergessen. Mr. Goldman beschloß, dem Kinde eine besondere Freude zu machen. Sie bestand in einer Stradivari-Geige, die Yehudi seitdem spielt.

1929 übersiedelte die Familie Menuhin nach Europa. Auf Rat amerikanischer Musiker wünschte Yehudis Vater den Sohn noch einige Zeit bei meinem Bruder Adolf studieren zu lassen, der damals in Basel lebte.

Yehudi spielte nun in Dresden unter meiner Leitung die drei Violinkonzerte, Bach E-Dur, Beethoven und Brahms. Abgesehen von der physischen Leistung des elfjährigen Jungen war die technische, geistige und musikalische Vollkommenheit seines Spiels unvorstellbar.

Als die Generalprobe vorbei war, spielte Yehudi, vom Vater keinen Augenblick unbeaufsichtigt gelassen, mit unserem einige Jahre älteren Sohn Hans nach Tisch mit gleicher Begeisterung mit dessen elektrischer Eisenbahn.

Nach dem triumphalen Konzert fanden wir uns im Hotel Bellevue mit den Menuhins, Mrs. Goldman und ihrer Freundin, der berühmten Liedersängerin Elena Gerhart, zu einem Abendessen zusammen. Auf Yehudis besonderen Wunsch mußte sein neugewonnener Freund Hans neben ihm sitzen und konnte strahlend seine paar Brocken Schul-Englisch anbringen.

Im Laufe des Abends sprach ich bei Tisch, noch ganz unter dem Eindruck des Konzerts, aus bewegtem Herzen einige Sätze über die Verantwortung, die das Schicksal in die Hände der Eltern und Lehrer des wunderbaren Kindes gelegt hatte. Ich sprach Deutsch, das außer Yehudi allen verständlich war, in der ausgesprochenen Absicht, daß der Junge das über ihn Gesagte nicht verstehen solle. Er, der bis dahin von der deutschen Sprache nur die Worte: »Es ist bestimmt in Gottes Rat« kannte, begriff alsbald den feierlichen Ernst, der ihm an mir gänzlich ungewohnt war. Als ich geendet hatte, lächelte er mir schüchtern zu, wandte sich an Mrs. Goldman und sagte: »I knew that Mr. Busch is a very good conductor, but when I heard him speak, I thought that he could also be a wonderful Rabbi!«

Die Verbindung mit Adolf stellte ich nicht ohne Überwindung gewisser Schwierigkeiten her, da er Bedenken hegte, Wunderkinder zu unterrichten. Er hatte schlechte Erfahrungen gemacht, nicht mit dem Wunder und dem Kind, sondern mit den Eltern. In der Regel war es deren Geldsinn, der jede Skepsis gerechtfertigt erscheinen ließ.

Da ich unabkömmlich war, fuhr meine Frau nach Berlin und brachte den jungen Geiger zu dem älteren, der vor Yehudis Eintreten zu ihr sagte: »Wenn er ein guter Musiker werden will, darüber läßt sich reden; wollen die Leute aber nur viel Geld verdienen, dann kann er gleich draußen bleiben.«

Danach verlief diese erste Bekanntschaft im Hotel Adlon ähnlich wie die mit mir beim Vorspielen des Beethoven-Konzertes in New York, und Adolf übernahm den Unterricht des Jungen.

Es wurde vereinbart, daß Yehudi nach dem Beginn dieses

Studiums zunächst nur einige Abende im Jahr auftreten würde. Zu diesen Ausnahmen sollte an erster Stelle ein Konzert in Berlin gehören.

Ich wandte mich in einem Briefe an Frau Louise Wolff, die ich seit Jahren als energische und imponierende Leiterin des ausgedehnten Konzertunternehmens Hermann Wolff kannte und besonders ihrer Vitalität und ihrer witzigen, scharfen Zunge halber schätzte. »Königin Louise« nahm im damaligen deutschen Konzertleben eine herrschende Stellung ein.

Schweren Herzens hatte sie sich, von ihren Grundsätzen abweichend, entschlossen, das ungewöhnlich hohe Honorar und die sonstigen Kosten eines Einführungskonzertes mit dem Philharmonischen Orchester ihrerseits zu übernehmen. Ich war für die Veranstaltung mitverantwortlich, denn Louise Wolff hatte ihre Beteiligung von meinem Urteil abhängig gemacht. Sie erwartete hierbei, daß die Ankündigung des Jungen mit dem bereits international berühmten Namen genügen würde, einen ausverkauften Saal zu erzielen. Aber die verwöhnten Berliner verhielten sich abwartend. Kurzerhand veröffentlichte nun die tüchtige Frau, ohne mich zu fragen, den begeisterten Brief über Yehudi, den ich ihr geschrieben hatte, als Feuilleton im »Berliner Tageblatt« und erreichte damit, daß die Philharmonie sehr schnell ausverkauft wurde.

Mit großer Freude erwartete ich den Tag, an dem ich Yehudi in Berlin einführen würde. Im Begriff, zu den Proben zu fahren, erhielt ich die Nachricht, daß mein Vater plötzlich einem Herzschlag erlegen war. Ich sagte sofort das Konzert ab, und Bruno Walter übernahm an meiner Stelle die Leitung.

Der Tod meines Vaters entsprach dem Leben des rastlosen Mannes. Wieder einmal hatte er umziehen wollen. Ein neuerstelltes Haus in Bochum enthielt eine schöne Werkstätte, in der er seine Geigen bauen wollte. Ungeduldig rannte er frühmorgens die bergige Straße hinauf, um Instrumente und Werkzeug zu installieren. Im Haus angelangt, sagte er zu den Bauarbeitern: »Kinder, mir ist nicht wohl. Ich leg' mich mal hin. Schiebt mir doch einen Geigenkasten unter den Kopf, damit ich noch etwas schlafen kann.« So schlief er auf dem Boden seiner Werkstatt zur ewigen Ruhe ein.

Die originelle Haltung, die der Vater den Dingen des Lebens gegenüber einnahm, sollte bei seinem Tode noch einmal zum Ausdruck kommen. Während ich nach Bochum fuhr, um als ältester Sohn dem guten Vater die letzte Ehre zu erweisen, führte ich mir sein Leben und seine Persönlichkeit vor Augen. Dabei kam ich in einige Verlegenheit, wie ich den wiederholt ausgesprochenen letzten Willen meines Vaters zur Ausführung bringen sollte. Mehr als einmal hatte er nämlich zu mir gesagt: »Sorg du dafür, wenn ich einmal gestorben bin, daß der Leichenwagen Galopp fährt. Mein Leben lang habe ich den Menschen nachlaufen müssen; einmal sollen sie auch hinter *mir* herlaufen.«

Mußte ihm dieser Wunsch wie so mancher andere unerfüllt bleiben, so kam er bei seiner Beerdigung dennoch auf seine Kosten.

Als wir Kinder waren, baten wir oft den Vater, der die Pfarrer aller Konfessionen nun einmal nicht leiden konnte, uns vorzumachen, wie ein alter Pastor in wenig geistvoller Weise über das Bibelwort predigt: »Zwei Jünger gingen nach Emmaus«.

»Liebe Gemeinde« – so hub unser Vater, in ein schwarzes Tuch gehüllt auf dem Tische stehend, mit feierlicher Miene an – »waren es *wirklich* zwei? Können es nicht auch drei oder vier gewesen sein? – Nein, es waren zwei. Ausdrücklich steht geschrieben: *zwei* Jünger gingen...« und solcher Unsinn mehr, der uns Kindern großen Spaß machte.

Als wir im aufrichtigen Schmerz des endgültigen Abschieds am Grabe unseres Vaters versammelt waren, erschien nun ein alter, zahnloser Pastor, schlug die Bibel auf und begann pathetisch zu deklamieren: »Zwei Jünger gingen nach Emmaus.«

Wir sahen den Vater vor uns stehen und uns lachend zuzwinkern: »Nehmt das alles nur nicht ernst!«

Yehudi sah ich in Basel wieder, nachdem er sein Studium mit Adolf begonnen hatte. Zwei, wie es hieß, nicht minder begabte, ebenfalls biblisch benannte Schwestern, Hephziba und Yalta, spielten Klavier und nahmen Unterricht bei Rudolf Serkin.

Ende 1929 fuhr ich nach London, um Yehudis erstes dortiges Konzert zu dirigieren. Es war Mr. Menuhin nicht leicht gefallen, von den englischen Behörden die Erlaubnis zum Auftreten seines Sohnes zu erhalten, da das britische Gesetz die gewerbliche Tätigkeit Minderjähriger von einer bestimmten Abendstunde an verbietet. Schließlich fand trotzdem das Konzert an einem Sonntagabend in der Queen's Hall statt und verlief ebenso glanzvoll wie die früheren in New York, Dresden und Berlin.

Was ich von ganzem Herzen für Yehudi wünschte, war die vollkommene Ruhe, in der sich in glücklichen Fällen das Wunderkind zum Meister entfalten kann. Solche Gnade war einmal Joseph Joachim beschieden, dem in früher Jugend ein Vater, in den gefährlichen Entwicklungsjahren einsichtige Ratgeber die Muße zum Ausreifen sicherten. Umgang mit großen Persönlichkeiten wie Ferdinand David, Mendelssohn, dem Ehepaar Schumann, ferner Liszt, Wagner und Brahms befruchtete den bereiten Geist mit umfassender musikalischer Bildung. So wurde Joachim zum alle anderen überragenden Geiger seines Jahrhunderts.

Allen Warnungen zum Trotz begann man statt dessen, Yehudi frühzeitig zum Virtuosen auszubilden. Ein Wanderleben setzte ein, das uneigennützige Freundschaft dem Kinde gern erspart hätte, und die Welt wurde um die volle Entwicklung einer einzigartigen Begabung gebracht.

Am Morgen nach dem Londoner Konzert, an einem Montag, versäumte ich durch den starken Verkehr in Piccadilly den Zug nach dem Festlande. Ich wollte aber, koste es, was es wolle, am Dienstag in Dresden sein. Trotz des stürmischen Herbstwetters belegte ich deshalb einen Platz im nächstfälligen Flugzeug, was den heftigen Widerspruch einer zum Konzert aus Liverpool herübergekommenen früheren Stuttgarter Freundin herausforderte.

Nicht nur Tolstoi konnte die Tränen einer Frau nicht ertragen. Auf ihr Gejammer gab ich ärgerlich die bereits gekaufte Flugkarte zurück. Wenige Stunden später las ich in den Abendzeitungen in großen Schlagzeilen, daß das fragliche Flugzeug gleich hinter Croydon im Nebel gegen einen Felsen gerannt und mit Besatzung und sämtlichen Passagieren verbrannt sei.

Meine zweite Amerikareise hatte zu Berührung und Freundschaft mit Vertretern der amerikanischen Intelligenz, vor allem natürlich Musikern geführt. Diese persönliche Verbindung im Zusammenhang mit dem Ruf der Dresdner Staatsoper veranlaßte Damrosch – immer noch voll jugendlicher Initiative und neuer Ideen – zu einem höchst interessanten Plan. Er bewog die Juilliard Foundation mit ihren reichen Mitteln zu dem Entschluß, in Dresden eine der Staatsoper anzugliedernde amerikanische Opernschule ins Leben zu rufen. Eine Auswahl der ungezählten jungen amerikanischen Gesangstalente sollte dort mit der deutschen Operntradition bekannt gemacht werden und durch Teilnahme an den Aufführungen Stilkenntnis und Erfahrung erlangen. Auch einheimischen Begabungen würden Möglichkeiten offenstehen.

Der großzügige Gedanke, von dem ich begeistert glaubte, ihn Dresden als ein willkommenes Reiseangebinde aus den Staaten mitzubringen, scheiterte an der Engherzigkeit und lokalpatriotischen Gewinnsucht der Behörden. Die verständnislose Verblüffung, mit der ich die egoistischen und kleinlichen Argumente hinnahm, die gegen die Sache ins Treffen geführt wurden, bewies meine Unkenntnis menschlicher Schäbigkeit, die mir noch nahe den Vierzig eigen war.

Anstelle des gescheiterten Unternehmens wurde immerhin ein privater, auf dem Grunde beiderseitiger freundschaftlicher Hochachtung begründeter amerikanischer Gesangskurs geschaffen, der einen Gewinn für Dresden und für uns bedeutete. Seit dem Sommer 1928 kam, wie das viele seiner Landsleute regelmäßig taten, der New Yorker Gesangspädagoge William Vilonat, begleitet von seinem gescheiten Assistenten Sidney Dietch, alljährlich nach Dresden.

Immer auf der Suche nach Talenten, und besonders an schönen Stimmen interessiert, war ich in New York in Verbindung mit bekannten Gesangslehrern getreten, die ihrerseits alles Interesse daran hatten, mir ihre gereiften Schüler vorzuführen.

Tragikomische Erfahrungen mit manchen Stimmbildnern hatten mich überzeugt, daß es sich bei dieser Berufskaste um eine besondere Spezies Mensch handelt. In Leipzig verlangte ein Barbar von seinen Schülern, den schweren Steinwayflügel jedesmal vor Beginn der Stunde von einem Zimmer ins andere zu schieben, um »die Atemtätigkeit anzuregen«. Nichts gegen den Ästheten und Eiferer von Stuttgart, von dem versichert wurde, er könne für seine Methode des ... Spucknapfes nicht entbehren! Seine Schüler mußten sich dieses Gerätes bedienen, bevor sie – etwa zu Mozarts »Heiligen Hallen« – den Mund öffneten. Und die große, von ihren Lehrprinzipien fanatisch überzeugte Lilli Lehmann selbst erzwang von einer ausgesprochen tiefen Altistin, die auf meinen Rat bei der mir befreundeten Meisterin studierte, zur vollen Beherrschung ihrer Stimmittel die beiden Arien der »Königin der Nacht«. Als das unglückliche Mädchen mir nach einem Studienjahr mit dünner, zitternder Stimme vorsang: »Rache tobt in meinem Herzen«, konnte ich ihr nur recht geben.

War dieser Irrtum einer großen Künstlerin, das Phänomen der eigenen Leistung auch von anderen zu fordern, noch entschuldbar, so geschieht doch fortdauernd Unverzeihliches, sogar Kriminelles auf dem Gebiet der Gesangslehre. Der Charlatan steht dicht neben dem Idealisten, der Nichtskönner neben dem Meister, der nicht müde wird, die Gesetze dieses kompliziertesten Instruments – der menschlichen Stimme – zu suchen.

Zu den Meistern gehörte Vilonat. Bewußtes Können verband sich bei ihm mit der intuitiven Sicherheit, die Möglichkeiten und Grenzen einer Stimme zu erkennen und das Letzte an Qualität aus ihr herauszuholen. Seine vielseitige Kultur, seine mit charmantem Humor verbundene Aufgeschlossenheit und eine seltene Gabe, sich Menschen zu erobern, machten ihn zu einer höchst anziehenden Persönlichkeit.

Eine Schar ihn vergötternder Mägdlein und Jünglinge pflegte ihm nach Dresden zu folgen und eine Atmosphäre ähnlich der von Hermann Bahrs »Konzert« mit sich zu bringen. Allein die ernste Würde des ungemein tätigen Mannes hielt die jungen Leute in gebührender Form.

Am Ende des Dresdner Studienkurses sangen die Schüler alljährlich in der Oper vor. Ein junger, hübsch aussehender Mensch begann bereits die ersten Takte Wolframs: »Wie Todesahnung Dämmrung deckt die Lande« ohne das übliche Lampenfieber, stimmlich und im Ausdruck so schön, daß ich sein sofortiges Engagement vorschlug. Es war Nelson Eddy, der zu unserem Leidwesen den angebotenen Vertrag nicht annahm – ein für Dresden nicht alltäglicher Fall.

Eddy soll, wie ich höre, später günstige Verdienstmöglichkeiten in Hollywood gefunden haben.

Im Juni 1925 nahm die Dresdner Oper abermals an Festspielen in Zürich teil, diesmal mit Strauss' »Intermezzo«. Anschließend wurde Arturo Toscanini erwartet, um eine Konzertreise mit dem Scala-Orchester zum Abschluß zu bringen.

Am sommerlichen Abend staute sich eine ungeheure Menschenmenge vor den Toren der Tonhalle, die nicht geöffnet wurden. Man erfuhr, daß Toscanini, infolge betrügerischer

Machenschaften des Impresarios, die Konzerte abgesagt hatte. Mein Zürcher Kollege Volkmar Andreae wußte, daß er mit Freunden und Musikern in eine kleine italienische Wirtschaft gegangen war, und wir folgten ihm dorthin.

Nach wenigen Minuten waren Toscanini und ich in der angeregtesten Unterhaltung über musikalische Fragen begriffen, obwohl mir noch heute unklar ist, wie. Unter den Folgen des Turmbaus zu Babel litten wir beide schwer. Unser Meinungsaustausch war das bunte Ergebnis von Toscaninis Wagner-Deutsch und meinen paar Brocken Italienisch, beiderseitig unterstützt von lautem Singen und heftigem Gestikulieren. Der hier gewonnene Kontakt, dessen sprachliche Basis sich später besserte, hat über zwanzig Jahre durchgehalten. Ich durfte ihn Freundschaft nennen, bis sich Toscanini – einen ganz vertrauten Kreis ausgenommen – mit zunehmend hohem Alter denen, die sich nicht zu ihm drängten, verstummend entzog.

Nicht nur an der Scala, wo ich mit der solistischen Unterstützung von Serkin und meinen Brüdern eine Reihe von Konzerten dirigierte, sondern auch bei anderen italienischen Gastspielen wie in Rom, Florenz und Venedig, ebenso in Dresden und später an vielen anderen Stellen bin ich Toscanini immer wieder begegnet. Einmal erschien der Maestro unangemeldet in aller Heimlichkeit in seinem Wagen zu einer Aufführung des »Don Giovanni« in Dresden, wo eine Neueinstudierung des Werkes einiges Aufsehen erregt hatte. Als ich trotzdem nicht unterlassen konnte, wieder an der Oper im Besonderen wie im Allgemeinen herumzunörgeln, erwiderte Toscanini mit dem tröstlichen Stoßseufzer: »Caro amico, io lo faccio da quaranta-tre anni! ...«

Ein anderes Mal erschien er ebenso unerwartet in Dresden, um einer Aufführung der damals in Deutschland ganz vergessenen Verdischen Oper »Die Macht des Schicksals« beizuwohnen, die von mir in der etwas freien, aber poetisch schönen Textübertragung von Franz Werfel zur Uraufführung in der neuen Fassung gebracht wurde. Toscanini kam eigens dieser Aufführung wegen, weil sie in Dresden ein ungewöhnlicher Erfolg war, unter seiner Leitung in Italien jedoch, wie er erzählte, ausnahmslos ein großes Fiasko gewesen sei. Jeder Italiener glaubte, daß sie das »malocchio« an sich habe, und spreize seine Finger zur Abwehr.

Während ich im Gespräch mit Toscanini zusammen stand, trat Georgi, der Theaterdiener, herein und meldete: »Herr Generalmusigdiregder, heide is keene ›Machd des Schigsals‹, weil die Frollein Seinemeyer krank is. Mr soll'n de ›Ägybdische Helena‹ gäh'm.«

»Malocchio.« Was half das Fingerspreizen!

Von diesem einmaligen Mißgeschick abgesehen, gehörte »Die Macht des Schicksals« zu jenen Opernaufführungen, in denen man sich dem Ideal dieser Kunst nahe fühlte. Wir hatten in der unvergeßlichen, leider sehr jung verstorbenen Meta Seinemeyer eine hervorragende Vertreterin der Leonore, wie überhaupt jeder gefühlsbetonten, lyrisch-dramatischen Partien Verdis und kleinerer italienischer Komponisten. In Giordanos »André Chénier« war sie eine rührende Madeleine. Ihre sehr an die Rethberg gemahnende Stimme hatte, wenn sie jener an Meisterschaft nicht ebenbürtig war, statt dessen eine unvergleichliche Beseelung, die man gern die »Träne in der Stimme« nennt. Man konnte Meta Seinemeyer nichts Schöneres auf ihren Grabstein schreiben als das Schlußwort der »Macht des Schicksals«: »Die Seele lebt.«

An seinen glücklichen Abenden besaß die Dresdner Oper auch den besten Partner für diese Sängerin – einen Alvaro, Don Carlos, Othello, André Chénier, dessen einzig dastehende Vereinigung von Stimme und Erscheinung ihn zum Ideal entwickelt haben würde, hätte nicht ein unseliges Temperament und eine verhängnisvolle Charakterschwäche dieser schönsten Tenorstimme und diesem schönsten Menschen der deutschen Opernbühne ein unglückliches Ende seiner Laufbahn bereitet.

Was er an Material und Talent besaß, schien mir wert, die undankbare, daher zum Schluß tragisch gescheiterte Aufgabe der Ausnützung für unsere Oper zu unternehmen. Im Kampf mit allen bösen Mächten, die um diesen Menschen stritten, gelang es mir, ihm immerhin eine, wenn auch im Verhältnis zu seinen Möglichkeiten nur kleine, immer umstrittene, immer unzuverlässige, oft im Augenblick des Auftretens auf dem Spiel stehende Reihe von Darbietungen abzugewinnen, wie man sie schwerlich wieder erleben wird.

Das Sängerpersonal vergrößerte und verbesserte sich im Laufe der Zeit bedeutend. Zu hervorragenden Vertretern einzelner Fächer, die noch von Schuch herangezogen worden und nun auf der Höhe ihres Könnens waren, traten der Koloratursopran Erna Berger, der Mezzosopran Martha Fuchs, der Tenor Max Lorenz sowie der gewaltige, früh unglücklich endende Baß Ivar Andresen.

Wir konnten, von tüchtigen Regisseuren wie etwa dem kenntnisreichen Dr. Otto Erhardt unterstützt, mitunter auch unter Reuckers eigener, erfahrener Regie einen Spielplan vorweisen, der in manchen Jahren fünfundsiebzig verschiedene Opern und Ballette umfaßte. Bühnenbildner wie Fanto und Mahnke sorgten für einen würdigen Rahmen. Es gab eine Spielzeit, in der wir zehn verschiedene Meisterwerke Verdis brachten. Von Händels »Xerxes« bis zu Strawinskys »Petruschka« konnte man fast alles Wertvolle hören, was es auf dem Gebiet der Oper einschließlich des Balletts gab.

Mitunter erreichte die Dresdner Oper an Glanz und musikalischer Vollendung alles, was eine erste deutsche Opernbühne im Rahmen des bestehenden Systems zu leisten fähig war. Erinnert man sich an die lang anhaltende Erschütterung, die von Werken wie »Boris«, »Macht des Schicksals« oder von der düsteren Großartigkeit des »Don Carlos« ausging, an die Gehobenheit, mit der uns etwa »Falstaff«, »Don Giovanni« oder, mit der herrlich musikalischen, von Toscanini bevorzugten Editha Fleischer-Engel als Gast, eine schöne »Così fan tutte«-Aufführung beschenkte, so konnte man sich fragen, was denn noch fehle. Erst kürzlich traf ich einen sachverständigen amerikanischen Musiker im Kreise von Kollegen und Schülern, denen er von Dresdner Opernabenden als von etwas unvorstellbar Schönem, beinah Legendärem erzählte.

Es war durchaus Wirklichkeit. Zurückblickend frage ich mich, warum die Augenblicke so selten waren, in denen ich mich restlos glücklich fühlte.

Ich hätte es sein können, wenn ich der erste Kapellmeister der Oper, nicht aber ihr Direktor gewesen wäre, der für jede Kleinigkeit die künstlerische Verantwortung trug.

In den großen Uraufführungen und in einzelnen Neueinstudierungen konnte ich es erreichen, daß sich die schwankende Waagschale der mannigfachen Opernimponderabilien annähernd ausbalancierte. Im täglichen Spielplan war das undurchführbar. Wenn ich es damals in einer Umfrage in Opernkreisen als den heißesten Wunsch des Opernleiters bezeichnete: »nicht täglich, sondern dreimal, höchstens viermal wöchentlich Vorstellungen zu geben, die übrige Zeit aber für Proben zu verwenden«, so war ich damit auf dem Wege zu der später im Auslande, besonders am Teatro Colón in Buenos Aires erworbenen Erkenntnis, daß der Stagionebetrieb künstlerische Vorteile vor dem schwerfälligen Apparat einer großen deutschen Bühne hat.

In jahrelangen Erfahrungen überzeugte ich mich davon, daß über den Begriff »Oper« ein weit verbreiteter Irrtum besteht. Man neigt dazu, sie für eine leicht zuzubereitende, dem Verderben kaum ausgesetzte Volksnahrung zu halten. Das Gegenteil ist richtig. Das »Oper« benannte Gesamtkunstwerk ist das anspruchsvollste und heikelste Erzeugnis, das menschlicher Kunsttrieb überhaupt hervorgebracht hat. Zu seiner Organisation gibt es, wie in derselben kritischen Opernstudie aus dem Jahre 1932 ein Kenner bemerkte, keine endgültige Lösung. Ich stimme seinem Schlusse bei: »Geboren aus Paradoxie, wird die Oper als schönes Rätsel weiterleben.«

Prosaischer drückten Reucker und ich in einer kleinen Schrift, die wir nach zehnjähriger Zusammenarbeit herausgaben, ungefähr dasselbe aus: »Das Ergebnis der Tätigkeit einer Opernleitung wird – auch in besseren Zeiten – immer durch einen gewaltigen Abstand zwischen Erstrebtem und Erreichtem gekennzeichnet sein.«

Nun waren die Zeiten, in denen ich Opern leitete, noch niemals »besser« gewesen. Ich nahm diese Tätigkeit zugleich mit einer ausbrechenden Revolution nach verlorenem Kriege auf, und die zehn Dresdner Jahre mußten wir eine Zeitspanne nennen, »die, beginnend in der Inflation, in einer der größten Wirtschaftskrisen aller Zeiten endete«.

Ein neuer Schicksalsschlag hatte Deutschland und sämtliche Länder durch die von Wallstreet ausgehende Wirtschaftskrise betroffen. Die Depression des Weltmarktes zwang den Staat, äußerste Sparsamkeit walten zu lassen; eine Maßnahme, die sich in der Begrenzung Dresdens fühlbarer auswirkte als etwa in der Hauptstadt Berlin. Dort war man wiederum stets leichter geneigt, ausgezeichnete, daher in ihren Forderungen häufig maßlose Sänger, im Vertrauen auf ihre Zugkraft, zu überzahlen, indes sich Reucker erbittert auf Höchstgrenzen und Einschränkungsvorschriften berief.

Ein anderer Punkt betraf die – ebenfalls in unserer Schrift erwähnte – »mühevolle Arbeit im Dienste der sogenannten

›stehenden‹ Vorstellungen des täglichen Spielplans«. Ein Vergleich mit Berlin und Wien zeigt, daß neben einer leitenden Dirigentenpersönlichkeit immer ein oder mehrere Kapellmeister ersten Ranges verpflichtet waren. Nicht so in Dresden. Stieg ich aus den Höhen einer gelungenen Aufführung, auf die ich stolz sein konnte, hinunter in den alltäglichen Ablauf einer »Martha«-, »Butterfly«- oder »Fra Diavolo«-Aufführung, so hörte und sah ich oft Oper, wie sie *nicht* sein soll. Mir widerstrebte der Gedanke, irgendein kultivierter Besucher, der gestern Erfüllung aller Wünsche in der Dresdner Oper erlebt hatte, möchte, nachdem sein Glücksrausch ausgeschlafen war, nun in eine *dieser* Vorstellungen gehen, die doch »der eigentliche Gradmesser für das Niveau einer Bühne mit wechselndem Spielplan sind«.

Meinen beiden Kollegen am Dirigentenpult widerstrebte das nicht; sie rechneten, klüger als ich, mit den gegebenen Verhältnissen. Sie waren tüchtige Routiniers, echte Nachfolger Reissigers, von dem Richard Wagner mit großer Komik berichtete. Von dieser Seite war kein Aufschwung zu erwarten.

Sparsamkeit war jedoch nicht der einzige Hemmschuh, der die Entwicklung hintanhielt, zumal man hoffen konnte, ihn, wie schon einmal, wieder loszuwerden. Hemmend war vielmehr ein System, das, durch Tradition und Gewohnheit festgefahren, den dringend notwendigen Reformen verschlossen blieb.

In anderen Staatsopern bestanden ungefähr die gleichen Verhältnisse, wenn auch mit dem erwähnten Unterschied, daß dort mehrere erste Kapellmeister gleichzeitig wirkten. Es hätte wenig Sinn gehabt, den Arbeitsplatz zu wechseln, wie es mir erst von Berlin, dann wiederholt von Wien angeboten worden ist.

In einem deutschen Staatstheater war zum Beispiel die künstlerische Gestaltung des Bühnenbildes unglaublich dadurch erschwert, daß oft tüchtige und brave Handwerker damit betraut wurden. Vom Staate lebenslänglich angestellt, konnten sie niemals entlassen werden, sofern sie keine silbernen Löffel stahlen. So gewiß sie ihr Bestes taten, durfte man weder Phantasie noch Originalität von ihnen verlangen, vor allem, wenn es sich um fernliegende Stoffgebiete handelte. Es kostete mich, obwohl von Reucker zäh und mutig unterstützt, viel Mühe, Kraft und Ärger, die Berufung fortschrittlicher, überdurchschnittlicher Maler und Architekten von auswärts durchzusetzen. Als Ergebnisse solcher Bemühungen entstanden unter anderem Slevogts schöne, wenn auch nicht einheitliche Bilder zu Mozarts »Don Giovanni«, Kokoschkas Hindemith-Inszenierung, Heckroths »Don Carlos«, Bühnenbilder von Poelzig und Preetorius und der originelle, viel angefochtene »Ring der Nibelungen« von Strnad sowie die geglückten Improvisationen des Russen Chudjakoff. Aber dies waren Ausnahmen.

Ich schuf mir Feinde, weil ich oft Unzufriedenheit und Mißbilligung nicht verbergen konnte. Auch daß ich mir, in ständigem Suchen nach Erneuerung und zeitgemäßer Belebung der Operngestaltung, den sehr begabten Regisseur Josef Gielen vom Schauspielhaus auslieh, machte in der Staatsoper böses Blut.

Mit Reucker und Engel überlegte ich wieder und wieder, wie Besserung zu erzielen wäre. Da vor allem das Niveau des Tagesbetriebes gehoben werden mußte, machte ich Eingabe auf Eingabe, man möge, bei entsprechender Kürzung meines Gehalts, neben mir einen Operndirigenten wie Leo Blech oder Otto Klemperer, zumindest aber einen jungen Kapellmeister mit Begabung und Enthusiasmus verpflichten. Gern hätte ich auf manchen Gastspielurlaub verzichtet, wenn es mir auf diese Weise gelungen wäre, ausschließlich Vorstellungen zu bieten, die Wagners Forderung nach dem Gesamtkunstwerk der Oper entsprachen.

Ich versuchte Ähnliches zu erreichen, wie es Mahler in Wien und Toscanini an der Scala in Mailand vollbrachten: die vollkommene Reorganisation einer historischen Opernstätte, ohne Rücksicht auf die persönlichen Interessen langjähriger, ach so bewährter Kräfte und ersessene Gewohnheitsrechte.

Meine Anregungen schlugen fehl. Das Beharrungsvermögen war nicht aufzurütteln. Der Kampf, meinen künstlerischen Willen durchzusetzen, war – wenn auch nicht immer erfolglos – im Laufe der Jahre zermürbend. Immer seltener wollte mir das Bewußtsein des »gewaltigen Abstandes zwischen Erstrebtem und Erreichtem« von der Seele weichen.

Dann lernte ich Carl Ebert kennen.

Ich sah seine Inszenierung von Mozarts »Entführung aus dem Serail« an der Berliner Städtischen Oper, deren neuer Intendant er war, und die Gesamtheit seiner Leistung begeisterte mich, trotz gelegentlicher Überspitzungen, so sehr, daß ich nur den einen Gedanken hatte: mit diesem Manne in eine Arbeitsgemeinschaft zu treten.

Merkwürdig traf es sich, daß Ebert, der mich bis dahin so wenig kannte wie ich ihn, vom gleichen Wunsche beseelt war, nachdem er mich in Dresden am Dirigentenpult beobachtet hatte. Er bot mir bei erster Gelegenheit die Stellung des Generalmusikdirektors an seiner Oper an, ohne daß ich mich zunächst zum Weggang von Dresden entschließen konnte. Vieles war dort mit großem Elan begonnen und bisher nicht vollendet worden. Enttäuschungen wie Erfolgen zum Trotz beherrschte mich das Gefühl, dieser vielleicht vornehmsten unter den deutschen Kunststätten noch manches schuldig zu sein.

Anläßlich der Salzburger Festspiele 1932 kam es zur ersten Zusammenarbeit mit Ebert. Ich hatte dort, wo ich Mozarts »Entführung aus dem Serail« dirigieren sollte, Eberts Verpflichtung als Regisseur zur Bedingung gemacht. Wir verstanden uns so ausgezeichnet, daß er mich nun seinerseits einlud, wenigstens als Gast eine völlige Neuinszenierung von Verdis »Maskenball« an seiner Bühne vorzubereiten und zu dirigieren. Der Dritte im Bunde war der genialische Bühnenbildner Caspar Neher, der uns durch seine Mischung von Weltfremdheit und Pfiffigkeit manche heitere Stunde bereitete.

Schon in Salzburg begannen Ebert und ich mit einem lebhaften Austausch unserer Ideen für den »Maskenball«. Diese Wochen intensivster Vorarbeit, in denen ich einmal mit zwei überdurchschnittlich begabten Bühnenmenschen eine Opernaufführung bis ins kleinste mit freier Phantasie und aller Ehrfurcht vor dem Werke aufbauen konnte, rechne ich zu den schönsten Erlebnissen meiner Laufbahn. Sie haben weiterwirkend auch in den kommenden Jahren der Zusammenarbeit mit dem großen Regisseur zu besonderen Ergebnissen geführt.

Gewiß hat es später nicht immer an Meinungsverschiedenheiten zwischen uns gefehlt, wenn Carl Ebert meines Erachtens der Musik einmal Gewalt antun wollte, während doch, in Abänderung eines Mozartschen Ausspruches, »die Regie der Musik gehorsame Tochter sein soll«. Da wir aber beide verstanden, die Person hinter der Sache zurückzustellen, ergab es immer wieder ein Einvernehmen.

Carl Ebert, eine große, gute Erscheinung und nicht ohne das

Bewußtsein dieses Besitzes, war Schüler Max Reinhardts und ein ausgezeichneter Schauspieler gewesen, bevor er den Intendantenposten zuerst in Darmstadt, dann in Berlin annahm. Er ging zur Opernregie über, da ihn die Verbindung von Musik und Wort besonders fesselte. Wie ich den Regisseur, so suchte er den Dirigenten.

Die Aufführung des »Maskenballs« an der Städtischen Oper wurde zu einem Ereignis, an das sich Menschen in der ganzen Welt in seltener Übereinstimmung noch lange erinnern sollten und das auch heute noch nicht vergessen ist.

Eine höchst treffende, wenn auch etwas befremdlich gefaßte Beschreibung dieses Abends gab der Kritiker der »Frankfurter Zeitung«: »Das Publikum klatschte in Raserei. Von Ermüdung unseres Theaterlebens war in dieser seltsamen Opernnacht nichts zu verspüren. Das Theater lebt offenbar weiter, wenn es schon echtes, saftiges, dämonisches Theater ist. Der Dämon saß über der Oper des Herrn Professor Ebert in Charlottenburg. Sie spielten, mimten, musizierten und sangen wie Besessene... Kein Arm verharrte in Opernpose. Die Masken wurden zu Gesichtern. Die nach der Selbstentschleierung seelisch zerschlagene Nemeth steht da mit hilflosem Körper, wie noch nie eine Heldin in der Oper verloren stand... Zur rechten Zeit stellt ein Diener ein Licht auf den Tisch und füllt die Handlungspause während des Orchesterspiels. Zum Aufbruch rennen Diener herbei und bringen die Mäntel der Signori, zur dramatischen Beschleunigung des Aktschlusses. Nach dem Mord auf dem Maskenball lüften auf einmal alle die unnütz gewordenen Masken. Das ist Theater!... Die Gäste vorne stehen starr. Aber ganz hinten in dem Riesenraum tanzen grau verhüllte Sibyllen weiter... bis auch sie die Mordtat wittern. Dann endlich stockt die Bewegung. Und Richard singt ein Schwanenlied der Vergebung. Tragödie! Die Intellektuellen weinen in Charlottenburg.«

Ich gedenke dieses Abends als der für mich erstmaligen Erfüllung eines in vierzehn Jahren Opernarbeit unerschütterlich gehegten Wunsches. Hier bestätigte sich mir, daß mein Mühen und Glauben nicht vergeblich gewesen war; daß die Oper keineswegs überwunden ist, sondern nach wie vor lebendigste Wirkung, ja Erschütterung auslösen kann.

In Dresden sah man dieser Entwicklung mit Mißvergnügen zu.

Nichts war begreiflicher, als daß man sich diesen Erfolg im eigenen Hause gewünscht hätte. Ein letztes Mal hoffte ich, daß das Beispiel seine guten Auswirkungen auf meine traditionsreichere, aristokratische Bühne haben würde.

Im Herbst 1932 folgte an der Städtischen Oper ein ausverkauftes Haus dem anderen. Das Interesse für den »Maskenball« war so anhaltend, daß man hätte Serie spielen können; ein Beweis für meine in Dresden immer wieder vorgebrachte Ansicht, daß Aufführungen von überragender Qualität zugleich die ökonomisch sinnvollsten sind.

Für die geistigen Kreise Berlins, aus denen wohl niemand in diesen Aufführungen fehlte, bedeutete der Abend den Beginn einer neuen Opernära. Ein Ausblick öffnete sich. Aber die Nazis schlugen die Tür zu.

XI Auseinandersetzung mit dem Nationalsozialismus und Abschied von Deutschland

»Heute nacht ist jemand in meiner Plantage gewesen und hat alles ausgerissen«, sagte August.
»Ausgerissen?«
»Sämtliche Pflanzen. Es ist nicht ein ganzes Blatt mehr da.«
»Um alles in der Welt! Ist ein Tier hineingeraten?«
»Ja, ein Mensch.«

KNUT HAMSUN, »August Weltumsegler«

Im Jahre 1930 ging ich auf einige Wochen in ein Sanatorium nach Nassau in der Nähe von Koblenz. Die Tagespolitik hatte mich niemals besonders interessiert, wenn mich auch Schicksal und Zukunft meines Vaterlandes in der Nachkriegszeit dauernd beschäftigten. Den Parteikämpfen hatte ich mich ferngehalten. Ich dachte mit Goethe, »daß es dem Manne besser anstehe, das Rechte zu tun, als dafür zu sorgen, daß das Rechte geschähe«.

Eines Tages sah ich Naziplakate mit dem Hakenkreuz und der Aufschrift: »Juden ist der Zutritt verboten!«, die zu einer Versammlung im Gasthofsaal des Städtchens einluden. Ich ging hin und fand den Saal mit rotem Tuch und den bekannten Wahrzeichen geschmückt. An den Wänden standen SA-Leute, junge, kräftige Burschen, deren Uniform ich zum erstenmal erblickte. Als einziger Redner – »Diskussion verboten!« – trat ein Pastor Münchmeyer auf, der wegen Sittlichkeitsvergehen selbst unter der duldsamen Weimarer Republik seinen Posten verloren hatte, nichtsdestoweniger aber von der Nationalsozialistischen Partei für gut befunden wurde, 1930 als ihr Vertreter für den Wahlkreis Hessen-Darmstadt in den Reichstag geschickt zu werden.

Ich erinnere mich seiner schmutzigen Geschichten, die dort zur Sprache gekommen waren, wobei ihn ein witziger sozialdemokratischer Abgeordneter den »Fleischbeschauer des Dritten Reiches« tituliert hatte.

Was Münchmeyer sagte, war leicht zu widerlegendes dummes Geschwätz, in Form und Ausdrücken übelste Demagogie. Die erst zögernden Bürger und Bauern folgten jedoch dem

Redner immer begeisterter, und er konnte schließlich einen Erfolg buchen, der mit den billigsten Mitteln erreicht und von mir in peinlicher Sorge vorausgesehen worden war. Angewidert ging ich fort.

Es war die einzige Versammlung der Nationalsozialistischen Partei, die ich miterlebte, und ich glaube, nichts dadurch versäumt zu haben, daß ich weiteren fernblieb.

Als gründlicher Deutscher verschaffte ich mir dagegen Hitlers »Mein Kampf« und las dies Buch mit aller Gewissenhaftigkeit. Wie man später sehen wird, ist mir diese Lektüre von Nutzen gewesen. Aus meiner bisher instinktiven Ablehnung der nationalsozialistischen Parteidoktrinen wurde nach dem Studium dieses Buches nun eine bewußte Gegnerschaft. Obwohl mir bekannt war, daß Moral und Politik in der Regel verschiedene Dinge sind, konnte ich in diesem Falle nicht schweigen. Ich hielt es nicht nur für mein Recht, sondern auch für meine Pflicht, die völlig amoralische neue Lehre so eindeutig wie möglich zu bekämpfen.

Die in den nächsten zwei Jahren von mir in aller Öffentlichkeit zum Thema »Nationalsozialismus« getanen Äußerungen wurden, wie sich im März 1933 herausstellte, eifrig von meiner Umgebung aufgezeichnet und ergaben schließlich eine Anklageschrift von vielen Schreibmaschinenseiten, die in der deutschen Theaterwelt längst allgemein verbreitet war, bevor es mir selbst mit vieler Mühe gelang, sie zu Gesicht zu bekommen. Die dort von Zuträgern der Partei, den sogenannten »Zellen«, gewissenhaft festgehaltenen Bemerkungen gemacht zu haben, konnte ich nicht leugnen.

Im Laufe des Jahres 1932 hatte die Partei begriffen, daß sie auf meine Mitwirkung beim Aufbau ihres Dritten Reiches nicht zählen konnte. Nach dem übernommenen Grundsatz: »Wer nicht mit mir ist, ist wider mich« gab sie die bisher abwartend wohlwollende Haltung auf und ging zur Attacke über. Die Wahlen hatten den Nazis eine immer größere, schließlich genügend starke Mehrheit im sächsischen Landtag gebracht, um den Etat der Staatstheater ablehnen zu können, der alljährlich in mehrtägigen Sitzungen unter eifrigster Beteiligung von Hinz und Kunz neu bewilligt werden mußte. Meine klar zur Schau getragene Abneigung führte zum offenen Angriff der immer einflußreicher werdenden nationalsozialistischen Presse.

Die Art und Weise, in der gegen mich als den künstlerisch verantwortlichen Leiter des Dresdner Opernhauses vorgegangen wurde, hat Adolf Hitler in seinem Buche »Mein Kampf« auf Seite 93 (13. Auflage 1932) vorausschauend geschildert. Ich setze im Folgenden nur statt »jüdisch« das Wort »nazistisch« ein, um mit aller Deutlichkeit klarzumachen, in welcher Form und nach welchen Richtlinien ein solcher Kampf geführt wurde.

Hitler schreibt: »Ich mußte im Anfang staunen, in wie kurzer Zeit es dieser schlimmsten Großmacht im Staate [der Presse] möglich wurde, eine bestimmte Meinung zu erzeugen, auch wenn es sich dabei um vollständige Umfälschung sicher vorhandener innerer Wünsche und Anschauungen der Allgemeinheit handeln mochte. In wenigen Tagen war da aus einer lächerlichen Sache eine bedeutungsvolle Staatsaktion gemacht ... So gelang es, im Verlaufe weniger Wochen Namen aus dem Nichts hervorzuzaubern ... während in der gleichen Zeit alte, bewährte Erscheinungen ... mit solch elenden Schmähungen überhäuft wurden, daß ihr Name in kurzem drohte, zum Symbol einer ganz bestimmten Niedertracht oder Schurkerei zu werden. Man muß diese infame nationalsozialistische [bei Hitler steht »jüdische«] Art, ehrlichen Menschen mit einem Mal ... von hundert und aberhundert Stellen aus die Schmutzkübel niedrigster Verleumdungen und Ehrabschneidungen über das saubere Kleid zu gießen, studieren. Es gibt da nichts, das solch einem geistigen Raubritter nicht passend wäre ... Er wird dann ... nicht eher ruhen, als bis sein Trüffelsuchinstinkt irgend einen armseligen Vorfall aufstöbert, der dann bestimmt ist, dem unglücklichen Opfer den Garaus zu machen. Findet sich aber weder im Öffentlichen noch im Privaten selbst bei gründlichstem Abriechen rein gar nichts, dann greift so ein Bursche einfach zur Verleumdung in der festen Überzeugung, daß nicht nur an und für sich auch bei tausendfältigem Widerruf doch immer etwas hängen bleibt, sondern daß infolge der hundertfachen Wiederholung, die die Ehrabschneidung ... sofort findet, ein Kampf des Opfers dagegen in den meisten Fällen gar nicht möglich ist ...«

Um mich verständlich zu machen, muß ich für das oben Gesagte einige Beispiele anführen.

Mit Mieczyslaw Horszowski, einem feinen Musiker und Pianisten, den ich in Mailand im Hause Toscaninis kennengelernt hatte, als Solist, dirigierte ich 1932 ein Konzert in Berlin und zog hierfür die Dresdner Staatskapelle heran. Obwohl mir der Plan nichts als Mühe und Ärger einbrachte, wollte ich ihn nicht aufgeben. Die erforderliche Verstärkung für die gleichzeitige Opernaufführung in Dresden rekrutierte Kutzschbach aus Schülern und Schülerinnen der Orchesterschule der Sächsischen Staatskapelle. Ob scherzhaft, ob geistesabwesend, hatte er den jungen Damen auf Befragen erwidert, sie hätten im Smoking zu spielen – ein um so harmloserer Mißgriff, als dank dem versenkten Orchester die »törichten Jungfrauen« vom Publikum nicht erblickt werden konnten.

Die »lächerliche Sache«, die in meiner Abwesenheit und ohne mein Wissen erfolgte, brachte mir trotzdem einen Mißtrauensantrag der Nazipartei im Landtage ein. Kutzschbach gab seinen Fehler zu, entschuldigte sich bei mir und war bereit, die Angelegenheit öffentlich aufzuklären. Mir schien das nicht der Mühe wert.

Ich wunderte mich auch nicht weiter, Überschriften in den Dresdner Skandalblättern zu finden, wie: »Der Mann mit den seltsamen Neigungen« – und ähnlichen Unsinn mehr. Dresden hielt mit der Anzahl derartiger Blätter übrigens den Rekord in der deutschen Schmutzpresse.

Informationsquelle der Nazizeitungen, die – siehe Hitler – »nicht ruhten, als bis der Trüffelsuchinstinkt irgend einen armseligen Vorfall aufgestöbert hat, der dann bestimmt ist, dem unglücklichen Opfer den Garaus zu machen« – war der zweite Souffleur der Staatsoper. Reucker hatte für diese Stellung im Herbst 1932 einen Dr. Börner verpflichtet. Vom Augenblick seines Eintritts in das Institut begannen Indiskretionen jeder erdenklichen Art ihren Weg in die Öffentlichkeit zu nehmen, wobei es sich keineswegs nur um meine Person, vielmehr um den innersten und geheimsten Betrieb des Verwaltungsapparates sowohl als der künstlerischen Leitung handelte. Einzelheiten, die nur Eingeweihten bekannt waren, erschienen am Tage nach Sitzungen, gehässig glossiert, in dem örtlichen Naziblatt »Der Freiheitskampf«.

In den Märztagen 1933 lüftete sich das Inkognito des Herrn Börner auf glorreiche Weise. Es zeigte sich, daß er, obzwar kein Doktor, doch in der Tat der oberste Nazispitzel – die erste »Zelle« – war, die man in den Staatstheatern eingesetzt hatte.

Vielleicht war es ein Fehler, daß ich Angriffen gegenüber, deren Verlogenheit unschwer zu beweisen gewesen wäre, auf Erwiderung in der Presse verzichtete.

Ich empfand sie als unter meiner Würde.

So wenig als an Anpöbelungen fehlte es gleichzeitig an Aufforderungen von den verschiedensten Seiten, der NSDAP beizutreten. Wenige Tage vor den entscheidenden Ereignissen lehnte meine Frau den Besuch eines freiherrlichen Pg. ab, der daraufhin auf schriftlichem Wege die Forderung eines »namhaften Geldbetrages für die Bewegung« stellte. Wir erwiderten brüsk, daß wir mit Ausnahme der Heilsarmee keine »Partei« unterstützten, am wenigsten die seine.

Die nationalsozialistischen Zellen, die sich im Opernhaus gebildet hatten und ihre Wirksamkeit bis in meine nächste Mitarbeiterschaft hinein ausübten, fuhren fort, reichlich Material zu liefern, das die Parteipresse konsequent zu Schmähartikeln über meine Person benutzte. Ich hatte es schnell satt, dieses Zeug zu lesen. Dresden wurde mir nach und nach verleidet, und der immer wiederholte Ruf Carl Eberts begann ernsthafte Bedeutung zu gewinnen.

Noch ein anderer »Ruf« aus Berlin gelangte damals an mich. Jemand teilte dort, wie ich zu meinem nicht geringen Erstaunen erfuhr, die in mir aufkeimende Ansicht, daß ich besser tun würde, Dresden zu verlassen. Dies war kein anderer als Hermann Göring. Wir hatten seine spätere Freundin Emmy Sonnemann neun Jahre vorher als junge, etwa dreiundzwanzigjährige Schauspielerin in Stuttgart kennengelernt. Sie war damals die Gattin des Schauspielers K., sah aus wie ein junges Mädchen und pflegte auch, wie sie selber erzählte, mit den jungen Mädchen am Schluß von Opern oder Konzerten am Bühnenausgang zu stehen, um »Herrn Busch, für den sie alle schwärmen«, zuzuwinken. Sie war eine der entzückendsten Frauen, die man sich denken konnte, weniger noch, weil sie schön, als weil sie liebenswürdig, herzlich und von einer kindlichen Lebensfreude war. Unsere kleine Tochter nannte sie »Frau Sonne«; treffender konnte man ihr Wesen nicht ausdrücken. Niemand begriff, warum sie K. geheiratet hatte, einen drolligen kleinen Mann von unwahrscheinlicher Häßlichkeit, der sich besonders als »Die Wand« in Shakespeares »Sommernachtstraum« auszeichnete. Vermutlich tat sie es, weil sie nicht »Nein« sagen und – damals jedenfalls – niemand betrüben konnte.

Später, als sie sich von K. getrennt hatte, befreundete sich Emmy eng mit einem uns brüderlich nahestehenden Manne, einem der kultiviertesten und höchststehenden Menschen unseres Freundeskreises. Durch ihn kam sie in unser Haus. Der Zauber, den sie besaß, war keineswegs nur ein äußerer. Vielmehr war es ihr Herz und Wesen, ihre unbefangene Aufrichtigkeit und klare Natürlichkeit, die sie unwiderstehlich machten. Wir nahmen sie mit offenen Armen auf.

Nachdem Emmy in Weimar engagiert war, kam sie sehr oft nach Dresden. So gern sie ganz dorthin gegangen wäre, wagte sie jedoch nicht, sich ernstlich um ein Gastspiel zu bemühen, weil sie vor den als besonders intrigant bekannten beiden Fachkolleginnen Angst hatte. »Kampf liegt mir nicht« – so sagte sie und hatte recht. Die glänzendste Rolle, die es für eine Frau im Dritten Reich zu spielen gab, sollte ihr auf andere Weise zufallen.

Während eines Sinfoniekonzerts im Opernhaus wurde meine Frau einmal plötzlich in der Pause von rückwärts umfaßt und ihre Augen von einem Paar weicher, duftender Hände verschlossen. Emmy Sonnemann war unerwartet eingetroffen. Auf die Frage, ob sie den Abend mit uns zubringen wollte, erwiderte sie lustig, aber mit einer ihr sonst fremden kleinen Befangenheit: »Weißt Du – ich habe einen *Kerl* bei mir!« Es war Hermann Göring.

Die burschikose Bezeichnung paßte nicht schlecht auf den gewichtigen Militär in Zivil, der meiner Frau vorgestellt wurde und sie mit der Gewalt seines Händedrucks erschreckte.

Emmys warmherzige und liebreiche Persönlichkeit konnte man sich in Verbindung mit Bösem nicht vorstellen. Zudem war sie ausgesprochen bürgerlich, im häuslich Behaglichen und Herkömmlichen verwurzelt, das Gegenteil einer Abenteurerin oder leichtfertigen Frau. Nach und nach sahen wir, daß sie Göring aufrichtig liebte und entschlossen war, ihr Schicksal dauernd an ihn zu binden. Ihr Schritt schien für den Mann zu bürgen.

Im Februar 1933, um die Zeit, als der Kampf der Nazipresse gegen mich sich seinem Höhepunkt näherte, telefonierte Emmy Sonnemann eines Nachts plötzlich sehr spät bei uns an, um zu sagen: »Ärgert Euch doch nicht über die abscheulichen Dresdner! Ich komme nächstens nach Berlin ans Staatsschauspielhaus. Hermann wünscht nichts mehr, als den Fritz auch nach Berlin zu holen. Denkt mal, wie nett wir's dann alle zusammen haben werden!«

Auf die Bemerkung, daß ich in Dresden einen *Vertrag* habe, rief sie lachend zurück: »Ach, was heißt Vertrag – das ist doch alles Unsinn!« und hängte ab.

Ich ahnte nicht, daß dieser nächtliche Anruf einige Wochen später Bedeutung für mich gewinnen sollte.

Gefährlicher als die auf Betreiben der Nazis erfolgte »Streichung« meines Gehalts – in dem noch bestehenden Rechtsstaat eine papierene Maßnahme – war die durchgeführte Kürzung des Opernetats um ein Drittel. Sie zwang uns Einsparungen auf, die zuerst zur Kündigung einiger jüngerer Mitglieder führten. Ein hübsches Mädchen bat mich jammernd, die Verfügung rückgängig zu machen, wozu ich nicht in der Lage war. Wenige Tage später fand ich sie als Mitwirkende bei einem nationalsozialistischen »Kulturabend« angekündigt und als Pg. bezeichnet.

Kurz darauf legte man mir auf der Generalintendanz ein an den Ministerpräsidenten gerichtetes, ausführliches Schreiben vor, das ein Hakenkreuz trug und von einem Gauleiter Cuno Meyer herrührte. Seinem Inhalt zufolge war unser entlassenes Mitglied, Fräulein Hildegard Tausche, ein Talent, wie es die Dresdner Staatsoper in ihren besten Zeiten kaum besessen hatte, und sein Verkennen nur auf die schädliche Gesinnung des Generalmusikdirektors Busch zurückzuführen. Cuno Meyer verlangte im Namen der Partei, daß die Kündigung sofort zurückgezogen werde, widrigenfalls er sich gezwungen sähe, weitere Schritte gegen die Oper einzuleiten.

Ich hielt es für meine Sache, Meyer zu antworten. Zu meinem großen Ärger verhinderten Reucker und Ministerialrat Reuter die Absendung dieses Briefes, in dem irrigen Glauben, durch Vorsicht noch retten zu können, was ich bereits als verloren ansah.

Mein Brief lautete:

»Sehr geehrter Herr!
Auf Seite 98 des Buches ›Mein Kampf‹ von Adolf Hitler finde ich folgende Zeilen: ... ›aber indem dieses System (das parlamentarische) den Einzelnen zwingt, zu solchen ihm gar nicht liegenden Fragen Stellung zu nehmen, verdirbt es allmählich den Charakter. Keiner wird den Mut aufzubringen

vermögen, zu erklären: ›Meine Herren, ich glaube, wir verstehen von dieser Angelegenheit nichts. Ich persönlich wenigstens auf keinen Fall.‹

Wie man mir erzählt, sind Sie, sehr geehrter Herr Meyer, Fabrikant von Kunstdünger, während ich seit zwanzig Jahren als Opernfachmann gelte. Ich schlage Ihnen deshalb vor, den Fall Tausche in der Weise zu behandeln, daß Sie sich um Ihren Mist kümmern und mir die Sorge um den meinen überlassen.

Hochachtungsvoll

Fritz Busch, Sächsischer Generalmusikdirektor.«

Ich veranlaßte, daß die Antwort, die ich Gauleiter Meyer zu geben gewillt war, soviel wie möglich bekannt wurde, indem ich sie als Mitglied des Rotary-Clubs dort erzählte und auch im Theater selbst verbreitete. An beiden Stellen hatten die Nazis ihre Zellen; ich zweifle nicht, daß Pg. Meyer, wenn mein Brief auch nicht abging, von seinem Inhalt dennoch volle Kenntnis erhielt.

Etwa im Januar 1933 beschied mich der Sächsische Ministerpräsident Schieck zu sich. Ich schätzte ihn wegen seiner vorurteilsfreien Humanität und wegen des Verständnisses, das er unseren Opernproblemen entgegenbrachte. Weniger einverstanden war ich mit seiner meines Erachtens zu weichlichen Führung der sächsischen Innenpolitik gegenüber den immer wachsenden Ansprüchen der Nazis. Wie so oft, wurde hier ein liberales Gewährenlassen zur Schwäche, die den rücksichts- und hemmungslosen Gegner zu immer gewagteren Forderungen ermutigte.

Schieck hielt sich für verpflichtet, mich auf die Folgen meines Verhaltens als Nazigegner aufmerksam zu machen. Es war für ihn keine Frage, daß in einigen Wochen eine vollkommene politische Änderung eintreten und den Nationalsozialisten die Regierung Deutschlands in die Hand gegeben würde. Mein Intendant und ich hätten alsdann die sofortige Entfernung aus unseren Ämtern zu erwarten. Der erstere – wie er heute schon wisse – solle durch einen Schauspieler Posse ersetzt werden.

Wörtlich fuhr er fort: »Ich fürchte, daß Sie, lieber Herr Generalmusikdirektor, in einen Sack genäht die Elbe herunterschwimmen werden, wenn Sie sich nicht in letzter Stunde entschließen sollten, Ihr Benehmen vollkommen zu ändern und Konzessionen zu machen.«

Ich erklärte mich mit den Voraussagen des besorgten Ministerpräsidenten völlig einig, und er widersprach mir keineswegs, als ich andeutete, er selber, obwohl nur ein vorsichtiger Gegner des Systems, laufe Gefahr, mein Schicksal zu teilen. Ich versicherte ihm aber, daß ich Sorge tragen würde, links und rechts von mir untergefaßt noch zwei SA-Männer mitschwimmen zu lassen.

Ende Februar fuhr ich zu einem Gastspiel nach Kopenhagen. Am 6. März, dem Tage nach der Reichstagswahl, traf ich nachmittags auf der Rückreise in Berlin ein und hatte vor Abgang des Zuges nach Dresden auf dem Anhalter Bahnhof eine Unterredung mit meinem Schwager. Ich erzählte ihm den merkwürdigen Traum, den ich eine Woche vorher in Kopenhagen gehabt hatte. Sonst nicht abergläubisch, hatte ich ihn Rudolf Serkin, den ich traf, zu dessen großem Schrecken mitgeteilt. In diesem Traum fühlte ich die dramatischen Ereignisse, die mich in den nächsten Tagen betreffen sollten, klar voraus.

Mein Schwager, der meine Angelegenheiten als Rechtsanwalt betreute und mein guter Freund war, hörte mir kopfschüttelnd zu. Mit der gespannten Dresdner Situation vertraut, gab er mir den dringenden Rat, mich durch nichts, was geschehen sollte, zu Unbedachtheiten hinreißen zu lassen.

Ein schwerer, dicker SA-Offizier in blendend neuer Uniform bestieg vor mir den Speisewagen. Auf die Frage an meinen Schwager, wer denn eigentlich diesen ganzen Luxus bezahle, erhielt ich die Antwort: »Du.«

Ich setzte mich zu Otto Klemperer, der zu Gastspielen nach Budapest fuhr. Wir waren seit Jahren gute Kollegen, und ich schätzte ihn. Wer Klemperers impulsives Wesen kennt, wird leicht verstehen, daß er seinen Äußerungen und der Klangstärke seiner Stimme keinen Zwang antat. Auch ich gehörte nicht zu denjenigen, die leise sprechen, wenn sie in Erregung geraten. Dem nebenansitzenden SA-Offizier konnte kein Wort unseres Gespräches entgehen, das von Sympathien für die Nazibewegung, den Erfolg Hitlers und die Zukunft Deutschlands unter dem neuen Regime nicht getragen war.

Beim Aussteigen in Dresden erfuhr ich, daß der dicke SA-Offizier Manfred von Killinger war, der wenige Tage darauf für kurze Zeit Nachfolger des Ministerpräsidenten Schieck wurde und als solcher die ersten Maßnahmen gegen mich ergreifen sollte. Ich hatte kein Recht, ihm den Standpunkt zu verübeln, den er hierbei einnahm.

Am Dienstag, den 7. März, befand ich mich in der Generalintendanz im Taschenberg-Palais. Man fühlte die unheimliche Ruhe vor dem Sturm, die Gewitterstimmung, die sich im Laufe des Tages immer stärker bemerkbar machte. Unerklärlich erschien es, daß man, nachdem eine solche Gepflogenheit elf Jahre lang bestanden hatte, meiner Frau Schwierigkeiten machte, unsere Dienstplätze im Opernhause für diesen Abend gegen Einlaßkarten zum Staatlichen Schauspielhaus einzutauschen. Immer wieder versicherte sich der mit der Kartenausgabe betraute Beamte, ob sie denn endgültig entschlossen sei, die Opernaufführung an diesem Abend *nicht* zu besuchen? Den Grund sollten wir noch erfahren.

Nachmittags gegen fünf Uhr ging ich in die Oper, um mich für die Abendvorstellung des »Rigoletto« vorzubereiten. Während ich in der Partitur las, wurden Unruhen auf den Straßen und auf dem Opernplatz bemerkbar; es hieß, man habe die Hakenkreuzflagge auf dem Opernhaus gehißt.

Ich war entschlossen, mich durch keine äußeren Vorgänge in der künstlerischen Konzentration stören zu lassen.

Um musikalische Nachlässigkeiten, die im Repertoirebetrieb unvermeidlich sind, auszubessern, hatte ich die Gepflogenheit, das Sängerpersonal vor Beginn jeder meiner Aufführungen in meinem Zimmer zu versammeln.

Kurz vor sieben Uhr ließ sich eine Freundin unseres Hauses melden, die die Vorstellung besuchen wollte. Sie bestürmte mich unter Tränen, sofort das Haus zu verlassen, da sie Ausrufe gehört hatte, man wolle »den Busch erschlagen«.

Wie immer begann ich um sieben Uhr mit den recht nervösen Sängern die Ensemble-Probe. Plötzlich öffnete sich die Türe. Ein schwerbewaffneter SA-Mann trat ein. »Bitte, Herr Generalmusikdirektor, wollen Sie die Sänger auf einen Augenblick zur Teilnahme an einer *feierlichen Handlung* beurlauben.«

»Ungern«, sagte ich, »ich brauche die Probe dringend. Schicken Sie mir also die Herrschaften so schnell wie möglich zurück.«

Ich sah zum Fenster hinaus auf die Fassade der gegenüberliegenden Gemäldegalerie, bis meine Sänger nach etwa zehn Minuten zurückkamen.

Kurz darauf kam ein zweiter SA-Mann, ein riesengroßer Kerl, und ersuchte mich, diesmal in weit weniger freundlichem Ton, ihm auf die Bühne zu folgen.

Dort stand in der Mitte auf einem kleinen Podest, den Rücken zum Zuschauerraum gekehrt, der Schauspieler Alexis Posse, ein aufgeschwemmter, subalterner Mensch und schlechter Komödiant, der auf der Bühne Chargen und in der Partei eine große Rolle spielte; neben ihm sein Freund Schröder, ebenso belanglos. Im Halbkreis vor ihnen standen auf der Bühne etwa fünfzig bis sechzig SA-Leute, tadellos ausgerichtet und in voller Bewaffnung. In den Kulissen hatten sich einige Kapellmitglieder, Feuerwehrleute, Garderobefrauen und Bühnenarbeiter versammelt, wie sie gewöhnlich eine Stunde vor Beginn der Vorstellung im Theater anzutreffen sind.

Vor diesem improvisierten Publikum sprach Posse von der Machtübernahme Hitlers, von den goldenen Zeiten, die nun für die Kunst und das persönliche Wohlergehen jedes einzelnen anbrechen würden, sowie davon, daß *ich* für solche Ziele nicht verwendbar sei und mich als abgesetzt zu betrachten hätte. Zu meinem Nachfolger ernenne er den Kapellmeister Kutzschbach und in dessen Vertretung Kapellmeister Striegler. Mit einem »Sieg Heil«, bei dem außer dem meinen alle Arme in die Höhe flogen, schloß die »feierliche Handlung«. Einige hämische Blicke trafen mich, der im Frack, die Hände auf dem Rücken, beiseite stand und sich nicht rührte, bis die Bühne frei war.

Höflich und ausdrücklich bat mich Posse, die Vorstellung zu dirigieren. Die Sänger mußten deshalb noch ein drittes Mal in mein Direktionszimmer kommen, um nach einiger Zeit erneuten Probierens für die Vorstellung entlassen zu werden.

Inzwischen waren Intendant und Ministerialrat eingetroffen und von dem Vorgefallenen von mir in Kenntnis gesetzt worden. Ich begab mich an mein Dirigentenpult. Das Publikum bestand – wie Posse natürlich bekannt war – fast ausschließlich aus SA-Leuten und Parteiangehörigen. Wie sich später herausstellte, hatte die NSDAP am Morgen des gleichen Tages Karten für diese Aufführung an ihre Mitglieder in den Dresdner Schulen verschenkt.

Kaum war mein Erscheinen bemerkt worden, als sich ein wütendes Geschrei erhob: »Nieder mit Busch! – Verräter raus!«, während ich mit erhobenem Taktstock vor meinem Pult stand. Die Mitglieder der Sächsischen Staatskapelle, die mich vor elf Jahren einstimmig zu ihrem Leiter gewählt hatten, saßen blaß und schweigend an ihren Plätzen. Der Skandal wurde immer größer, der Lärm verstärkte sich, hinter meinem Rücken hörte ich die Geräusche einer Schlägerei. Vereinzelte Zivilpersonen, die sich mit »Hoch Busch!«-Rufen zu meinen Gunsten vernehmen ließen, gerieten mit SA-Leuten aneinander. Ein Mitglied des oft von mir dirigierten Lehrergesangvereins, der mir immer eine treue Anhänglichkeit bewiesen hatte, wurde von SA-Leuten gepackt, die ihn von einem der Ränge herunterzuwerfen drohten.

Ich wandte mich nicht um. Da das Gebrüll nicht verstummen und die Unruhe sich nicht legen wollte, verließ ich nach einigen Minuten den Orchesterraum. Ich ging in die Intendantenloge, in der Intendant und Ministerialrat Zeugen des Vorgangs gewesen waren.

Man rief Kapellmeister Striegler, damit er die Leitung der Vorstellung übernehmen solle.

Nach einigem Zögern, das er anstandshalber zeigen zu müssen glaubte, begab er sich in den Orchesterraum, und ich hörte noch, wie er mit Beifall begrüßt und der Anfang des Vorspiels recht unpräzis von der Kapelle gespielt wurde.

Im Augenblick, in dem ich mich zum Heimgehen bereit machte, betrat der Bürodiener die Loge und riet mir mit wichtiger Miene, den Seitenausgang zum Hotel Bellevue zu benutzen. An dem sonst von mir begangenen Haupteingang stünden SA-Leute, die mich beim Herauskommen überfallen wollten. Ich empfand dankbar das Angebot des treuen Intendanten, mich zu begleiten, aber ich mußte es ablehnen. Auch sah ich nicht ein, warum ich mich durch einen Notausgang drücken sollte, sondern fühlte mich berechtigt, den elf Jahre lang begangenen Weg wie bisher zu benutzen.

Am Ausgang befand sich niemand, um mich zu erschlagen. Ich fuhr nach Hause, wo meine jüngste kleine Tochter gerade zu Bett ging. Sie brach in Tränen aus, als sie ihren Vater, der doch um diese Zeit in die Oper gehörte, plötzlich vor sich stehen sah. Es genügte ihr aber, daß ich nicht, wie sie sich ausdrückte, »einen Schlag gekriegt hatte«.

Meine Frau, der es zugedacht gewesen war, inmitten der Nazis im ersten Rang zu sitzen und wehrlos der mir angetanen Behandlung zuzusehen, besuchte an diesem Abend mit unserem Sohn das Schauspielhaus. Ein uns bekannter Stadtrat trat gleich nach Beginn der Vorstellung an sie heran und flüsterte ihr zu, im Opernhaus sei »etwas passiert«. Frau und Sohn stürzten nach Hause, wo ich wenige Minuten vorher angekommen war.

Freunde, die dem Vorfall in der Oper beigewohnt hatten, tranken mit uns ein Glas Sekt; wir pflegten Abweichungen vom Alltäglichen, gleichviel ob frohen oder trüben Anlasses, auf diese Weise zu begehen. Während wir beisammen saßen, rief der Korrespondent eines großen amerikanischen Nachrichtenbüros an. Ich gab ihm in knappen Worten einen Überblick über das Geschehene und seine Ursachen. Meine Mitteilungen wurden unmittelbar durch die deutsche und internationale Presse verbreitet. Im Inlande herrschte anfangs März 1933 noch eine gewisse Pressefreiheit, so daß die Ereignisse an der Dresdner Staatsoper, je nach der politischen Einstellung oder dem persönlichen Mut der Verantwortlichen, in freundlicher oder gehässiger Weise kommentiert werden konnten. Beherzt tat es die »Deutsche Allgemeine Zeitung« unter der Überschrift: »Mittelmaß macht sich wichtig.«

Noch im Laufe derselben Nacht diktierte ich meinem Sohne ein paar Schreibmaschinenseiten, in denen ich mich gegen die erhobenen Lügen verwahrte. Diese Blätter ließen einerseits an meiner Liebe zu Deutschland keinen Zweifel, andererseits bestand ich auf meinem Recht zu freier Betätigung der eigenen Weltanschauung. Die Mitteilungen wurden noch am nächsten Tage an Freund und Feind versandt.

Wie immer beim Sturze einer bekannten Persönlichkeit, fehlte es auch in meinem Falle nicht an zahlreichen anonymen Schmähbriefen, ebenso aber an Beweisen ehrlicher Mißbilligung der Vorgänge und an Bekundung freundschaftlicher Gesinnung. Auch Angebote mehrerer erster Stellungen erfolgten bald.

Am Mittwoch, dem 8. März, kam ein Anruf meines Intendanten, worin mir der nun fünfundsechzigjährige Mann, vor Erregung seiner Stimme kaum mächtig, telefonisch von einem Kiosk in der Stadt aus seine Amtsenthebung mitteilte. Trotz pflichtgemäßer Weigerung mußte er der Gewalt weichen und wurde aus dem von SA-Leuten besetzten Taschenberg-Palais verwiesen.

An seiner Stelle regierte nun Posse, von seinem Kollegen Schröder assistiert, während die Geschäfte des Ministerialrats Reuter der Theaterfriseur Heger übernahm und der Hochstapler Börner ein anderes Verwaltungsamt erhielt. Nun bestand kein Zweifel mehr, daß sich das Geschick der Dresdner Staatsoper und die Zukunft der Kunst im Dritten Reich in den besten Händen befanden.

Am Donnerstag wurde ich zu einer Unterredung mit Posse ins Taschenberg-Palais gebeten. Der »Stellvertretende Intendant« begann mit Aufforderungen, meine Dirigiertätigkeit wieder aufzunehmen. Ich verlangte zu erfahren, was gegen mich vorliege. Nach Posse war es (in der angegebenen Reihenfolge):

1. Zuviel privater Verkehr mit Juden.
2. Bevorzugte Beschäftigung jüdischer und ausländischer Sänger an der Dresdner Staatsoper.
3. Zu häufige Abwesenheit.
4. Ein zu hohes Gehalt.

Auf das alte Lied von Geld und Urlaub ging ich gar nicht ein, sondern verwies Posse auf die schriftliche Erwiderung, in der ich die Haltlosigkeit von Anschuldigungen auf die einzig schlagende Weise, nämlich durch Zahlen, festgestellt hatte. Ich verwahrte mich dagegen, daß bei Verpflichtungen von Künstlern nach ihrer nationalen oder »rassischen« Zugehörigkeit gefragt werde. Deutlich und mit Vergnügen sprach ich aus, daß ich mir das Recht vorbehalte, meine Freunde nach meinem eigenen Gutdünken zu wählen, und nicht gesonnen sei, sie in der Not zu verlassen. Ein weiteres Dirigieren lehnte ich ab.

Ich war mir klar, daß das Tuch zerschnitten war. Keine Macht der Welt hätte mich vermocht, hier den Stock wieder zu heben. Auch ein Telegramm Hitlers an die Sächsische Regierung, das meine sofortige Wiedereinsetzung forderte, änderte daran nichts.

In meiner raschen Laufbahn hatte ich mich bisher der Zudringlichkeit der Menschen, ihrer Schmeichelei und Speichelleckerei zu erwehren gehabt, wie sie überall mit den Lieblingen des Publikums getrieben wird, trotz mancher beruflicher Kämpfe und Plänkeleien jedoch niemals eines ernstlichen Angriffs auf meine Person. Jetzt war mit einem Schlag das Gegenteil der Fall. Scheel angesehen, von Haß, der sich bis auf die Kinder in der Schule und die uns ergebenen Dienstboten erstreckte, bis zur physischen Bedrohung verfolgt, zu unfreiwilliger Ruhe gezwungen, erfuhr ich täglich, daß ich ein vaterlandsloser Bursche und ein moralisch verkommenes Subjekt sei. Die Stimmen derer, die damals noch, unter dem bereits klar sich abzeichnenden Gewaltsystem, den Mut hatten, sich für mich einzusetzen, verloren sich in dem geräumigen Schmutzkübel.

Der Angriff der Nazis war mir keineswegs überraschend gekommen. Nachdem es mir lange Zeit innige Freude gemacht hatte, den Feind herauszufordern, mußte ich auf seinen Gegenschlag gefaßt sein. Was mich empörte, war die *Art*, in der er geführt wurde. Ein hinterlistiger Überfall, ebenso spontan wirkend als sorgsam vorbereitet, zielte auf meinen Arbeitsplatz ab, um mir dort vor aller Welt den Garaus zu machen. Den Triumph gönnte ich dem Pöbel nicht.

Ich wollte mein Recht, das war alles. Daß es widersinnig war, es bei den Nazis zu suchen, ist nachträglich leicht zu sehen. In den ersten Tagen des Umsturzes glaubte ich noch wie Millionen andere, daß Deutschland ein *Rechtsstaat* sei und es bleiben würde.

In diesem Augenblick fiel mir Göring ein, der vor Wochen den Wunsch bezeigt hatte, mich nach Berlin zu holen. Eine bessere Rechtfertigung schien nicht denkbar. Am Samstag, dem 11. März verließ ich Dresden und fuhr nach Berlin.

Ich kam gerade zurecht, um zu erleben, daß man Carl Ebert aus seinem Amt vertrieb. Während wir am Abend im Restaurant Kempinksi bei Tisch saßen, erhielt Ebert die Mitteilung, daß die Charlottenburger Oper von der SA besetzt worden sei. Er eilte sofort hin, wurde nicht eingelassen und erfuhr anderen Tages seine Absetzung.

Emmy Sonnemann verabredete ein Zusammentreffen mit Göring. Ich ging in seine Privatwohnung. Ein Hauptmann Körner führte mich in ein geräumiges Zimmer, an dessen Wänden Gobelins hingen; in der Ecke stand eine große Hakenkreuzstandarte. Im übrigen war die Einrichtung improvisiert, beinahe primitiv und entbehrte des späteren bekannten Luxus.

Ich mußte lange warten und sah zum Fenster hinaus auf die

Straße, auf der Lastwagen mit Verhafteten, von Polizei oder SA eskortiert, vorbeifuhren. Beim Umwenden fiel mein Blick auf eine offenstehende Seitentüre, und ich sah auf einer Staffelei eine große Leinwand, an der ein Maler arbeitete. Auf einem Podest saß Göring in einer blauen Litewka, um der Nachwelt in Öl überliefert zu werden. Mich wunderte, daß er Zeit und Nerven für sein eitles Vergnügen hatte, während sich vor den Fenstern seines Hauses Tragödien abspielten.

Der Gewaltige trat rasch ins Zimmer, gab mir die Hand, entschuldigte die Verspätung. Jetzt aber fehle ihm die Zeit zu einer Unterredung, da er »zu einer Fahnenweihe fahren mußte«.

Die Dresdner Vorgänge bezeichnete er kurz als »Schweinerei«, die Hitler und er auf das schärfste verurteilten und »ohne weiteres in Ordnung bringen würden«. Er schlug vor, mich nachmittags im Innenministerium zu ausführlicher Besprechung zu treffen.

Dort fand ich Göring in einem geräumigen Saal, dessen Rückwand wiederum von einem riesigen schwarzen Hakenkreuz auf rotem Tuch bedeckt war. Von dieser ersten Unterhaltung mit ihm empfing ich das Bild eines schnell auffassenden Menschen, der, wie John Gunther einmal richtig bemerkt, »zuzuhören vermochte« und genügend Weite besaß, um die begreifliche Erregung und die heftige Sprache seines Gegenübers verstehen zu können.

Unsere Unterredung dauerte mehr als eine Stunde. Nach einigen schmeichelhaften Bemerkungen über mich als Dirigent erklärte er rasch und burschikos, ohne auf Einzelheiten einzugehen, die gegen mich erhobenen Vorwürfe für lächerlich. (Er hatte sich, wie mir später von einer eingeweihten Person erzählt wurde, vorher über meinen Fall mit Gründlichkeit unterrichtet.) Offenherzig belegte er eine Reihe von Parteigenossen, die an der Sache beteiligt gewesen waren, mit Ausdrücken, die in der gebildeten deutschen Sprache wenig üblich sind, wie »Dreckskerle«, »kleine Pintscher« und dergleichen mehr. Ich erwiderte, daß wir in der Beurteilung dieser Leute völlig einig gingen, und fügte weitere Charakteristika hinzu. Meine Ausdrücke wurden immer heftiger, so daß Göring mich schließlich unterbrach.

»Nun schimpfen Sie die ganze Zeit auf die Nazis«, sagte er. »Sie sollten wenigstens anerkennen, daß der Führer persönlich ein Telegramm nach Dresden geschickt hat, in dem er Ihre Wiedereinsetzung verlangt.«

»Damit hat er mir gar keinen Gefallen getan«, erwiderte ich hitzig.

Hitler hat, wie ich später erfuhr, auch noch ein zweites Telegramm nach Dresden geschickt, um Gewaltakte gegen mich zu verhüten. Er mußte seine Pappenheimer ja kennen.

Mit Entschiedenheit erklärte ich Göring, daß ich um keinen Preis einer Rückberufung nach Dresden Folge leisten würde. Er machte eine ärgerlich wegwerfende Handbewegung.

»Kommt gar nicht in Frage. Warten Sie mal ab, bis ich in vierzehn Tagen Ministerpräsident bin. Sie wissen doch, daß wir Sie gern hier haben möchten.«

Ich sagte, daß ich keinem jüdischen Kollegen den Platz wegnehmen würde, und gebrauchte den Ausdruck: »Das kann ich nicht mitmachen.«

Göring berief sich auf legale Entlassung und materielle Entschädigung. Als ich eigensinnig blieb, wurde er etwas heftiger: »Na, lieber Freund, wir haben ja auch Mittel in der Hand, Sie zu zwingen!«

»Versuchen Sie das nur, Herr Minister«, platzte ich heraus. »An einem erzwungenen ›Tannhäuser‹ unter meiner Leitung werden Sie keine Freude haben. So etwas Stinklangweiliges haben Sie in Ihrem Leben noch nicht gehört.«

Der Kraftausdruck hatte nur ein zynisch amüsiertes Lächeln Görings zur Folge.

Eindringlich kam ich auf das zu sprechen, was mir allein am Herzen lag: die Rehabilitierung. Nachdem ich monatelang den ehrabschneiderischen, schmutzigen Dresdner Wühlereien achtlos ihren Lauf gelassen hatte, waren die Ereignisse der letzten Tage zum Tropfen geworden, der den Becher zum Überlaufen brachte. Sie hatten mich aufs äußerste empört.

»Ich glaube«, so schloß ich erregt, »Sie stellen sich meinen Fall zu einfach vor. Gegen mich ist Michael Kohlhaas eine konziliante Natur.«

Göring wurde begütigend.

»Na, nun regen Sie sich nicht weiter auf. Ich verspreche Ihnen, daß Ihre Sache in Ordnung kommt. Gehen Sie inzwischen mal vierzehn Tage spazieren!«

Schon an der Tür, wandte ich mich noch einmal um und bat

ihn abermals dringend, jede Rückberufung nach Dresden zu verhindern.

Ein häßlicher Humor des Schicksals wollte, daß man dort zur gleichen Zeit um dasselbe bemüht war.

Dem Triumvirat von Friseur, Komödiant und Hochstapler, das jetzt die Dresdner Staatstheater leitete, hatte sich als neuer Generalintendant ein Geheimrat Dr. A. zugesellt. Waren Posse und Börner nur subalterne, unintelligente Menschen, so betrachtete ich den Geheimrat als eine gefährliche Kreatur. Ich konnte ihn nicht leiden, und er mich nicht.

Diesem neuen Generalintendanten hatte das Gespenst meiner Wiedereinsetzung keine Ruhe gelassen. Dem besorgten Manne gesellten sich andere, die mir Nichtbeachtung oder Kränkung nachtrugen. In der Staatsoper wurde ein Schriftstück zur Unterzeichnung aufgelegt, in dem es unter anderem hieß: »Die Unterzeichneten bitten den Führer, mit allen Mitteln zu verhindern, daß der frühere Generalmusikdirektor Fritz Busch, in welcher Eigenschaft auch immer, an die Dresdner Oper zurückkehre, da er in menschlicher und künstlerischer Beziehung dazu unfähig ist.«

Ein Jahr vorher ließ das Sängerpersonal, als Vertragsangebote aus Berlin an mich bekannt wurden, »von Entsetzen erfüllt«, seinen Vertrauensmann mir schreiben: »Ich beschwöre Sie, bleiben Sie hier! Bleiben Sie bei uns!«

Jetzt hatten von über vierzig Sängern sieben den Mut, ihre Unterschrift zu verweigern.*

Einige Tage später traf Richard Strauss in Berlin ein, und wir hatten eine Zusammenkunft bei Tietjen, dem Generalintendanten der Preußischen Staatstheater, um die »Arabella«-Angelegenheit zu besprechen. Tietjen wahrte die Interessen seines abwesenden Kollegen und Freundes Reucker. Strauss erklärte es für selbstverständlich, daß er die Uraufführung dieses uns gemeinsam gewidmeten Werkes nur in Reuckers szenischer Einstudierung und nur unter meiner Leitung erlauben würde. Meine Bemerkung, er solle auf mich keine Rücksicht nehmen, lehnte er mit Entschiedenheit ab. Weigerte ich mich durchaus, in Dresden zu dirigieren, dann eben anderswo. Eine andere Lösung komme für ihn nicht in Frage.

* 1982, im Erscheinungsjahr dieser Ausgabe, können nur noch vier namhaft gemacht werden: Erna Berger, Martha Fuchs, Camilla Kallab und Max Lorenz. [Amerkung des Lektorats]

Als Strauss dies sagte, war er zweifellos vollkommen aufrichtig. Viele Jahre später beteuerten mir gemeinsame Freunde, daß er auch wirklich versucht habe, sein Wort zu halten, indem er in aller Form das Werk zurückzog. Doch habe er schließlich den vertraglichen Ansprüchen weichen müssen. Mir selber blieb unbekannt, was damals vorging.

Nicht lange nach der Zusammenkunft bei Tietjen erfuhr ich durch die Zeitungen, daß »die Uraufführung der Oper ›Arabella‹ von Richard Strauss in Dresden am 1. Juli unter der Leitung von Clemens Krauss und in der Inszenierung von Josef Gielen stattfinden würde«.

An bedeutsamen Lebensabschnitten ist mir einige Male ein Phänomen zeitlichen Zusammentreffens begegnet. Beim Überdenken meiner Lage erinnerte ich mich eines wiederholten Angebots, in Buenos Aires zu dirigieren. Ich erwog, dorthin mitzuteilen, daß ich jetzt frei sei, und verwarf es wieder. Am Tage nach Empfang der Dresdner Erklärung erhielt ich einen Anruf meiner Frau, die beunruhigt hinüber gefahren war, um nach Kindern und Haus zu sehen. Bei der Ankunft fand sie ein Kabel vor, worin mich das Teatro Colón für die bevorstehende Spielzeit ab Juli zu verpflichten wünschte.

Das beglückende Gefühl einer sich auftuenden Freiheit erfüllte mich wie den Verschütteten, der in der Ferne den ersten Schein des Tageslichts erblickt. Noch aber war ich viel zu befangen in meiner »idée fixe«, um dem südamerikanischen Angebot die ihm gebührende Bedeutung beizulegen.

Naiv genug, schwebte mir eine öffentliche Ehrenerklärung vor. Sehr bald zeigte es sich jedoch, daß die Politik des »Dritten Reiches« einen solchen Vorgang nicht zuließ. An Widerruf oder Richtigstellung der über mich verbreiteten Lügen war nicht zu denken: Hitler würde die Partei nach außen hin niemals bloßstellen. Als er die Dresdener Vorgänge mißbilligte, geschah dies in größter Heimlichkeit. Ich hätte wissen müssen, daß alle Handlungen von Parteigenossen tabu waren.

Etwas anderes konnte ich hingegen *nicht* wissen: daß Görings Macht begrenzter war als seine eigene Vorstellung davon.

Er hätte mich gern in leitender Stellung in Berlin gesehen. Als ich in hemmungsloser Empörung über die mir in Dresden angetane Beleidigung zu ihm gerannt kam, versprach er daher allerhand, was er nicht halten konnte. Über die nach Hitlers Einsetzung zum Reichskanzler für erforderlich erachtete Neugestaltung der Berliner musikalischen Verhältnisse bestanden längst getroffene Abmachungen. Hitler war – ganz wie sein heraufbeschworener Gott Wotan – »den Verträgen nun Knecht«. Wie jener, würde er den kindlichen Brünnhildenschild Görings zertrümmern, einerlei, was für ein Siegmund daruntersteckte.

Es war bezeichnend für Görings unbekümmertes Selbstgefühl, daß ein solcher, ihm bei seinen Projekten und Versprechungen zweifellos bekannter Sachverhalt ihn völlig unangefochten ließ.

Der Nationalsozialismus hat viele Menschen in den Wahnsinn getrieben. Ich gehörte zu den ersten, denen das geschah, als ich Ehre bei den Ehrlosen suchte. Ich kämpfte in diesen schlimmen Wochen darum, mein besudeltes Ansehen als Musiker und Mensch wiederherzustellen, ohne die sinnlose Vergeblichkeit meines Tuns einzusehen. Aber ich habe in kurzer Zeit meinen Verstand wiedergefunden. Das geschah in dem Augenblick, in dem mir die Freiheit der Entschließung zurückgegeben wurde.

Noch *eine* Stelle gab es in Deutschland, die Berlin die Waage hielt, und sie bot sich mir. Tietjen brachte die Sprache auf Bayreuth.

Toscanini, der Vorkämpfer des gefährdeten Freiheitsideals, hatte durch ein Telegramm zum Schutze vertriebener Kollegen seine humane Haltung bereits eindeutig festgelegt. Tietjen – auch oberster künstlerischer Leiter der Bayreuther Festspiele – zog daraufhin die Bereitwilligkeit des Maestro, dort wie bisher mitzuwirken, durchaus in Zweifel.

»Ich bin überzeugt, daß er nicht kommt«, sagte er. »Frau Winifred Wagner wird den Groll vergessen, den man in Wahnfried wegen Ihrer Absage von 1925 immer noch hegt. Das verspreche ich Ihnen. Sie werden dann an Stelle Toscaninis dort dirigieren.«

Ich war wie vor den Kopf geschlagen, sagte irgendein paar Worte zu Tietjen und ging.

Der Teufel führte mich auf den Berg und sprach: »Dies alles will ich Dir geben ...« Er hielt meine Rechtfertigung in seiner Hand; Freund und Feind würden erfahren, was ich mir bei Tag und Nacht vorstellte. Die Hand hielt mir alles hin, was ich mir gewünscht hatte; und ich wußte, daß ich es nicht nehmen würde.

Der Mann, dessen Absage man in Bayreuth gewärtigte, hatte seine Erfahrungen mit dem Despotismus gemacht. Er wollte nichts damit zu tun haben. Mir, dessen Kampf und Ablehnung so klar gewesen waren wie die seine, traute man zu, meinen eigenen Überzeugungen in den Rücken zu fallen. Man lächelte über meinen Widerstand gegen den Nationalsozialismus wie über die flüchtige Auflehnung so vieler, die jetzt ihren Frieden mit ihm machten – die auf die heißgekochte Suppe pusteten und sich anschickten, sie zu verzehren.

Wie hatte es mit mir dahin kommen können?

Eines Abends auf einem Spaziergang längs des dunklen Tiergartens zitierte meine Frau unvermittelt aus Verdis Falstaff: »Was ist die Ehre, was vermag sie zu leisten?« Sie gab damit den Anstoß, der noch gefehlt hatte, zu der Erkenntnis:

Die Ehre hat man, oder man hat sie nicht. Niemand kann sie uns geben oder nehmen.

Von da ab begannen die Ereignisse uns ferner zu rücken. Wir machten uns mit dem Weggang aus Deutschland vertraut und trafen unsere Vorbereitungen.

Man schickte uns Karten zu einer Aufführung des »Schlageter« jenes Hanns Johst, der »den Revolver entsichern wollte, wenn er das Wort Kultur hörte«. Was sein Werk betraf, konnte er, wie wir alsbald feststellten, das Mordinstrument ruhig in der Tasche behalten. Hier war von Kultur keine Rede.

Unsere Plätze im Staatsschauspielhaus befanden sich in der Loge neben derjenigen Görings, der inzwischen Ministerpräsident geworden war. In der Pause trat er im Foyer auf mich zu. Mit verlegener Hast sagte er: »Ich kann Ihnen mein Wort nicht halten, tut mir leid.«

Ich verneigte mich und schwieg.

»Mir ist das sehr peinlich«, fuhr er fort. »Ich kann heute in Deutschland alles durchsetzen, was ich will, mit einer Ausnahme. Gegen den Willen des Führers kann und will ich nichts tun.« Pathetisch schloß er: »Er ist die einzige Instanz, der ich mich mein Leben lang unterordnen werde.«

Ich erwiderte maliziös, dies verstünde ich vollkommen. Auch ich hätte Sinn für Subordination.

Göring, obwohl sichtlich bemüht, die Unterhaltung zum

Schluß zu bringen, begann andere Vorschläge zu machen. Ich schüttelte den Kopf.

Inzwischen kam ein Klingelzeichen. Göring wurde heftig, er sagte in herrischem Ton: »Ach was, tun Sie, was ich sage!«

»Besten Dank – nein, Herr Ministerpräsident.«

Der Zuschauerraum begann sich zu verdunkeln, als wir in die beiden nebeneinanderliegenden Logen eintraten. Meine Frau sah mich an. Wir gingen hinaus, während sich der Vorhang zum zweiten Akt hob.

XII Coda

Wir wollen keine Verstaatlichung des Menschen, sondern eine Vermenschlichung des Staates.

PESTALOZZI

Als erster hatte unser neunzehnjähriger Sohn Hans das Land schon verlassen und war in Florenz beim »Maggio Fiorentino« mit Carl Ebert zusammengetroffen, um ihm als Regielehrling an die Hand zu gehen. Die Töchter erfuhren, daß wir beschlossen hatten, sie in England aufs College zu geben. Von dort war uns rührende Bekundung von Verständnis und Hilfsbereitschaft schon während der ersten Tage zugekommen, in denen der Dresdner Skandal durch die Weltpresse ging.

Zur gewaltigen Aufregung der Kinder erzählten wir ihnen auch, daß wir selber nach Südamerika gehen würden.

Ich hatte meine Zusage dorthin gegeben, nachdem es gelungen war, trotz bereits vorgerückter Zeit und vollzogener Abschlüsse nach Bayreuth und Salzburg, ein hervorragendes Sängerensemble zustande zu bringen. Ich konnte Ebert, Engel und einen in Dresden entlassenen, sehr begabten ungarischen Korrepetitor, Robert Kinsky, mitnehmen. Das jüngste Mitglied der Expedition sollte mein Junge sein, um vorläufig als unbezahlter Regieassistent am Teatro Colón weiterzulernen.

In Gedanken krempelte ich mir die Ärmel hoch in der Vorfreude, mich nun wieder in die Arbeit zu stürzen. Ersparnisse hatten wir im Besitz der sicheren Staatsstellung in Dresden, die mit einer beträchtlichen Pension verbunden war, so gut wie gar nicht gemacht. Alles, was wir im Auslande besaßen, waren ein paar tausend Schweizer Franken, mit denen die ersten Unkosten gedeckt werden konnten.

Sorge machte mir, angesichts der in Dresden bestehenden Verhetzung, die Beschaffung unserer Pässe; allein wir erhielten sie reibungslos. Auf jeden Paß durften zweihundert Reichsmark ausgeführt werden. Für die ganze Familie ergab das ein Betriebskapital von eintausend Mark zum Aufbau eines neuen Lebens.

Mit Göring hatte ich zu früher Morgenstunde in seiner

Privatwohnung ein letztes, ganz kurzes Gespräch. Wenige Wochen hatten diesen Mann sehr verändert. Aus dem forschen Naturburschen schien rasch der übellaunige, reizbare Nerotyp zu werden, der nichts Gutes erwarten ließ. Er trommelte mit den Fingern nervös auf der Tischplatte, während er abermals mit Vorschlägen anfing. Ich verschanzte mich hinter der nicht zustande gekommenen Ehrenerklärung. Görings Gesicht wurde bedenklich.

»Ja – Sie wissen doch. Der Führer kann die Partei nicht bloßstellen.«

Er zog ein kleines Notizbuch aus der Tasche, an dem ein roter Bleistift befestigt war, und machte einen Vermerk. Immer noch mürrisch schloß er: »Überhaupt ist es besser, wenn das ganz anders gemacht wird. Sie dirigieren nach Ihrer Rückkehr aus Südamerika ein Konzert in der Philharmonie, das der Führer besuchen wird. Nach Schluß kommen wir aufs Podium, drücken Ihnen die Hand... na? Passen Sie mal auf, wie das wirken wird! Mehr als alles, was man jetzt drucken läßt.« (»Da kannst du lange warten!« dachte ich. Ich weiß nicht, ob irgendein anderer an meiner Stelle es auch *gesagt* haben würde.) Erleichtert ging ich fort. Diesmal war die Situation unangenehm gewesen.

Offizielle Einladungen, im Dritten Reich zu dirigieren, sind mir in den folgenden Jahren noch siebenmal zugegangen. Ich habe sie abgelehnt.

In den ersten Maitagen brachte ich meine Töchter nach England. Deutschland habe ich nicht wiedergesehen.

Nach einigen Tagen Aufenthalt bei englischen Freunden fuhr ich über Holland weiter nach Zürich. Zunächst stieg ich bei dem prächtigen Ehepaar Reiff ab, unseren alten Freunden, deren herzliche Gastfreundschaft im Laufe der Jahrzehnte unzählig vielen Künstlern zuteil geworden ist. Eugenie Schwarzwald nannte dies Haus Mythenstraße 24 »das Geniehospiz«.

Die Abende verbrachte ich oft im Hotel Dolder, wo mein Dresdner Freund Albert Sommer Zuflucht gefunden hatte. Es war noch kein Vierteljahr her, daß in seinem kultivierten Heim in Dresden Richard Strauss und Gerhart Hauptmann aufgenommen und geehrt worden waren. Heute war es von sächsischen Parteigrößen ausgeraubt und seinem Besitzer die Heimkehr verboten. Außer Dr. Sommer traf ich auf dem Dolder den international bekannten Berliner Strafverteidiger

Dr. Alsberg als einen melancholischen, gebrochenen Mann, der wenige Wochen später seinem Leben ein Ende machte.

In Zürich erhielt ich die Einladung Toscaninis zu einem Empfang, den er in seinem von einem italienischen Aristokraten gemieteten Hause auf einer der Borromeischen Inseln im Lago Maggiore gab.

Obwohl meine Brüder vorschlugen, gemeinsam mit ihnen und Serkin hinzufahren, lehnte ich zuerst ab. Die Ereignisse der letzten Wochen hatten mich zu sehr mitgenommen. Meine Frau, die noch in Deutschland mit der Abwicklung von Verpflichtungen beschäftigt war, redete mir aber brieflich zu, anzunehmen, weil sie Zerstreuung für meinen Gemütszustand erhoffte. So entschloß ich mich doch, nach Pallanza zu fahren.

Auf der Insel traf ich zu meinem Schrecken mehrere Hunderte von Menschen an, die die Zeitläufte erregt diskutierten; außer Musikern noch Schriftsteller wie Emil Ludwig, Erich Maria Remarque und viele andere. Außerstande, mich unter die Menge zu begeben, lief ich in den weitläufigen Gärten herum. Plötzlich stieß ich auf Toscanini, der dasselbe tat. Wie es schien, wollte er »die Geister, die er rief«, gerne los sein.

Für ihn war das nicht so leicht. Kaum hatten wir ein paar Worte gewechselt, wurde ihm ein Telegramm gebracht, das er seufzend entgegennahm und vor seine schwachen Augen hielt, um es zu entziffern.

»Scusi«, sagte er, »das ist für Sie, von der Signora.«

Ich las und erklärte dem Maestro, der neugierig stehengeblieben war, daß meine Frau gewußt hatte, wie ungern ich mich auf einen großen Empfang begab.

»Deshalb telegrafiert sie mir jetzt nur drei Worte: ›coraggio, tesor mio‹.«

Dies ist der Anfang eines italienischen Soldatenliedchens, das Toscanini natürlich kannte, und wir lachten.

»Bleiben Sie doch heute abend hier, wenn die Gäste fort sind«, sagte Toscanini. »Ich möchte gerne mit Ihnen sprechen.«

Ich fühlte, daß irgend etwas ihn stark beschäftigte. Als wir später allein in seinem Zimmer waren, zeigte er mir einen Brief von Hitler, worin dieser seiner Freude Ausdruck gab, »den großen Maestro der befreundeten italienischen Nation bald in Bayreuth begrüßen zu können«. Einige Jahre zuvor hatte ein tätlicher Angriff faschistischer Horden den bejahrten Maestro betroffen. Mir war Ähnliches, vielleicht noch Ärgeres geschehen. Beide, er wie ich, waren wir zu der Erkenntnis gelangt, daß vermeintlich geschändete Ehre *nichts* bedeutet gegen die wahre Schande, dem Bösen zu dienen.

Was Toscanini – seit seiner Jugend der Kunst Richard Wagners engstens verbunden und ihr größter Interpret – jetzt bedrängte, war die Sorge um die Zukunft des Bayreuther Festspielgedankens. Aus diesem Empfinden heraus fragte er mich:

»Was wird Bayreuth tun, wenn ich absage?«

»Dann wird man *mich* einladen, Maestro«, sagte ich.

Toscanini war sprachlos.

»Das heißt, man *hat* mich bereits eingeladen. Tietjen, der Ihre Absage erwartet, hat schon vorgesorgt.«

Ich weidete mich an seinem Erstaunen, und lachend setzte ich hinzu: »Natürlich werde ich ebenso absagen wie Sie.«

Toscanini machte den Mund zu, der ihm vor Staunen offen geblieben war, und knurrte mit seiner heiseren, melancholischen Stimme: »Eh, caro amico!«

Wir schwiegen beide in einem Gefühl großer Traurigkeit.

Einige Tage darauf traf meine Frau in Basel ein, und ich erzählte ihr von meiner Unterhaltung mit Toscanini. Ein letztes Mal stand auf einem Spaziergang in der Umgebung, während wir überall nach Deutschland hineinschauten, die Heimat vor unseren Augen. Hatte Toscanini seine Absage inzwischen vollzogen, so konnte die Berufung an mich nun jeden Augenblick eintreffen.

Wir fuhren hinüber nach Zürich auf den Dolder und begrüßten Freunde. Nach dem Diner wurde mir ein Ferngespräch aus Berlin gemeldet.

Tietjen war am Telefon.

»Toscanini hat eben Bayreuth abgesagt. Wollen Sie dirigieren? Ich lade Sie im Namen von Frau Winifred Wagner ein.«

»Sagen Sie Frau Wagner vielen Dank. Ich danke auch Ihnen, lieber Herr Tietjen. Aber ich fahre in zwei Wochen nach Buenos Aires. Sie werden gewiß verstehen, daß man ein gegebenes Wort halten muß.«

Tietjen verstand mich ganz und gar.

Im Laufe des Abends traf ich meinen alten Freund Bronislaw Hubermann, Paneuropäer wie ich.

Wir sprachen über das Vorgefallene und bestaunten das Geschick der Gestapo, die mich ohne Umwege oder Rückfragen unmittelbar im Dolderhotel zu finden wußte, in dem ich mich nur mitunter besuchsweise aufhielt. Ich habe festgestellt, daß ein Anruf im Reiffschen Hause niemals erfolgt ist.

In diesem Augenblick rief man mich wieder ans Telefon.

Diesmal war es mein Bruder Adolf. Toscanini hatte bei ihm angefragt, »was Fritz getan habe, nachdem er – Toscanini – Bayreuth abgesagt hätte?«

Ich versprach, den Maestro sofort zu benachrichtigen. Während wir den italienischen Text überlegten, hatte meine Frau einen Einfall: »Telegrafieren wir einfach die Fortsetzung des Liedchens: ›coraggio, tesor mio‹!«

So drahteten wir – hinzufügend »ho rifiutato anch'io« – an Maestro Toscanini, Pallanza:

»L'armata se ne va,
Se non partiss' anch'io,
Sarebbe una viltà!«

Richard Strauss sprang in Bayreuth in die Bresche.

In Mailand trafen wir mit dem Ehepaar Ebert zusammen. Erich Engel und seine Frau, Editha Fleischer, sollten sich uns in Villefranche anschließen. Unser Sohn kam von Rom. Nur meiner Frau lag es ob, im Ungewissen zurückzubleiben. Ging alles gut, sollte sie mit den beiden Töchtern nachfolgen.

Am 15. Juni 1933 verließ die »Conte Biancamano« den Hafen von Genua, um uns in eine neue, freie Welt zu führen.

Nachwort

Auf ruheloser Wanderung hat Fritz Busch, begleitet, ermuntert und beraten von seiner Frau, in den neunzehnhundertvierziger Jahren diese Erinnerungen »Aus dem Leben eines Musikers« geschrieben – zwischen Konzerten und Opernterminen, selten an eigenem Schreibtisch, meist in Hotelzimmern oder während nie musikloser Ferien. Sein Exil hat ihn nicht gereut, sein Musizieren, seine Menschlichkeit bewahrten ihn vor Entfremdung. Aber er vermißte Heimat und Heim. Vielerorten fand er Gehör, ein Urmusikant und Universalmusiker, ein deutscher Musiker. Lange schon schmerzlich abgekehrt von dem Land unter dem Hakenkreuz, bekannte er sich doch zu seinem Ursprung und dem Erbe, das er übernommen und mitgenommen hatte, ohne allerdings sein Künstlertum und sein Repertoire national einzugrenzen. Er bedurfte der Seßhaftigkeit und des Familienlebens, der nachschaffende Künstler trachtete nach beständiger Arbeit an dauerhaften Modellen als schöpferischer Leistung. Und er trug im Wortsinn ein gutes Stück Heimat mit sich. Sein Reisegepäck barg eine kleine Bibliothek von Notenbänden und Büchern, vielfältiges Schreibgerät und eine Menge ihm unentbehrlicher, Behagen bringender Utensilien. Auf dem Nachttisch lag die Partitur von Bachs »Kunst der Fuge«. Wer den Gastdirigenten in seinem Logis besuchte, kehrte ein bei ihm, in die Busch-Atmosphäre. In ihr entstand die Autobiographie. Ihre Erstausgabe ist 1949 bei Rascher & Cie. A.-G. in Zürich erschienen. Eine dänische Übersetzung folgte 1950 bei Jespersen og Pio in Kopenhagen, eine englische 1953 bei The Hogarth Press, dem Verlag von Leonard Woolf, in London. Von früh an war Fritz Busch ein empfänglicher und anspruchsvoller Leser. Er hatte Freude am Verkehr mit bedeutenden Schriftstellern. Ein Literat war er nicht. Wohl aber ein geborener Erzähler. Die Gabe des mündlichen Erzählens zeigt sich nicht selten als Seitentrieb des musikalischen Talents. Seinem Erzählen hörte man so bewegt und gespannt zu wie seinem Musizieren, und hinreißend erzählte er immer wieder im kleinen Kreis »Aus dem Leben eines Musikers«, ehe er das mit Humor und Wehmut, mit Stolz auch und mit Zorn Erinnerte aufschrieb oder diktierte. »Holzschnitthaft« wünschte er sich das Buch. Doch es erhielt Farbe und Perspektive; wie Buschs Leben selbst fehlen ihm gewiß nicht Licht und Schatten. Der aufrechte und aufrichtige Autor vermied eitle Breite, indiskrete Ausführlichkeit, verschwieg manches, was er nicht zu verbergen brauchte, gab nicht jeden Namen an, nobel auch nicht den eines Widersachers. Kennzeichnend, der letzte Absatz des Kapitels »Bad Pyrmont« mit dem »Meistersinger«-Zitat »... denen's dann noch will gelingen, ein schönes Lied zu singen: seht, Meister nennt man die!« Wie Thomas Mann bereits 1923, hat man Fritz Busch zu Recht »Meister« genannt. »*Aus* dem Leben eines Musikers« hat er erzählt, nicht sein ganzes Leben bis zum Abschluß der Niederschrift im Alter von achtundfünfzig Jahren. Nur bis zu einer entscheidenden Wende, dem Aufbruch des Dreiundvierzigjährigen ins Neue. Ähnlich endet die größte deutsche Autobiographie: das Motiv von Goethes Aufbruch indes ist ohne Tragik. (Weiter freilich soll der Vergleich nicht gezogen werden.) Zwar hat Busch zunächst an eine Fortsetzung gedacht und für sie in seinem Notizbuch von 1948 den Schumanns »Kinderszenen« entlehnten Titel »Von fremden Ländern und Menschen« vorgemerkt. Zu ihr ist es nicht gekommen. Das Notizbuch bezeugt die Titelsuche auch für den fertigen Band. Da heißt es u. a.: »Im Weiterschreiten«, »Ein Mensch in seinem Wahn« oder, selbstironisch, »Von mir und manchen Anderen«. Gewählt wurde der simpelste Titel.

Dreifach war der autobiographische Antrieb:

Das dankbare Staunen vor der eigenen Jugend. (Daß Gewicht und Glanz auf den Jugendkapiteln liegen, dürfte ein Gesetz der Autobiographie überhaupt sein: Jung-Stilling, Buschs Landsmann, bietet dafür ein berühmtes Beispiel, der Westfale Hans Werner Henze mit »Reiselieder und böhmischen Quinten« ein neues.)

Das Verlangen, im Bewußtsein von Wandlung und Vergänglichkeit Rechenschaft zu geben und Anleitung für Jüngere.

Die Auseinandersetzung mit dem Nationalsozialismus.

So begann denn Fritz Busch: »Mein Vater wurde im Jahre 1863 in Erndtebrück, einem Bauerndorf im westfälischen Sauerland, geboren ... Die Eltern meines Vaters waren Bauersleute, die einen kleinen Hof bewirtschafteten.« Ein Anfang, schlicht wie die Chronologie des Berichts von Erweiterung und

Entfaltung. Unwillkürlich hat ihn der schreibende Kapellmeister an die eröffnenden Sätze der beiden großen deutschen Bildungsromane des neunzehnten Jahrhunderts anklingen lassen, vorgeblichen Autobiographien. Adalbert Stifter, »Der Nachsommer«: »Mein Vater war ein Kaufmann.« Gottfried Keller, ›Der grüne Heinrich‹, zweite Fassung: »Mein Vater war ein Bauernsohn aus einem uralten Dorfe ...« Auch hier darf der Vergleich nicht überanstrengt werden. Bildung aber, nicht nach philiströsem Begriff, war für Busch ernste Forderung. Beiläufig und bescheiden konnte er – »nun hat man sich bemüht, seine Schlacken nach Möglichkeit abzustoßen« – von seiner Annäherung an Goethe sprechen. Ohne solch Streben wäre diese Autobiographie nicht denkbar. Sie braucht keine Interpretation. Aber es sollte angedeutet werden, was Fritz Busch nach dem 15. Juni 1933 tat und erfuhr, und zuvor, wie er in seinen reifen Jahren wirkte und war.

Er war als Musiker und als Mensch ungebrochen. Er war, oder vielmehr er schien, einfach. Der erste Eindruck einer robusten, zuweilen fast naiven Unkompliziertheit täuschte: Seine Briefe, wert, in Auswahl veröffentlicht zu werden, geben preis, besonders die aus der Jugend, was er, der Offene und Mitteilsame, sonst in sich verschloß: Sensibilität hohen Grades, Selbstzweifel, ja bestürzende Schwermut. Sein Ungestüm hat er erst allmählich gezügelt. Anstrengung ließ er nicht spüren, die lebensbedrohende Herzkrankheit überspielte er.

Alles Musikalische fiel ihm leicht, aber studierend und probierend nahm er es nicht leicht. Busch *machte* Musik – die Formel hebt den Unterschied zwischen Schaffen und Nachschaffen auf. Dies Musikmachen überzeugte durch Ursprünglichkeit, durch Natürlichkeit, immer wieder an ihm gerühmte Eigenschaften, die doch keine Verwechslung mit Naturburschentum zuließen. Treffend schildert der Altersgenosse und Freund Hans Gal den Dirigenten: »Fritz Busch war ein idealer Interpret für einen Komponisten: von haarscharfer Auffassung, untrüglichem Stil- und Tempogefühl und unerschütterlicher Sachlichkeit. Vom Pultvirtuosen hatte er nichts als die Virtuosität, die freilich bei ihm ein natürliches Ausdrucksmittel geworden war. Eitelkeit kannte er nicht. Musikmachen war für ihn ein Naturbedürfnis, ein Gottesdienst und eine unversiegliche Quelle der Lebensfreude.

Ich habe niemals einen Menschen in führender Stellung gekannt, der so frei von jeder Autoritätspose war ... Seine innere Bescheidenheit ... war tatsächlich ein Ausdruck echten Selbstbewußtseins, wie es nur ein Mensch besitzt, der zu seiner Begabung und seinem künstlerischen Instinkt Vertrauen hat und keiner äußeren Schranken bedarf, um seine Autorität zu behaupten ... Wenn er Musik machte, galt seine ganze Liebe, seine angespannte Aufmerksamkeit, dem Werk, dessen idealer Inhalt ihm im höchsten Maße bewußt war. Ein solches Idealbild zu formen und festzuhalten, war seine Gabe. Daß er es in vollster Reinheit verwirklichen konnte, ohne das geringste Eindringen jenes exhibitionistischen Triebs, der sonst bei Dirigenten wie bei Virtuosen und Primadonnen so natürlich zu sein scheint, lag an seinem Charakter, an der Reinheit seines Künstlertums. Darum haben ihn seine Musiker geliebt, die ein feines Gefühl für solche Unterscheidungen haben. Und wohl auch, weil sie wußten, daß der große Musiker, dessen Führung sie in künstlerischer Hinsicht blind folgen konnten, auch als Mensch und Vorgesetzter ihr unbedingtes Vertrauen verdiente.«

Er machte Musik – schöpferische Fähigkeit hat er sich nicht zugebilligt. Er war kein Komponist und wußte das. Aber als Meister beherrschte er das Handwerk des Komponierens. Er begnügte sich mit kundigen Instrumentationen von Choralvorspielen Bachs und Regers und der »Fuge über den Namen Bach für Orgel oder Pedalflügel« op. 60 von Schumann, band Klaviertänze von Schubert zu einer anmutigen Orchestersuite, schrieb ein Streichquartett, war zufrieden mit der Fehlerlosigkeit der Faktur und warf den Stapel kalligraphischer Notenblätter in den Papierkorb.

Ein Mann der Tradition und schon des Neuen, ein Mann der Mitte und der Weite unter den prominenten Fachgenossen seiner an hervorragenden Dirigenten reichen Zeit – ein Meister in der Werkstatt. Er ging vom Realen der Partitur und des Handwerks aus, sein Musikmachen war ein lebensvoller Sublimationsprozeß in Polyphonie und Poesie. Busch hörte, dachte, fühlte vielstimmig. Er kam von Bach, Brahms, Reger her. Die Poesie, die er auf Proben oft mit kurzem Zuruf von den Spielern erbat, war nie gesucht, sie wohnte der Musik inne und seinem ganz und gar unsentimentalen Wesen. Beethovens »Pastorale« gab er in glücklicher Stunde als sinfonische Kammermusik; er faßte die Partitur in ihrer Tiefe, nicht an ihrer koloristischen Oberfläche. So erblühten Farbe und bei aller Transparenz verschmolzener Klang. Der »Ausdruck der Empfindung« blieb keusch. Das Naturgefühl war von selbst da.

Sorgfältig bezeichnete Fritz Busch Partituren und Stimmen; mit bunten Tinten und Stiften trug er Dynamik und Phrasierung, Bogenstriche, Bläseranweisungen, auch Retuschen ein. Dem Kenner dokumentieren diese Einrichtungen und Bezeichnungen viel von Buschs Musikauffassung: die Handwerklichkeit eben und das sinnlich-geistig Vorgehörte, den musikhistorischen Standort mit dessen ästhetischen und praktischen Bedingtheiten. Auf den Proben, in den Aufführungen wurde aus solcher Klangvorstellung Klangwirklichkeit. Das lebendige Musizieren, atmend, singend immer, war aber mehr als nur Umsetzung des Geplanten: Irrationales, Improvisatorisches floß ein, eine große Persönlichkeit kommunizierte mit der Musik selbst, mit Spielern, Sängern und Hörern. Die Tempi, das Tempo – alle kompetenten Würdigungen sind beinahe gleichlautend in einer Feststellung, die getrost refrainhaft wiederholt werden kann: Fritz Busch besaß ein unbeirrbares Gefühl für Zeit. Zeit der Geschichte und des gegenwärtigen politischen Geschehens, Zeit der gern getragenen Uhren und Zeit, Zeitmaße der Musik. Seine Sänger haben das verspürt. Willi Domgraf-Faßbaender erinnerte sich der Arbeit im Vorkriegs-Glyndebourne: »Bei Busch stimmte einfach alles! Ein Tempo, das er anschlug, war – wie seine gesamte Mozartinterpretation – so, daß man sich etwas anderes überhaupt nicht vorstellen konnte.« Und Sena Jurinac erinnert sich der Arbeit Buschs im Nachkriegs-Glyndebourne: »Sein Musizieren war diszipliniert und frei, das Tempo bei ihm nie ein Problem, es war selbstverständlich, ergab sich wie von allein, konnte gar nicht anders sein, und so war auch Buschs Zeichengebung von höchster Klarheit und Natürlichkeit. Er drängte sich nie vor das Werk. Bei ihm sprach die Musik für sich selbst.«

Ein Meister in der Werkstatt: Um sich scharte er Gesellen, absichtslos wie verantwortungsbewußt Vorbild und Erzieher. Der Dirigent muß Pädagoge sein; Fritz Busch war es in ungewöhnlichem Maße. Ganz ohne didaktische Allüren. Durch Sein, durch Sympathie. Im Umgang, im Gespräch. Voll bewährte sich diese Pädagogik, wie seine Dirigierkunst selbst, auf der Probe. Busch stand ganz vorn auf dem meist pultlosen Podium – er *stand* auch in der Oper – über dem Orchester und im Orchester, groß gewachsen, sehr gerade. Sein Schlag war deutlich, nicht pedantisch, in den späten Jahren mehr malend als scharf taktierend. Ein suggestiver Auftakt ersparte weitschweifige Erklärungen. Überhaupt sprach Busch wenig auf der Probe, aber Humor animierte die Musizierfreudigkeit. Die linke Hand modellierte den Ausdruck, der Oberkörper wiegte sich zuweilen, die breiten Schultern markierten, etwa bei Brahms, die Synkopen, die Füße blieben geschlossen, die Gesten und Bewegungen, nie selbstzweckhaft und kokett, waren wirkungsvoll und schön. Posenlosigkeit hieß bei Busch nicht Verzicht auf sichtbare Ausdrucksmittel: der Dirigent ist ein darstellender Künstler. So eindringlich wie die Sprache der vornehmen Hände war die der leuchtend blauen Augen, ein Dirigieren mit Blicken. Dem absoluten Gehör verband sich, gleichermaßen visuell und auditiv, das absolute Gedächtnis. Er kannte die Partitur in- und auswendig, probte auch meistens auswendig, hatte die Einteilung nach Buchstaben im Kopf, rief, eine Passage nochmals übend, kurz den Musikern zu: »Vier Takte nach K!« und setzte sogleich dort ein.

Wie er zur Oper gefunden und in der Erfahrung von Vor- und Nachteilen ihres Betriebs mit ihr gerungen hat, liest man in diesem Buch. Mehrmals erfüllte sich, was mit den Berliner »Maskenball«-Aufführungen in der Zusammenarbeit mit Carl Ebert denkwürdig sich angebahnt hatte. An Stationen der Wanderung entstanden Modelle. Fritz Buschs nachschaffende Kunst erreichte das Höchste in der Hingebung an den Gipfel aller Opernkunst: Um Mozarts willen sei er zur Oper gegangen, hat er am Anfang erklärt, lange dann auf die rechten Voraussetzungen gewartet, bis 1934 die Festspiele in Glyndebourne gegründet wurden und Raum gaben für ein Stück zukunftweisender Interpretations- und Schallplattengeschichte. Da durchdrangen sich das absolute Musizieren und der ausgeprägte Bühnensinn des Dirigenten, man sang und spielte kraft- und temperamentvoll kammermusikalisch.

Der Ausgewanderte erwarb sich Glyndebourne, vorher schon Kopenhagen und Buenos Aires als Halt. Über die achtzehn Jahre, die Fritz Busch nach seiner Ausfahrt »in eine neue, freie Welt« gelebt hat, kann auf diesen Seiten nur ein summarischer Überblick gegeben, und seine Programme können nicht im einzelnen betrachtet werden, wie aufschlußreich dies auch wäre für seinen Musikbesitz, für seine Affinitäten und Enthaltungen. Die Arbeit im Ausland bedingt sowohl Einschränkung als auch Vertiefung. Die Zahl der Uraufführungen mit ihrem Eintreten für Moderne, erheblich in den Dresdner Jahren, mindert sich zwangsläufig. Man erwartet von dem deutschen Gast – und er wohl auch von sich selber – Meisteraufführungen von Meisterwerken. Bach und vor allem die Wiener Klassiker, die Romantiker Schubert, Mendelssohn (auch selten gespielter), Schumann, Brahms, in dessen Musik er lebt, Strauss, gegen Widerstand und Unverstand Reger, aber auch, nicht aus bloßer Gasthöflichkeit, englische (bis Britten), skandinavische, lateinamerikanische Komponisten, aber auch Gershwin; in der Oper die Grundpfeiler Mozart, Wagner, Verdi, Strauss – die großen Werke, oft noch neu für Ausführende und jeweiliges Publikum und immer wie neu erstehend. Busch setzt sich ans Klavier zu Bachs Fünftem Brandenburgischem Konzert oder Trios von Schubert und Mendelssohn. Kollegialität und Freundschaft bewähren sich in unermüdlichem Vierhändigspiel, das Bachs Orgelmusik einbegreift. Die erhoffte Freude, in Muße die Bratsche zur Hand zu nehmen und Quartett zu spielen, ist Fritz Busch nicht mehr vergönnt.

In ihrem 1970 postum von S. Fischer herausgebrachten Buch »Fritz Busch. Dirigent« hat Grete Busch aus ihrer Gemeinsamkeit das Leben ihres Mannes poetisch und packend erzählt und seine Autobiographie um die letzten Etappen ergänzt. Fritz Busch hat die Wiederherstellung seines Rechts und seiner verletzten Ehre begehrt und nach einer sehr kurzen Krise die Vergeblichkeit solchen Begehrens eingesehen. Am 11. Mai 1933 aus Zürich an seine Frau: »Schließlich haben wir ja *keinen* Grund, Bittende zu sein, sondern sind *Fordernde*. Wir haben es trotzdem getan aus bekannten Gründen. Aber einmal muß die Sache ein Ende haben.« Für seine ersten Schritte aus dem Lande, zu dem er zunächst noch nicht alle Brücken abbrechen zu müssen glaubt, benötigt er das Einverständnis der Machthaber; nur so ist ihm Freiheit erreichbar. In »Coda« steht der lakonische Satz: »Deutschland habe ich nicht wiedergesehen.« Erst im letzten Lebensjahr wird er ungültig. Aus Fritz Buschs Korrespondenz geht hervor, wie bald er sich entschieden hat. Am 17. November 1933 schreibt er aus Kopenhagen in die Schweiz an seine Frau, die kompromißlos ihn in seiner Haltung gestützt hat: »Für mich und meine täglich wachsende ›Unbedingtheit‹ bleibt Deutschland, wohl noch auf lange Zeit, ein

›weißer Fleck‹ auf der Landkarte. Ich lese wenig, aber was ich lese, bestärkt mich zusehends in dem Gefühl: unter diese Menschen passe ich nicht. Ich weiß, Du fühlst in manchem anders; die Verbundenheit von ›Blut und Scholle‹ ist bei Dir stärker. Ich verstehe und liebe das. Doch *weiß* ich auch, Du wärest nicht glücklich dort. Es gibt zu wenig Menschen, denen man noch die Hand geben möchte. Klug und ehrlich – dann ist man nicht Nazi.«

Im Juli *1933* beginnt Busch seine Arbeit am Teatro Colón in Buenos Aires: Das feudale Opernhaus, mit 3500 Plätzen von bester Sicht- und Hörmöglichkeit, pflegt einen qualifizierten Stagione-Betrieb: In den Wintermonaten folgen einander italienische, deutsche und französische Spielzeit mit Spitzenkräften; Orchester und Chor, »allerersten Ranges«, sind ständig für ein halbes Jahr verpflichtet. Fritz Busch und in anderen Spielzeiten Erich Kleiber setzen intensivste Probenarbeit durch und erzielen Leistungen über dem Niveau der etablierten Theater mit festem Ensemble. Dank einer von Erich Engels Wissen profitierenden Opernschule können später argentinische Kräfte herangebildet werden, kann eine argentinische Oper ins Leben treten. »Meistersinger«, »Tristan«, »Fidelio«, »Parsifal«, »Rosenkavalier«, dazu Konzerte. Im November Konzerte in Kopenhagen, das Busch zur bevorzugtesten Wirkungsstätte und zum Heimatersatz wird. Hier kann er Aufbauarbeit leisten, das Orchester des Dänischen Staatsrundfunks zu internationalem Rang führen, in einem Klima der Freundschaftlichkeit das große Repertoire von Grund auf neu gewinnen. Aus einem Brief an seine Frau: »Das Orchester ist vorzüglich, jung, begeisterungsfähig und von nobler Haltung (100 Musiker).« Bis zum Jahresschluß Konzerte in Budapest, Zürich und Rom.

1934. Konzerte in Rom, Wien, Kopenhagen, Winterthur, Zürich, Genf, Lausanne, Edinburgh, London, Amsterdam, Turin. Im Mai Eröffnung der Festspiele in Glyndebourne. In dem Kammertheater, das sich im Grün der Wiesen und Hügel von Sussex an den elisabethanischen Landsitz des mit Audrey Mildmay, Glyndebournes erster Susanna, verheirateten Mäzens John Christie schmiegt, stellt Fritz Busch mit Carl Ebert das Mozart-Modell auf, Muster inspirierter Ensemblekunst. Zum Gelingen trägt Rudolf Bing als Manager bei. Die ersten Inszenierungen: »Le Nozze di Figaro« und »Così fan tutte«, Lieblingswerk des Dirigenten. Seiner alten verschlissenen

Partitur hat er einen neuen Umschlag zurechtgeklebt; in seiner Schönschrift steht darauf: »›Così fan tutte‹, eine über alle Maßen herrliche Oper von Wolfgang Amadeus Mozart. Componirt 1790 in Wien.« Ab 1934 die berühmten Glyndebourner Mozartaufnahmen des Schallplattenpioniers Fred Gaisberg. Deutsche Spielzeit in Buenos Aires: Mozart, Wagner, R. Strauss, aber auch Smetanas »Verkaufte Braut« und die gesamtamerikanische Erstaufführung von Bachs »Matthäus-Passion«. – Danach Barcelona (bei Pablo Casals), Kopenhagen und Edinburgh, wo Sir Donald Francis Tovey Fritz und Adolf Busch zu Ehrendoktoren der Musik promovieren. Winterthur, Florenz.

1935. Kopenhagen, in Turin »Der Ring des Nibelungen«: das Gastspiel nach Konflikt mit dem Theaterleiter nicht beendet. Zweite Glyndebourner Season: »Zauberflöte«, und »Così«, »Entführung«. – Buenos Aires, u. a. Erstaufführung von Bachs h-Moll-Messe – Basel.

1936. Kopenhagen, Stockholm. Glyndebourne: »Entführung«, »Figaro«, »Don Giovanni«, »Così« und »Zauberflöte«. – Buenos Aires. Silberne Hochzeit. Argentinische Staatsbürgerschaft. Erste Konzerte und »Walküre« in Montevideo. – Kopenhagen. Die Berufung an das New York Philharmonic Orchestra als Nachfolger Toscaninis, der ihn vorschlug, lehnt Busch ab; er will »seine Dänen« nicht aufgeben. – Winterthur.

1937. Winterthur, Prag, Basel, Kopenhagen, Basel und Prag; Stockholm. Einzug in ein eigenes Haus am Øresund. Glyndebourne: Alle fünf Hauptopern von Mozart. – Stockholm, Upsala, Kopenhagen, Winterthur, London, Budapest, Warschau, Neapel.

1938. Rom, Prag, Neapel, Kopenhagen, Stockholm, Eskilstuna, Kopenhagen. Glyndebourne. Erweiterung des Programms um Donizettis »Don Pasquale« und Verdis »Macbeth«. Wiederum Stockholm, Kopenhagen. Winterthur, London, Budapest.

1939. Gastspiel des Glyndebourne-Ensembles in Brüssel. Season in Glyndebourne. Neben Toscanini und Walter in den Luzerner Festwochen. Kriegsausbruch. Wieder Stockholm und Kopenhagen.

1940. In Stockholm Musteraufführungen von »Così fan tutte« mit dem Sohn Hans als Regisseur. Einmarsch der deutschen Truppen in Dänemark und Norwegen. Fritz, Grete und Hans Busch reisen mit der Verlegerfamilie Bermann Fischer über Rußland und Japan nach San Francisco. Von dort zu Schiff nach Chile und Argentinien, im November nach New York.

1941. Buenos Aires. Am Teatro Colón Konzerte, »Il Trovatore« und »Otello«; die deutsche Spielzeit leitet dieses Jahr Erich Kleiber. Montevideo, Konzert im offiziellen Institut SODRE. Flug von Buenos Aires nach New York. Dort, in einem privaten Unternehmen der New Opera Company mit Hans Busch der Versuch, die Prinzipien Glyndebournes in die 44th Street zu verpflanzen: »Così fan tutte« und »Macbeth«.

1942. New Yorker Philharmoniker. Südamerika. Konzerte in Buenos Aires, Viña del Mar, Montevideo. Deutsche Spielzeit am Teatro Colón, u. a. gesamtamerikanische Erstaufführung von »Ariadne auf Naxos«, »Matthäus-Passion« in spanischer Sprache. Lima.

1943. Sommerferien im uruguayischen Badeort Atlántida. Konzerte in Buenos Aires. Den Schwiegersohn Martial Singher begleitet Busch in »Die schöne Müllerin« und anderen Schubert-Liedern. Seither beschäftigt man sich am Río de la Plata stärker mit dem deutschen Lied. Temporada des Colón: Nach der Generalprobe von »Götterdämmerung« Herzinfarkt.

Von Dezember bis April *1944* Erholung in Atlántida, dann dirigiert Busch mit unverminderter Spannkraft ein Dutzend Konzerte in Montevideo. Anschließend Arbeit am Colón.

1945. Sommermonate in Atlántida. Konzerte in Buenos Aires, Montevideo, Santiago de Chile. Fritz Busch folgt einem Ruf an die Metropolitan Opera in New York, eröffnet ihre Spielzeit im November mit »Lohengrin«, dirigiert dort auch in den nächsten Jahren Wagner, Verdi, Mozart, Strauss.

1946. Metropolitan, mit ihr auch auf der alljährlichen Tour. Konzerte in Los Angeles, New York, Montreal, Lima, Santiago de Chile, Montevideo. Im September glückliche Rückkehr nach Skandinavien. »Così« und »Macbeth« in Stockholm, »Don Giovanni« in Kopenhagen. Konzerte in Kopenhagen, Malmö und Stockholm. Im Dezember wieder an der Metropolitan.

1947. Metropolitan, auch auf Tour. Ein eigenes kleines Haus in Riverdale. Konzerte in Chicago, Santiago de Chile, Buenos Aires. Das letzte Auftreten dort: Ein Konzert zur Hilfe für hungernde deutsche Kinder. Kopenhagen und Stockholm.

November und Dezember, *1948* Januar und Februar krank in New York. Danach Metropolitan mit Tournee, musikalische Leitung der Festspiele in Cincinnati, Konzerte in Chicago,

Kopenhagen, Malmö. In diesem Jahr der resignierte Glückwunsch zum Jubiläum der Dresdner Staatskapelle – Fritz Busch verdrängt die Sorgen um Deutschland niemals, entschließt sich aber noch nicht zur Rückkehr. Nicht persönliche Empfindlichkeit bestimmt sein Zögern, er fürchtet, dem Elend nicht abhelfen zu können.

»Ich beklage es aufrichtig, der Feier des 400jährigen Bestehens der Dresdner Staatskapelle nicht beiwohnen zu können. Im Auslande begreift man durch den Vergleich mit jüngerer Musikkultur, was ein Alter von Jahrhunderten für ein Kunstinstitut heißen will. Die Leistung der Dresdner Staatskapelle und ihre Bedeutung für das Musikleben der Welt wirkt unzerstört fort, wenn vieles andere Unersetzliche, was Menschenhände in Generationen geschaffen hatten, heute in Schutt und Asche liegt. Während 11 Jahren habe ich in öffentlichen Aufführungen über tausendmal an der Spitze der Staatskapelle gestanden; eine Zeit des Lernens, Reifens und manchmal des Gelingens, deren Erinnerung in mir nicht ausgelöscht worden ist. Es ist das Wesen des Schönen, daß böse Mächte keine Gewalt darüber haben. Der Staatskapelle, die mit ihrer alten Heimat nicht unterging, wünsche ich herzlich, daß sie mit einem neuen Dresden weitere Jahrhunderte leben möge.«

1949. Metropolitan Opera in ihrem Hause und auf Reisen. Abschied mit »Rosenkavalier«. Konzertzyklen in Chicago, Konzerte in Detroit und anderenorts, im letzten Quartal wieder Kopenhagen, Malmö, Stockholm, Winterthur.

1950. Konzerte in Chicago, dann in La Habana – der sechzigste Geburtstag. Konzertzyklus in Cincinnati, zu Schiff nach Europa. In den Zürcher Juni-Festwochen »Die Hochzeit des Figaro«. In Winterthur u. a. die kostbare Aufnahme von Mozarts »Haffner-Serenade«. Begegnung mit überragenden Sängern der jungen Generation, besonders von der Wiener Oper. Die Werk und Wiedergabe exemplarisch würdigende Kritik von Willi Schuh in der »Neuen Zürcher Zeitung« schildert Buschs Kapellmeistertum zusammenfassend. »Die hohen Erwartungen, mit denen man Buschs Mozart-Interpretationen entgegensah ... fanden schönste Erfüllung, denn auf der Bühne sowohl als im Orchester wirkten sich Buschs klarer gestaltender Wille, sein souveränes Wissen um die richtigen Tempi, seine reiche Erfahrung und (nicht zuletzt) seine überlegene

Ruhe und Sicherheit in außergewöhnlicher Weise aus. Auf Stil und Qualität des Ensemblevortrags – im ›Figaro‹ sind auch die Arien als Teil eines höheren Ganzen völlig ins Ensemble verflochten – hatte der Dirigent nicht weniger bestimmenden Einfluß als auf die Gestaltung der von ihm selbst mit Lust und Laune begleiteten Rezitative und natürlich auf das Spiel des Orchesters. Busch führt mit absoluter Autorität, weiß aber auch liebenswürdig das Beste aus jedem Sänger und Spieler herauszulocken und Stimmen und Instrumenten Gelegenheit zu geben, sich frei auszusingen. Das an diesem Abend herrlich klingende Orchester legte schon mit dem überaus lebendigen und präzisen Vortrag der Ouvertüre das Niveau fest, auf dem es sich, subtil auf den Dirigenten reagierend, durch alle vier Akte hindurch bewegte. Was Mozarts Orchester an charakteristischen und situationsbedingten Zügen birgt, das kam in Buschs kernigem und dramatisch gespanntem Musizieren restlos zur Auswirkung; und da er nicht nur die ›himmlischen Frivolitäten‹, sondern auch die revolutionären Untertöne zur Geltung zu bringen versteht und auch um die geheime Dämonie Mozarts weiß, erschöpft sich seine ›Figaro‹-Interpretation keineswegs im Spielerisch-Anmutigen und in klangseligem Musizieren. Er weiß den *ganzen* Mozart in der musikalischen Komödie lebendig erstehen zu lassen. –«

Im Juni und Juli ist Fritz Busch nach elf Jahren, nach Mißverständnissen und Verstimmungen wieder in Glyndebourne: »Entführung aus dem Serail« und »Così fan tutte«. Mit seinem Kopenhagener Orchester bei den Festspielen in Edinburgh, nochmals Kopenhagen, dann in Wien, Staatsoper im Theater an der Wien: »Meistersinger«, »Figaro«, »Otello«. Konzerte, Aufnahmen. Die Staatsoper will ihn an sich binden. Jahresabschluß in New York und Minneapolis.

1951. Kopenhagen. Vorbereitungen für Glyndebourne, dessen künstlerische Leitung Fritz Busch als Partner von Carl Ebert nochmals übernimmt. Kopenhagen, Malmö. Zum erstenmal wieder in Deutschland. In Köln als Rundfunkproduktion Verdis »Maskenball« und ein Gürzenich-Konzert, in Hamburg Konzert im NWDR. Brief aus Stockholm, 16. 3.: »Was mich am meisten nach diesen fast 18 Jahren Pause beeindruckte, war, daß man überall *deutsch* sprach! Sonst sind die Leute nervös, zanksüchtig, *aber* tüchtig. Das NWDR-Orchester in Hamburg ersten Ranges und ausgezeichnet auch die Orchester und Sänger in Köln. Seit Jahrzehnten hat es in Wien und Deutschland keine besseren Gesangskräfte gegeben. Doch – schade um das Land!«

Stockholm: »Così«, »Missa Solemnis«, die erste »Aida«. Zürcher Festwochen: »Otello«. Glyndebourne; die Mozart-Arbeit vollendet sich. Neben »Figaro« und »Così«, in einer Einrichtung, speziell für Glyndebourne, von Hans Gal, »Idomeneo«: Mozarts frühes Geniewerk wird für den lebendigen Spielplan rehabilitiert, Fritz Buschs Einstudierung hat Vermächtnischarakter. Erst 2001 erscheint ihre Gesamtaufnahme. Festspiele in Edinburgh: Ab 20. August siebzehn Vorstellungen von »Don Giovanni« und »La Forza del Destino«. Das letzte Dirigieren des großen Mozart-Interpreten gilt Mozart: Am 8. September »Don Giovanni«. Am 14. September erliegt Fritz Busch im Savoy Hotel in London seinem Herzleiden. Die Totenmaske ist wahres Porträt. Die Urne wird auf dem stillen Waldfriedhof von Mengeringhausen beigesetzt. So hat Fritz Busch es gewollt. So ist er heimgekehrt.

Die Neuausgabe dieses Buches erscheint ein halbes Jahrhundert danach. Die Zeugen sind rar geworden, die aus unmittelbarem Erleben Nachgeborenen eine Vorstellung geben können von Fritz Buschs Musizieren und Persönlichkeit. Nun ist er eine Gestalt der Musik-, auch der Zeitgeschichte. Ist die Frage müßig, wie Konzert- und Opernwesen sich ausgenommen hätten, wenn diesem Mann noch einige Jahre vergönnt gewesen wären? An Nachruhm mangelt es nicht. Er wächst. Laut ist er nicht: Fritz Busch war kein Star, er war ein Meister. Für Nachlaß und Nachleben ist gesorgt. 1964 wurde in seinem heimatlichen Siegerland die Brüder-Busch-Gesellschaft e. V., Postfach 4009, 57271 Hilchenbach-Dahlbruch gegründet. Ihr Geschäftsführer Wolfgang Burbach hat ein reichhaltiges, wohlgeordnetes, ständig sich erweiterndes Archiv angelegt und auch darüber hinaus sich um das Busch-Erbe verdient gemacht. Ihm zuerst verdankt diese Ausgabe Bildmaterial, dokumentierte Auskünfte und andere Hilfe. Die Bestände des Archivs sind 1999 in die Obhut der Internationalen Max-Reger-Gesellschaft, Alte Karlsburg Durlach, 76227 Karlsruhe, übergegangen. Teile der Nachlässe von Fritz und Hans Busch bewahrt die Lilly Library, Bloomington, Indiana 47401, USA.

Zwei Bücher, derzeit vergriffen, haben sich der Autobiographie zugesellt: Die Witwe und ein vertrauter Mitarbeiter, Grete Busch und Thomas Mayer, gaben Aufzeichnungen und Diktate aus dem Nachlaß heraus, praktische, ästhetische und moralische Lehren, so zeitgebunden wie alterslos, immer noch zu bedenken und zu beherzigen – Werkstattgespräch. Thomas Mayer schließt in seinem Nachwort die Werkstatt auf: »Der Dirigent«, Atlantis Verlag, Zürich 1961. Neuausgabe Fischer Taschenbuch Verlag, Frankfurt am Main 1985. – Grete Buschs bereits genannte Biographie ihres Mannes »Fritz Busch. Dirigent« wurde 1985 als Fischer Taschenbuch neu gedruckt. – Zahlreiche charakteristische Briefe von Fritz Busch enthält der von Irene Serkin-Busch mit Russell Stockman herausgegebene, von Ernst Gombrich eingeleitete Band »Adolf Busch. Briefe – Bilder – Erinnerungen«, Arts & Letters Press, Walpole, New Hampshire 1991.

Über die Sekundärliteratur kann an dieser Stelle nicht referiert werden, auf die Diskographie wird hier verzichtet: Sie bedarf unablässiger Aktualisierung, neue Pressungen, wiederentdeckte Aufnahmen darunter und Mitschnitte vom Radio-Empfang, finden sich auf weißem, grauem und schwarzem Markt. Jacques Delalande hat dreimal, 1965 in »Hifi-Stereophonie«, 1970 in Grete Buschs Buch, 1982 für die erste Taschenbuchauflage von »Aus dem Leben eines Musikers« ein auf gründlicher Forschung beruhendes Verzeichnis »Tonaufnahmen von Fritz Busch« präsentiert und damit die Wiedererweckung schlafender Klänge in die Wege geleitet.

Fritz Busch hat in schon ferner, noch naher Zeit gelebt und sich bewährt – mit seinem menschlichen Musizieren, seinem menschlichen Verhalten. Dank dieser Bewährung lebt er fort als ein Meister.

J. Hellmut Freund

Register

Kursiv gesetzte Ziffern verweisen auf das Nachwort

Die Abbildungen

Die Abbildungsvorlagen stellte das Brüder-Busch-Archiv (Brüder-Busch-Gesellschaft, Hilchenbach-Dahlbruch) freundlich zur Verfügung.

Die Totenmaske, abgenommen von Frederick Mancini, fotografiert von Antonio Cravotto

Umschlagfoto: Hugo Erfurth, Dresden 1931, Vintage Print im Besitz der Brüder-Busch-Gesellschaft